河北省级研究生专业学位教学案例库建设项目（KCJSZ2022020）
《社会研究方法》案例库建设研究
河北省社会科学基金项目（HB18SH007）京津冀协同发展下河北省
社区和居家养老服务政策短板问题研究

京津冀协同发展下河北省居家和社区养老服务政策及实践研究

王小春◎著

燕山大学出版社
·秦皇岛·

图书在版编目（CIP）数据

京津冀协同发展下河北省居家和社区养老服务政策及实践研究 / 王小春著. —秦皇岛：燕山大学出版社，2024.5

ISBN 978-7-5761-0660-2

Ⅰ. ①京… Ⅱ. ①王… Ⅲ. ①养老－社区服务－研究－河北 Ⅳ. ①D669.6

中国国家版本馆 CIP 数据核字（2024）第 066666 号

京津冀协同发展下河北省居家和社区养老服务政策及实践研究

JINGJINJI XIETONG FAZHAN XIA HEBEISHENG JUJIA HE SHEQU YANGLAO FUWU ZHENGCE JI SHIJIAN YANJIU

王小春 著

出 版 人：陈 玉	
责任编辑：张 蕊	**策划编辑**：张 蕊
责任印制：吴 波	**封面设计**：刘馨泽
出版发行：燕山大学出版社 YANSHAN UNIVERSITY PRESS	**电 话**：0335-8387555
地 址：河北省秦皇岛市河北大街西段 438 号	**邮政编码**：066004
印 刷：涿州市般润文化传播有限公司	**经 销**：全国新华书店

开 本：787 mm×1092mm 1/16	**印 张**：12.5
版 次：2024 年 5 月第 1 版	**印 次**：2024 年 5 月第 1 次印刷
书 号：ISBN 978-7-5761-0660-2	**字 数**：250 千字
定 价：52.00 元	

前　　言

人口老龄化已经成为我国的基本国情，养老服务也已成为理论界和实务界的重要关注点。我国自2000年以来颁布了系列养老服务政策文件，经过多年的反复探索和论证，逐渐形成了“居家社区机构相协调、医养康养相结合”的“973”格局的养老服务体系建设共识。所谓“973”养老格局，就是97%的老年人通过居家和社区来实现“原居安老”，3%的老年人通过机构来实现养老。可见，在我国，养老服务的重心在居家和社区养老服务，这是符合我国老年人口基数巨大的现实国情的。

第七次全国人口普查数据显示，河北省作为我国人口第六大省，人口老龄化程度不断加深，全省60岁及以上老年人口比重比全国平均水平高1.15个百分点，可见，河北省需要也必须重视养老服务问题。河北省在农村养老服务方面探索出“互助幸福院”模式，并在全国得到肯定和推广，但在京津冀协同发展战略背景下，河北省作为疏解北京非首都功能的主要承接地，不仅要解决本省的老年人养老问题，还要为京津的养老问题作出贡献和更多探索。养老服务既是民生事业也是产业发展机会，河北省需要将人口老龄化的“危”转化为推动经济发展的“机”。在京津冀养老服务协同发展背景下，河北省机构养老已得到不少研究和关注，但作为“973”养老模式重心的居家和社区养老服务还鲜有从政策和实践角度出发的系统研究，亟待更深入的思考和探索，本书正是基于此现状和研究需要而开展的。

本书在明晰养老服务、协同发展相关概念的基础上，首先，以马斯洛需求层次理论、供需适配性理论、协同发展理论、福利多元性理论等为指导，对我国居家和社区养老服务政策及发展现状进行概述；其次，对京津冀居家和社区养老服务政策文本进行定量评价和系统对比分析；再次，针对京津冀居家和社区养老服务政策实践，通过SWOT分析、模糊综合评价以及CB-SEM验证性因子分析、定性比较分析法（qualitative comparative analysis，QCA）等研究方法，围绕养老服务需求、满意度、供需适配性进行实证研究，并对作为居家和社区养老服务重要内容的老年助餐开展专项研究，进而对京津冀协同发展背景下河北省居家和社区养老服务进行问题发掘和原因剖析；最后，从政府、市场、社会、家庭、个人等方面提出对策建议，借此为促进河北省乃至我国社会养老服务事业的发展抛砖引玉，力求提供更坚实的研究基础。

本书的独特之处在于，一是在政策文本分析方面，首先，从政策性质等十个维度构建 PMC（policy modeling consistency）评价指标体系，对京津冀居家和社区代表性政策文本进行定量评价，发现河北省在其经济发展程度落后于京津的条件下，其居家和社区养老政策 PMC 指数并未落后于京津，这彰显了河北省对养老服务事业的极其重视和不懈努力，也表明河北省有将养老服务事业做好做强、顺利承接京津养老服务需求的强大潜力和信心。其次，从公共管理“人、财、物、事、督”五大维度对京津冀三地居家和社区养老服务政策进行了系统比较分析。二是在政策实践方面，对京津冀三地老年人的居家社区养老服务需求、养老服务满意度、供需适配性、老年助餐进行了实践调研和实证分析。三是在对策建议方面，通过对政府、市场、社会、家庭、个人构建多元协同机制，提出相关对策思路，并认为护理保险可以与时间银行互助养老方式相结合，在护理保险的缴费上，可探寻通过互助护理来实现参保缴费，从而将身体健康的失业人员以及低龄老年人力资源充分整合利用起来，将就业与缴费结合，也能扩充护理保险参保率。

在研究过程中，京津冀三地发展现状中的相关统计数据，来自不同相关新闻或会议报道，本书没有全部逐一精准标注具体会议名称或报道网址，在此还请海涵，一并表示抱歉和感谢。

本书的撰写和出版，离不开所有人的帮助，衷心感谢给予我各种支持的领导同事、同行专家和朋友师长；衷心感谢河北工业大学人文与法律学院各位校友、在校本科学生和研究生，以及各位亲友、社区居民帮我不断分发问卷；衷心感谢填写问卷的各位老年朋友及其亲属、机构负责人及员工；衷心感谢燕山大学出版社张蕊编辑及所有工作人员；衷心感谢已列出和遗憾疏忽的相关参考文献中的所有作者；衷心感谢家人。

本书的撰写尽管付出了不少心血，但由于时间和精力所限，调研样本数量还不够多，难免还有诸多粗糙疏漏之处，敬请批评指正。

王小春

2023年12月于天津

目　　录

第一章　绪论

一、研究背景

第七次全国人口普查数据显示，截至 2020 年 11 月 1 日零时，我国 60 岁及以上老年人口已达到 2.64 亿人，占总人口比重约 18.70%，与 2010 年第六次全国人口普查数据相比，60 岁及以上人口比重上升了 5.44 个百分点。[①] 我国人口老龄化程度还会进一步加深[②]，老龄化的人口结构使得养老问题成为不得不面对的重大社会问题。

当前，京津冀地区人口老龄化问题更不容乐观。第七次全国人口普查数据显示，北京、天津及河北 60 岁及以上人口占比分别为 19.63%、21.66% 和 19.85%，均高于全国平均水平（18.70%）。[③] 其中，河北高于全国平均水平 1.15 个百分点。相关预测显示，未来 10 年，河北省老龄化速度明显超过京津地区。[④] 老年群体规模的扩大对河北省养老服务事业的发展既是考验也是挑战。同时，河北省作为全国第六人口大省，养老服务该如何进一步发展完善，对于全国而言，具有一般代表性。而且在京津冀协同发展、疏解北京非首都功能的背景中，河北省成为京津养老服务需求的重要承接地，河北省发展养老服务事业既得天独厚，也任重道远。河北省能否将责任和机会完

① 童玉芬 . 中国人口的最新动态与趋势：结合第七次全国人口普查数据的分析 [J]. 中国劳动关系学院学报，2021（4）：15-25.

② 翟振武，陈佳鞠，李龙 .2015—2100 年中国人口与老龄化变动趋势 [J]. 人口研究，2017（4）：60-71.

③河北省统计局，河北省第七次全国人口普查公报（第四号）[EB/OL]（2021-05-19）[2023-05-17]. http://tjj.hebei.gov.cn/res/hetj/upload/file/20210519/公报四_101721.pdf.

④ 王爱峰，董尧 . 基于灰色理论的京津冀老龄化趋势对比及老龄产业发展对策研究 [J]. 河北工程大学学报（社会科学版），2022（1）：14-20.

美结合？

在养老服务诸多方式中，居家和社区养老吸取了家庭养老与机构养老二者长处，使老年人既不必远离家庭，又可以充分发挥社区资源，满足老人各类服务需要，整体成本较低，其优越性得到越来越广泛的认可和重视。据相关调研显示，目前京津冀三地 60 岁以上的城市老人，选择家庭养老比例最高，高达 76.9%，[①] 河北省独生子女家庭父母以居家养老为主，[②] 其他调研也表明大部分老年人（高达 84.38%）更倾向于选择社区居家医养结合养老服务模式，[③] 说明“原居安老”符合大多数老人的期望。可见，在传统家庭养老基础上注入现代养老服务内容的居家养老以及与之密切相关的社区养老，肩负着养老服务主体责任。2022 年民政部办公厅和财政部办公厅联合印发的《关于开展 2022 年居家和社区基本养老服务提升行动项目申报工作的通知》（民办函〔2022〕29 号）以及已进行了五批次的中央财政支持开展居家和社区养老服务改革试点地区确定等系列文件和活动，体现了国家对居家和社区养老服务工作的重视。

河北省社会养老服务事业，既取得过农村互助幸福院等系列重要成果，也存在发展程度偏低等系列问题。在京津冀协同发展国家战略推动下，河北省机构养老发展方向和布局渐趋明朗，但也存在养老机构大多倾向于把服务对象瞄准高收入群体的现象。养老机构设施从设计到建造定位高，成本投入大，造成养老服务价位过高的局面，一些老年人无力负担在河北异地养老的开支。[④]

河北省应建立以居家社区养老为重点的养老服务体系，[⑤] 由于河北省房产价格整体相对较低，建设高品质居家和社区基础养老服务体系，吸引渐老群体或退休回乡者到河北省进行“快乐随心式”居家社区养老，不失为一种可考虑的发展方向和途径。养老服务协同发展不仅包括机构养老，还应探讨居家和社区养老服务协同发展。目前京津冀三地社区建设水平差距显著，社区养老服务人力资源配

---

① 陈文静，王妍，杨佳琪，等．京津冀城市老年人养老方式及其影响因素 [J]. 中国老年学杂志，2021（15）：3366-3369.

② 白雨龙，何文娟，张新宇，等．河北省独生子女家庭老年父母养老现状和幸福感的调查分析 [J]. 产业与科技论坛，2023（1）：56-57.

③ 支梦佳，季佳林，胡琳琳．1389 名老年人对社区居家医养结合养老服务模式的选择意愿及影响因素分析 [J]. 护理学报，2021（4）：50-56.

④ 孙伊凡，陈丽莎．河北省承接北京养老服务现状及对策 [J]. 中国老年学杂志，2022（11）：2851-2855.

⑤ 刘晓静，张向军，谢秋实．京津冀协同发展视域下河北省养老服务面临挑战及发展建议 [J]. 河北大学学报（哲学社会科学版），2019（1）：139-145.

置亟待改善，[①] 满意度有待提高，[②] 养老网络覆盖率低，家庭护理服务业发展落后，服务标准不统一。[③] 政府驱动是京津冀养老服务协同的重要特征。[④] 随着《京津冀城乡社区治理协同发展战略合作协议》的签署以及 2023 年京津冀养老协同专题工作组分管领导联席会议暨京津冀居家和社区基本养老提升行动试点联席会议的召开，三地政府对居家和社区养老的关注度日益彰显，河北省于 2023 年颁布的《加快建设京畿福地、老有颐养的乐享河北行动方案（2023—2027 年）》也彰显了对居家和社区照护的重视。然而目前河北省在居家和社区养老方面，虽有相关研究，但较零散，还有待从政策分析的高度进行系统对比分析，补齐短板，探索特色，使得河北省养老服务事业推陈出新，更趋健全，并力促京津冀养老服务协同发展探寻新的途径和方式。

二、研究意义

（一）理论意义

居家和社区养老服务的研究，实现了社会学、管理学、经济学、建筑学、信息学等学科的有机结合，进一步揭示了养老服务与积极老龄化、健康中国、区域协同发展、社会治理现代化之间的正向促进关系。

在对居家和社区养老服务的研究中，本书在以下几方面对于养老服务理论研究具有一定参考促进意义。

一是将居家和养老服务项目划分为生活照料类、医疗卫生类、情感慰藉类、紧急救援类、文娱休闲类等五大类，从而有利于实现对居家和养老服务的后续分析。

二是针对京津冀三地的政策样本，从政策性质等八个维度构建 PMC 评价指标体系，进行定量评价，有利于实现对京津冀三地代表性政策的框架把握和认识；针对京津冀三地的全部相关政策，从“人、财、物、事、督”五个维度进行系统深入比较分析，有利于实现对京津冀三地居家和社区养老服务政策的全面认识，这对如何展开养

① 吕楠 . 京津冀协同发展视域中的河北省社区养老策略研究 [J]. 科技视界，2018（3）：195-196.

② 白雨龙，何文娟，张新宇，等 . 河北省独生子女家庭老年父母养老现状和幸福感的调查分析 [J]. 产业与科技论坛，2023（1）：56-57.

③ 何苏娇，卜从哲 . 京津冀一体化下养老产业协同发展面临的问题及对策 [J]. 河北企业，2018（6）：72-73.

④ 胡宏伟，王静茹 . 京津冀养老服务协同中的政府驱动治理研究：基于组织多重制度逻辑的视角 [J]. 北京联合大学学报（人文社会科学版），2022（1）：60-69.

老服务政策分析等理论研究具有一定参考借鉴意义。

三是将可持续发展思想融于居家和社区养老服务中的老年助餐等核心项目，强调注重财务可持续性的理念，这对促进居家和社区养老服务长效运行具有积极促进意义。

四是基于京津冀养老服务协同发展的环境展开研究，对养老服务区域协同发展相关理论研究具有一定参考意义。

（二）实践意义

本书基于京津冀三地尤其是河北省的政策和相关实践进行分析，发掘问题，提出相关建议对策，从而有助于居家和社区养老服务中的实际问题解决。在对居家和社区养老服务的研究中，本书在以下几方面对于居家和社区养老服务实践发展具有一定参考促进意义。

一是通过问卷调查，对河北省居家和社区养老服务需求项目、满意度和供需适配性以及老年助餐进行实践分析，从而有利于认识现状，为相关政策制定提供实践参考。

二是通过相关实践调研和对策建议，使相关养老企业和社会组织目标更加明确，故对养老产业的健康长效发展具有参考促进意义。

三是通过探讨河北省居家和社区养老服务建设，对京津冀地区老年人口生活品质和质量提升具有促进作用。

四是本书对如何促进京津冀养老服务协同发展具有一定参考作用。

三、研究现状

（一）关于居家和社区养老服务的研究

近年来，随着老年人口数量的不断增长，居家和社区养老服务政策也逐渐成为未来发展趋势，相关的理论研究成果与实践经验也很丰硕。

1. 关于居家和社区养老服务价值意义的研究

Henderson（2008）认为，相对于机构养老，社区护理以其低成本、高效率的特点，受到了大量老年人的青睐。[①] 陈友华（2012）居家养老服务已经成为我国政府破解养老

① HENDERSON E J，CAPLAN G A．Home sweet home? Community care for older people in Australia[J]. Journal of the American medical directors association，2008（2）：88-94.

难题的重要举措。[1] 罗亚萍等（2014）认为，居家和社区养老更强调以人为本，在提高服务水平的同时，有效地消除了家庭养老、机构养老等养老方式的弊端，从而达到了节约养老成本、增加养老收益的目的。[2] 杜鹏等（2017）指出，老年人对来自家庭外部的社会养老服务需求不断增强。[3] 梁海艳（2019）认为，居家和社区养老可以有效地整合社区资源，将另外两种养老模式的优势结合起来，满足老年人的实际需要，提高社区的管理水平。[4]

While 等（2020）通过对澳大利亚维多利亚州进行调研后认为，居家和社区养老服务将老年人护理服务转移到家庭环境中，更好地满足了老年人在家中养老的意愿。[5] 封铁英等（2020）认为，居家和社区养老服务具有公共产品属性，既可以满足老年人的普遍需求，也可以满足个性化需求；既可以为有经济条件的老年人提供付费服务，也可以为有特殊困难的老年贫弱群体提供免费服务。[6] 崔树义等（2020）发现，农村老年人更倾向于选择居家和社区养老服务。[7]Jill-Marit 等（2020）研究发现，高龄老人、城镇户口、独居老人、身体健康状况较差的老年人对居家和社区养老服务的需求更高。[8]Tong 等（2021）提出，老年人社区服务越来越多地承担起支持老年人健康和福祉的责任。[9] 吕宣如等（2022）认为，居家和社区养老服务显著提高了老年人的生理健康水平，有效改善了老年人的心理健康水平，显著降低了老年人的抑郁得分。[10] 贾凯冬等（2023）基于中国健康与养老追

---

① 陈友华 . 居家养老及其相关的几个问题 [J]. 人口学刊，2012（4）：51-59.

②罗亚萍，茹斯羽 . 我国发展城市居家和社区养老服务的问题与对策：以西安市社区老年餐桌为例 [J]. 西安交通大学学报，2014（5）：84-92.

③ 杜鹏，王永梅 . 中国老年人社会养老服务利用的影响因素 [J]. 人口研究，2017（3）：26-37.

④ 梁海艳 . 人口老龄化背景下的居家和社区养老 [J]. 中国老年学杂志，2019（13）：3320-3325.

⑤ WHILE CHRISTINE，WINBOLT MARGARET，NAY RHONDA. Consumer expectations and experiences of quality in Australian home-based community services[J]. Health & social care in the community，2020（5）：1459-1467.

⑥ 封铁英，马朵朵. 社区居家养老服务如何包容性发展？一个理论分析视角 [J]. 社会保障评论，2020，4（3）：77-89.

⑦ 崔树义，杨素雯，田杨. 供需视角下社区居家养老服务提质增效研究：基于山东省 1200 名老年人的调查 [J]. 山东社会科学，2020（9）：127-133.

⑧ JILL-MARIT MOHOLT，ODDGEIR FRIBORG，BODIL H BLIX，et al. Factors affecting the use of home-based services and out-of-home respite care services：a survey of family caregivers for older persons with dementia in Northe rn Norway[J]. Dementia，2020（5）：1712-1731.

⑨ TONG CATHERINE E，SIMS GOULD JOANIE，LUSINA FURST SARAH，et al. More than a meeting：identifying the needs of the community-based seniors service's sector as providers of health promotion services[J]. BMC research notes，2021（1）：339-339.

⑩ 吕宣如，章晓懿 . 居家和社区养老服务对老年人健康水平的影响 [J]. 中国人口科学，2022（3）：111-125，128.

踪调查（CHARLS）2011—2018 年数据和双重差分法，发现居家和社区养老试点政策对高收入、城镇地区、50 ～ 59 岁以及 70 岁以上老年人的精神健康状况有显著的改善作用。①

2. 关于居家和社区养老服务界定的研究

老龄化现象最早发生在西方发达国家，因此国外的居家和社区养老模式在 20 世纪 60 年代就已经开始，在当时主要被称为“老年人的社区照顾”，后来国外研究专家将居家和社区养老定义为“社区照顾”。P. Abrams（1977）认为，社区照顾是由非专业的人士在家居或工作的环境中提供协助、支援或照顾。②Victor C.（1997）认为，社区照顾是指依托社区为居家老年人提供日常生活照料、身体护理、情感支持等服务，使老年人能够在社区维持独立生活。③ 祁峰（2010）认为，居家和社区养老是以居家养老为形式，以法律法规为制度保障，依托社区平台，利用社区内信息化网络工具，来为老年人提供养老服务的一种现代化养老模式。④Bulmer（2015）认为，“社区照顾”是指正式机构之外的可用资源，特别是将家庭、朋友或邻里等非正式关系视为提供照顾的工具。⑤ 童星（2015）认为，居家和社区养老是一种引入专业化服务机构来提供养老服务，以居家为基础，以社区为支撑，以上门服务和社区日托为主要形式的社会化养老模式。⑥ 刘焕明等（2015）提出，居家和社区养老是指整合和利用社会资源，为社区内老年人提供医疗护理、日常服务、精神关怀、文娱活动等多种养老服务形式的一种养老模式。⑦

3. 关于居家和社区养老服务内容及需求的研究

居家和社区养老服务要落实在具体的服务内容上，如 P. Schopflin（1991）认为，社区照顾服务是非制度化的服务，主要内容是对老年人进行安置和照料，包括日常餐饮、卫生清洁以及在中心的日间护理等；⑧B. Meredith（1993）指出，社区照顾还要包

① 贾凯冬，夏一鸣，赵国昌 . 居家和社区养老服务与老年人精神健康 [J]. 世界经济，2023（8）：163-185.

② P ABRAMS. Community care：some research problems and priorities[J]. Policy and Politics，1977（2）：125-151.

③ VICTOR C R. Community care and older people [M]. London：Stanley Thornes，1997.

④ 祁峰 . 我国城市居家养老研究与展望 [J]. 经济问题探索，2010（11）：119-123.

⑤ BULMER MARTIN. The social basis of community care [M].London：Allen and Vnwin，1987.

⑥ 童星 . 发展居家和社区养老服务以应对老龄化 [J]. 探索与争鸣，2015（8）：69-72.

⑦ 刘焕明，蒋艳 . 居家和社区养老为老服务模式探析 [J]. 贵州社会科学，2015（11）：103-107.

⑧ P SCHOPFLIN. Dependence et solidarite：report on commission[M]. Paris：Documentation Francaise，1991：68-69.

括日常起居照料、医疗护理、情感援助、休闲活动等方面。[①] Andrew J. Cherlin（1996）介绍了英国社区照顾服务体系。[②]Liu K. 等（2000）通过对服务时间需求的研究发现，在美国约 75% 的居住在社区的失能老人接受过长期照护服务，15% 的老人有需求但没有接受过任何照料。[③]Radermacher H. 等（2011）对澳大利亚多元文化社区老年人照料模式进行了研究。[④]

居家和社区服务内容与老年人的居家和社区养老服务需求息息相关，故很多学者直接对居家和社区养老服务需要展开系列研究。Tang F.（2010）、王琼（2016）等学者发现老年人对居家养老服务具有较强的需求偏好，尤其是在生活照料和基础医疗护理等领域。[⑤⑥⑦⑧] 陆杰华等（2019）通过调研发现，老年居民对便民服务等生活照料类养老服务需求较高。[⑨] 丁志宏等（2019）发现我国中部和西部地区养老服务需求均处于较高水平，相比之下，东部地区各项需求较低，东北部地区需求最低。[⑩] 崔树义等（2020）发现居家和社区养老服务需求存在城乡差异，农村地区老年人总体需求高于城镇地区。[⑪]

在此基础上，学界还对居家和社区养老服务需求的影响因素展开了深入研究。影

---

① B MEREDITH，A C ENGLAND. The community care handbook：the new system explained[M]. London：Age Concern England，1993.

② CHERLIN A J. Public and private families[M].New York：McGraw-Hill，1998.

③ LIU K，MANTON K G，ARAGON C. Changes in home care use by disabled elderly persons：1982—1994[J].Journal of gerontology：social science，2000，55B（4）：245-253.

④ RADERMACHER H，KARUNARATHNA Y，GRACE N，et al. Parter or perish? Exploring inter-organizational partnerships in the multicultural community aged care sector[J]. Health and social in the community，2011（5）：550-560.

⑤ TANG F，LEE Y. Home-and community-based services utilization and aging in place[J]. Home health care services quar-terly，2010（3）：138-154.

⑥ RHEE J C，DONE N，ANDERSON G F. Considering long-term care insurance for middle-income countries：comparing South Korea with Japan and Germany[J]. Health policy，2015（10）：319-329.

⑦ 王琼 . 城市社区居家养老服务需求及其影响因素：基于全国性的城市老年人口调查数据 [J]. 人口研究，2016（1）：98-112.

⑧ 崔香芬，李放，赵光 . 农村社区居家养老服务需求影响因素实证研究：基于江苏省的调研分析 [J]. 江苏大学学报（社会科学版），2019（3）：86-92.

⑨ 陆杰华，周婧仪．基于需求侧视角的城市社区居家养老服务满意度及其对策思考 [J]. 河北学刊，2019，39（4）：166-171，184.

⑩ 丁志宏，曲嘉瑶．中国社区居家养老服务均等化研究：基于有照料需求老 年人的分析 [J]. 人口学刊，2019，41（2）：87-99.

⑪ 崔树义，杨素雯，田杨 . 供需视角下社区居家养老服务提质增效研究：基于山东省 1200 名老年人的调查 [J]．山东社会科学，2020（9）：127-133.

响因素分别包括个体层面、[①②③]家庭层面、[④⑤⑥]外在社会环境因素。[⑦⑧⑨⑩⑪]其中，家庭层面因素涵盖了子女数量、代际支持、居住方式、子女职业特征等方面。[⑫]

相关学者还采用潜在类别分析方法识别老年人居家养老服务的偏好模式及其相互关系，[⑬]基于安德森模型构建的理论分析框架，发现老年人对居家养老服务具有多元化的选择和组合偏好，可分为全方位养老服务的积极利用型、偏重陪伴服务的中度利用型和消极利用型三种模式。[⑭]还有相关学者对居家和社区养老服务的可及性展开研究，如马朵朵（2023）借鉴医疗卫生服务可及性概念和“医疗服务利用行为模型”，构建社区居家养老服务可及性的概念模型及影响因素分析框架。[⑮]李淼（2023）从可获得性、可达性、可负担性、适切性、可接受性等方面来评价社区居家养老服务可及性。[⑯]甘录

① 姚兆余，陈日胜，蒋浩君．家庭类型、代际关系与农村老年人居家养老服务需求 [J]. 南京大学学报（哲学 · 人文科学 · 社会科学），2018（6）：34-42.

② 郑吉友．农村居家养老服务需求水平的影响因素分析：基于 WLS 模型的视角 [J]. 当代经济管理，2019（1）：54-61.

③ 张卫红，袁慧琳，靳岩鹏，等．社区老年人居家养老服务需求及影响因素 [J]. 中国老年学杂志，2016（12）：3032-3033.

④ 童星．发展居家和社区养老服务以应对老龄化 [J]. 探索与争鸣，2015（8）：69-72.

⑤ 姚俊，张丽．嵌入性促进、个体性感知与农村居家养老服务需求：基于三省 868 名农村老人的问卷调查 [J]. 贵州社会科学，2018（8）：135-141.

⑥ 陶涛，袁典琪，刘雯莉．子女支持对城乡老年人养老服务购买意愿的影响：基于 2018 年中国老年社会追踪调查的分析 [J]. 人口学刊，2021（1）：78-95.

⑦ 王琼．城市社区居家养老服务需求及其影响因素：基于全国性的城市老年人口调查数据 [J]. 人口研究，2016（1）：98-112.

⑧ 郭丽娜，郝勇．个体健康、家庭照护和社会供给：谁更影响老人的居家养老服务需求 [J]. 西北人口，2019（5）：36-49.

⑨ 张红凤，罗微．养老服务资源对老年人社会养老服务需求的影响研究 [J]. 中国人口 · 资源与环境，2019（4）：168-176.

⑩ 曾起艳，何志鹏，曾寅初．社区养老服务设施对城乡老年人主观福利的影响 [J]. 人口与发展，2022（6）：148-160.

⑪ SICONOLFI D，SHIH R A，FRIEDMAN E M，et al. Rural-urban disparities in access to home-and community-based services and supports：stakeholder perspectives from 14 States [J]. Journal of the American medical directors association，2019（4）：503-508.

⑫ PARK S，KIM B，KWON E，et al. Trajectories of community-based service use：the importance of poverty and living arrangements [J]. Journal of gerontological social work，2017（5）：355-376.

⑬ 宋璐，李树茁．农村老年人家庭代际关系及其影响因素：基于性别视角的潜在类别分析 [J]. 人口与经济，2017（6）：1-12.

⑭ 曾起艳，何志鹏，曾寅初．老年人居家养老服务的偏好模式与归因分析 [J]. 西北人口，2023（5）：58-69.

⑮ 马朵朵．社区居家养老服务可及性及其影响因素：基于两省五市调研数据的实证分析 [J]. 社会保障研究，2023（2）：33-46

⑯ 李淼．城市社区居家养老服务“可及性”评价与提升路径 [J]. 中国市场，2023（19）：73-76.

等（2023）基于 SERVPERF 模型，构建社区居家养老服务高质量发展评价指标体系。①

4. 关于居家和社区养老服务发展问题的研究

张晓霞（2008）认为我国居家和社区养老服务投入不足、政策缺位、资源未整合等诸多瓶颈还未得到有效解决。② 张先平（2020）研究表明，困扰居家和社区养老发展的主要问题是居民落后的养老观念，同时还存在养老服务地区发展失衡、服务质量低下、缺乏有效监管等诸多情况。③ 高倩（2020）认为居民对居家和社区养老方面的相关政策了解不足，养老服务参与率与使用率有待提高，而且缺乏科学完备的运行机制。④ 张程川（2021）认为，当前我国居家和社区养老服务主要集中在相关配套设施不完善、专业服务人才匮乏以及医疗资源与养老未有效链接等方面。⑤ 王灿友等（2022）运用 TISM 模型归纳出影响居家和社区养老模式实施的障碍因素主要有 12 个；政府对居家和社区养老规划与扶持政策相对不足、市场缺乏有效引导机制是导致居家和社区养老模式实施困难的主要原因。⑥ 曾起艳等（2022）认为居家养老服务推广过程中，出现了供需失衡的问题，呈现出居家养老服务利用率偏低的问题。⑦

5. 关于居家和社区养老服务发展对策的研究

耿永志等（2019）指出应通过创新驱动实现互联网和养老服务两个领域的有机融合，打造智慧养老新业态。⑧ 邓大松（2018）认为医养结合是创新养老模式、应对老龄化危机的重点和方向。⑨ 张玖英、鲍莉（2020）以南京市为例，对老旧社区如何进行适老化更新改造进行了探索。⑩ 陈功（2021）认为应积极开发利用老年人力资本，把“老有所为”同“老有所养”相结合。⑪ 王玲等（2022）、王欢明等（2022）倡导党建引领

① 甘录，周绿林，许兴龙 . 社区居家养老服务高质量发展评价指标体系的构建研究 [J]. 中国卫生政策研究，2023（7）：40-47.

② 张晓霞 . 居家和社区养老问题调查：以江西省南昌市为例 [J]. 江西社会科学，2008（11）：193-197.

③ 张先平 . 当前我国居家和社区养老政策问题及对策研究 [J]. 法制与社会，2020（34）：110-111.

④ 高倩 . 居家和社区养老服务模式问题探究 [J]. 就业与保障，2020（22）：21-22.

⑤ 张程川 . 居家和社区养老服务存在的问题及对策 [J]. 西部学刊，2021（21）：151-153.

⑥ 王灿友，苏秦 . 基于 TISM 模型下居家和社区养老模式实施障碍的影响因素分析 [J]. 现代城市研究，2022（8）：24-29.

⑦ 曾起艳，何志鹏，曾寅初 . 老年人居家养老服务需求意愿与行为悖离的原因分析 [J]. 人口与经济，2022（2）：87-103.

⑧ 耿永志，魏云娜，周瑾 .“互联网 + 养老服务”发展问题探究 [J]. 宏观经济管理，2019（1）：71-77.

⑨ 邓大松 . 医养结合养老模式：制度理性、供需困境与模式创新 [J]. 新疆师范大学学报，2018（1）：108-109.

⑩ 张玖英，鲍莉 . 老得其所：城市既有社区适老化更新实验设计：以南京为例 [M]. 南京：东南大学出版社，2020.

⑪ 陈功 . 以时间银行开发利用我国老年人力资本 [J]. 人民论坛（学术前沿），2021（24）：61-67，135.

嵌入居家和社区养老。[①②] 任杨等（2022）认为政府应在居家和社区养老服务决策部署、资源配置、发展格局、理念融合等方面发挥作用。[③] 王春彧等（2022）以新加坡、瑞典、丹麦、德国、日本、美国、澳大利亚 7 个典型国家为对象进行分析研究，为我国住宅适老化改造工作的开展提供参考。[④] 杨晶晶等（2022）提出构建“互联网＋社区＋医疗”居家智慧养老新模式。[⑤] 阳义南等（2023）认为可通过社会保障衔接解决社区居家养老服务资金难题。[⑥] 钟仁耀、王怀月（2023）认为构建城市社区智能居家养老服务模式有利于提升老年人的体验感和幸福度。[⑦] 张娜（2023）建议从网格化管理途径解决居家和社区养老精细化问题。[⑧] 江河等（2023）发现社区居家养老服务同时以直接机制和对“子女代际交换—老人代际交换—老人健康”路径关系的混合调节中介机制非对称影响老人健康，故应多路径强化家庭代际交换与社区居家养老服务嵌合匹配性，优化家庭代际交换关系。[⑨] 韦兵（2023）认为社区居家养老服务中存在“统合型”“契约型”“协作性”政社关系，应建立“嵌合型”政社关系。[⑩] 潘峰（2023）认为应深化“互联网＋”公司主导的社区居家助老项目、医疗养护机构主导的家庭养老床位项目和社区治理面向的老年社工项目等主体协作，构建乡村养老联合体。[⑪] 马菊花（2023）认为税收法律与政策工具在引导居家养老方面存在针对性不强、税制功能开发不全面问题；在创新社区养老服务的税制方面存在税制协同性不足、税制工具适配缺乏估量问题，应强化税制改革。[⑫]

---

① 王玲，刘常兰，张帅一 . 嵌入式合作：党建引领居家和社区养老服务的逻辑与路径研究：“社区＋国企”治理模式的启示 [J]. 人口与发展，2022（5）：84-94.

② 王欢明，钟峥云 . 多重嵌入：基层党建何以引领居家和社区养老服务：以大连市 L 社区为例 [J]. 中共天津市委党校学报，2022（6）：23-33.

③ 任杨，朱宇，关博文 . 居家和社区养老服务中的政府作用 [J]. 学习与探索，2022（9）：16-26.

④ 王春彧，周燕珉 . 发达国家住宅适老化改造的资金支持政策与实践概要 [J]. 国际城市规划，2022(6)：网络首发 .

⑤ 杨晶晶，姜旭，黄卫东 . 疫情常态化背景下“互联网＋社区＋医疗”居家智慧养老新模式的构建及策略 [J]. 中国老年学杂志，2022（10）：2554-2557.

⑥ 阳义南，袁涛 . 优化社区居家医养结合的社会保障支持衔接 [J]. 人口与健康，2023（5）：17-19.

⑦ 钟仁耀，王怀月 . 城市社区智能居家养老服务模式探讨 [J]. 理论探讨，2023（3）：90-97.

⑧ 张娜 .J 市居家养老服务优化研究：基于网格化管理视角 [D]. 长春：长春工业大学，2023.

⑨ 江河，李立清 . 社区居家养老服务、家庭代际交换与老人健康 [J]. 中国卫生事业管理，2023（7）：508-515.

⑩ 韦兵 . 治理理论视域下社区居家养老服务中的政社关系模式转换：基于 X 省的研究 [D]. 长春：吉林大学，2023.

⑪ 潘峰 . 乡村居家养老服务实践：分治与协同 [J]. 华南农业大学学报（社会科学版），2023（5）：128-140.

⑫ 马菊花 . 促进我国养老服务体系发展的税制检视及补正 [J]. 地方财政研究，2023（6）：15-39.

（二）关于京津冀养老服务协同发展的研究

在国家区域协同发展战略方针、京津冀协同发展、疏解北京非核心功能、共建共享理念等的综合推动下，京津冀养老服务协同发展自2015年起受到越来越多的关注和研究。

1. 关于京津冀异地养老意愿及影响因素的研究

刘文成等（2018）发现老年人对养老地的主要关注因素中，医疗因素均占30%以上，为最主要关注因素，其他关注因素为费用、护理、交通、位置、休闲设施，应建立京津冀医保同城化。[①] 罗梦婷等（2018）认为京津老年人考虑是否选择河北的养老院入住主要受养老院价格和离家距离因素的影响，未来河北发展针对京津老年人的养老院的空间范围是有限的。[②] 王雯等（2018）通过调研发现，北京市老年人异地养老意愿有所增加，影响这一意愿的因素既有推动因素又有制约因素。[③] 程艳彬（2018）采用质性研究方法，重点从环境、日常生活、人际关系和心理四个方面分析了京津老年人入住河北协同养老机构的社会适应状况。[④] 孙伊凡等（2019）调查表明，京津冀异地养老在了解与认知方面仍然存在着制约因素。[⑤] 曹海青等（2019）认为一体化规划、政策制度、法律法规、服务功能、服务质量、医保政策、医疗资源、环境情况、养老成本和经济补偿对异地养老意愿有着十分重要的影响。[⑥]

2. 关于京津冀养老服务协同发展评价的研究

吴国英、赵蕾霞（2018）利用泰尔指数测算2009—2015年京津冀养老服务业的非均衡水平，发现三地养老服务业在向着总体均衡发展过程中存在局部差异扩大化及均衡反复现象；通过灰色动态协调发展关系模型计算发现，天津和河北在养老服务业发展方面存在相互制约关系。[⑦] 曹海青等（2019）以京津冀养老一体化为契机，研究了京

① 刘文成，张佳惠，杨松，等．京津冀地区养老地产项目调研和养老地产发展建议[J]. 商业经济，2018（1）：32-34.

② 罗梦婷，周尚意，江攀．京津冀养老院区域协同发展空间范围分析[J]. 地域研究与开发，2018（2）：58-62.

③ 王雯，张菲．京津冀协同发展背景下北京老年人异地养老服务研究[J]. 经济与管理，2018（6）：13-17.

④ 程艳彬．京津老年人赴冀养老社会适应研究：以YJ协同养老示范基地为例[J]. 社会福利，2018（2）：41-45.

⑤ 孙伊凡，陈丽莎．京津冀异地养老的认知困境与探索[J]. 河北大学学报（哲学社会科学版），2019（3）：103-108.

⑥ 曹海青，姚翠友，杨艳红．京籍老人异地养老意愿影响因素及对策研究[J]. 中国人力资源社会保障，2019（9）：42-43.

⑦ 吴国英，赵蕾霞．我国养老服务业的非均衡性测度及发展对策：以京津冀三地为例[J]. 山西大学学报（哲学社会科学版），2018（4）：87-93.

津冀养老服务质量评价云服务平台设计及其关键技术。[①] 郑涛等（2019）认为经济实力相差较大的地市养老支付能力也存在较大差距，京津对周边城市带动效果不明显。[②] 杨正兰（2021）选取了2007—2017年京津冀三地与养老有关的19个指标数据，分别计算京津冀各地养老服务子系统有序度，计算京津冀区域两两之间的协同以及三地复合系统的协同度，研究发现京津冀养老服务发展处于不协同或协同水平较低状态，养老服务协同度发展波动较大。[③] 高子宁（2022）选取2015—2021年京津冀三地联合颁布的养老服务协同发展相关政策为评估对象，构建PMC指数模型进行量化分析，发现政策体系整体上契合养老服务协同发展目标，但在政策作用层面、政策受体、交流合作、涉及领域方面存在欠缺。[④]

3. 关于京津冀养老服务协同发展问题及对策的研究

孙健夫等（2015）认为三地协同发展养老服务业的目标是实现资源优势互补、为老年人提供符合需求特点的养老服务以及提升医疗服务的质量和能力。为此，需要坚持市场力量与政府力量相结合、社会养老服务资源共建共享和消费者利益至上的协同发展原则。[⑤] 刘莉等（2016）建议利用PPP模式进行养老项目的投资建设。[⑥] 严晓萍（2017）认为京津冀区域养老服务存在服务设施供求不平衡、社区服务有待普及等问题，应尽快普及退休老人医疗异地结算，打造京津冀区域候鸟式养老圈、培训专业医护人员、建设无围墙的社区养老院、加强京津冀区域养老服务补贴政策衔接等。[⑦] 辜胜阻等（2017）认为京津冀存在养老需求和供给的错配缺配等问题，要加快三地社会养老服务制度、标准、设施与人才队伍建设的统一化，扩大社会养老服务有效供给，积极探索京津冀医养结合创新发展模式。[⑧] 蔡玲（2017）认为京津冀协同养老应提高医养结合的养老服务能力，加大智慧养老的政策扶持力度，激活民间资本活力，完善养老服务人才培养政策。[⑨] 朱丽娇（2018）建议开发依托秦皇岛的滨海疗养旅居养老模式、依托张家口的体育文化旅居养老模式、依托雄安新区和西柏坡的红色旅游文化旅居养

① 曹海青，姚翠友，杨艳红．养老服务质量评价云服务平台设计关键技术研究 [J]. 信息技术与信息化，2019（6）：208-211.
② 郑涛，宋晓，张潘伟．京津冀养老支付能力区域差异的空间分析 [J]. 中国市场，2019（14）：32-33.
③ 杨正兰．京津冀养老服务协同发展研究 [D]. 北京：北京交通大学，2021.
④ 高子宁．京津冀养老服务协同政策：量化分析与路径优化 [M]// 中国老年学和老年医学学会．新时代积极应对人口老龄化研究文集 · 2022. 北京：华龄出版社，2022.
⑤ 孙健夫，戴璐玮．京津冀养老服务业协同发展的环境、目标与原则 [J]. 经济研究参考，2015（63）：41-46.
⑥ 刘莉，耿军会．养老基地怎样对接PPP模式：以京津冀区域为例 [J]. 人民论坛，2016（33）：62-63.
⑦ 严晓萍．京津冀区域养老服务发展问题研究 [J]. 河北科技大学学报（社会科学版），2017（1）：1-6.
⑧ 辜胜阻，王建润，吴华君．京津冀协同发展中的人口问题研究 [J]. 经济与管理，2017（1）：10-13.
⑨ 蔡玲．以改革创新推动京津冀养老服务协同发展 [J]. 经济与管理，2017（1）：14-16.

老模式。[①] 许亚萍等（2018）认为应增强天津医疗基础建设、加强医疗人才培训，以河北为主要承接地，优化三地一体化空间格局和功能定位。[②] 刘经纬等（2018）强调基础设施硬件和专业服务软件的结合。[③] 王小春等（2018）分析了京津冀养老服务协同发展的必要可行性、各地优势与制约因素，发现京津冀地区保障性住房养老服务建设大多滞后，供需差距较大。[④⑤]

王艳霞（2019）发现环京津康养产业人才严重短缺，应全面建成“医、药、养、健、游”“五位一体”的康养产业格局。[⑥] 杨茹侠等（2019）调研发现京津冀社区嵌入式小规模多功能养老机构专业技术人员配置存在差异，提示在相关政策和标准制定方面存在改进空间，规范的人力配置标准是机构质量保障和机构运营模型测算的基础。[⑦] 谷军、商卉（2019）认为需完善三地医疗卫生机构与养老机构的合作机制。[⑧] 李玉玲、胡宏伟（2019）认为三地养老服务协同有发挥自身养老资源、成本、试点方面的优势，存在缺乏有效协调机制、医疗资源配置不均、人才队伍匮乏等方面的劣势，有把握人口老龄化与养老服务协同发展政策支持的机会，亦需要应对医疗保险碎片化、相关人员观念障碍带来的风险挑战。[⑨] 张幸等（2019）主张数据金融给社区居家养老、机构养老提供了创新思维。[⑩] 刘经纬等（2019）从质量管理国际标准视角解决京津冀协同养老研究方案和技术。[⑪] 韩兆柱等（2019）基于整体性治理理论，认为打破政策性壁垒、破除地区本位主义、促进公私合作、实现资源共享是破解京津冀养老服务协同困境的必

① 朱丽娇 . 新时代下推动京津冀旅居养老协同发展探索与研究 [J]. 纳税，2018（16）：178-179

② 许亚萍，王莉莉，李彦茹，等 . 京津冀协同发展框架下养老服务业供给研究 [J]. 时代金融，2018(1)：106-109.

③ 刘经纬，冯康岷，常翔宇 . 京津冀协同养老的现状及对策研究 [J]. 中国人力资源社会保障，2018(11)：37-38.

④ 王小春 . 京津冀养老服务体系建设协同发展 [J]. 中国老年学杂志，2018（23）：5874-5878.

⑤ 王小春，孔金平 . 供需视角下保障性住房养老服务体系建设研究：以京津冀地区为例 [J]. 天津行政学院学报，2018（4）：28-35.

⑥ 王艳霞 . 环京津康养产业人才供需矛盾及破解之策 [J]. 经济论坛，2019（9）：36-43.

⑦ 杨茹侠，谢红 . 京津冀社区嵌入式小规模多功能养老机构专业技术人员配置情况调查 [J]. 中国公共卫生，2019（12）：1-6.

⑧ 谷军，商卉 . 发展京津冀协同养老模式的思考 [J]. 人民论坛，2019（10）：66-67.

⑨ 李玉玲，胡宏伟 . 京津冀养老服务协同发展研究：基于 SWOT 框架的分析 [J]. 人口与发展，2019(5)：123-128.

⑩ 张幸，董银霞，吴琼，等 . 数据金融与京津冀地区养老融资体系的发展研究 [J]. 经济管理研究，2019（10）：53-54.

⑪ 刘经纬，张亦安，陈佳明 . 国际 ISO 视野下的京津冀协同养老及“互联网 +”实现 [J]. 中国人力资源社会保障，2019（6）：31-33.

然选择。[1]姚翠友等（2020）借助演化博弈理论构造了政府、企业、农民三方演化博弈的策略支付矩阵，认为当京津冀地区老龄化发展到高水平阶段时，京津冀地区各地方政府应该加强其对于养老方式稳定模式的控制，以期实现京津冀地区农村养老一体化发展。[2]莫凡（2021）从建筑学角度对京津冀地区山地旅居养老基地进行规划设计研究。[3]董微微等（2021）认为京津冀三地的健康产业发展各具优势和特色，具有较强的互补性。[4]田学斌等（2023）对京津冀协同发展取得的成就和存在的问题进行了综述，包括地方合作动力不足，体制机制壁垒亟须破除等。[5]

（三）关于河北省养老服务的研究

1. 河北省养老服务需求及影响因素的研究

魏民等（2016）通过对唐山市的调研，发现社区老年人居家养老方式受多种因素影响，主要包括患慢性病数量、月平均收入、子女在身边情况、是否抑郁等。[6]陈玉娟等（2017）通过对河北省 60 岁及以上的 5 378 人居家养老服务需求的调查分析，发现男性上层、中上层需求率最高的是日常生活服务，中层、中下层需求率最高的是社会政策服务，下层需求率最高的是医疗保健服务；女性上层需求率最高的是医疗保健服务，中上层、中层需求率最高的是社会政策服务，中下层、下层需求率最高的是休闲娱乐服务。年龄、教育程度、职业、居住方式、婚姻状况、家庭收入、健康状况、社会保障是影响老年人居家养老的重要因素。[7]宋佳芮（2022）通过调研发现，年龄、婚姻状态、健康状况、主要经济来源、家庭收入、子女数量、养老保险参保情况、医疗保险参保情况对河北省农村老年人养老服务选择意愿具有显著影响。[8]黄晓曼等（2022）调研发现，社区居民以健康需求和娱乐需求意愿最为强烈，同时健身广场、公共活动

① 韩兆柱，邢蕊．基于整体性治理的京津冀养老服务协同发展路径研究 [J]. 中共天津市委党校学报，2019（1）：71-78.

② 姚翠友，罗宗，杨艳红，等．京津冀地区农村养老机制的演化博弈分析 [J]. 系统科学学报，2020(5)：100-104.

③ 莫凡．京津冀地区山地旅居养老基地规划设计研究 [D]. 保定：河北农业大学，2021.

④ 董微微，崔丽红，曹馨洁．京津冀健康产业协同发展现状与对策研究 [J]. 城市，2021（12）：45-56.

⑤ 田学斌，刘蕊，武星．推动京津冀协同发展向更高水平迈进：京津冀协同发展九周年座谈会观点综述 [J]. 衡水学院学报，2023（4）：53-57.

⑥ 魏民，邢凤梅，李颖，等．社区老年人居家养老选择现状及影响因素分析 [J]. 中国公共卫生，2016（9）：1153-1155.

⑦ 陈玉娟，李立，张立立，等．河北省不同社会阶层老年人居家养老服务需求及影响因素 [J]. 中国老年学杂志，2017（6）：1526-1528.

⑧ 宋佳芮．乡村振兴背景下河北省农村养老服务体系建设研究 [D]. 保定：河北大学，2022.

室等相关配套设施存在建设不足和缺乏日常维护等问题。[①] 权兴苗等（2023）对河北省 1 750 名空巢老年人进行调研，发现河北省空巢老年人最迫切的养老需求是经济支持需求和医疗护理需求，同时发现健康状况对空巢老年人养老需求有直接正向影响，人口学特征可通过对健康状况的影响间接影响空巢老年人的养老需求。[②] 王康等（2023）通过河北省部分城市成年居民的调研，发现对于 59 岁及以下的参与者，其认知水平、血型、职业和年龄对智能养老模式有显著影响，对于 60 岁及以上参与者，只有教育水平和年龄对智能养老方式有显著影响。[③]

2. 河北省养老服务具体方面的研究

关于服务项目供给方面，刘宇婷（2022）调研发现，政府购买的城市社区居家养老服务大多围绕日常生活、家政服务、休闲娱乐等方面，内容单一，层次较低；心理疏导、医疗康复、学习培训等较高层次的项目相对滞后，真正能长期、高质量提供的服务项目较少。[④] 白雨龙等（2023）调研发现，河北省独生子女家庭老年父母以居家养老模式为主，社会保障率较高，但老年人对其满意度并不高，且社区养老服务有限。[⑤]

关于医养结合方面，吕天元（2022）认为石家庄市居家和社区养老医养结合存在“医养”供需关系失衡、社区“医养”推广进程缓慢、社区“医养融合”管理不完善、医养服务专业化程度不高等问题。[⑥] 章嘉琪（2022）认为三河市社区居家养老模式存在居民参与热情较低、医养结合条件较差、专项经费不足和专业人员欠缺等问题，原因包括服务质量评估机制缺乏、资源配置不合理等。[⑦] 王思洁（2022）认为河北省养老服务医养结合存在支付体系不健全、专业人员短缺、服务质量差距较大、资源配置不均衡等问题。[⑧]

关于智慧养老方面，田晓景等（2022）认为河北省“嵌入式”社区智慧养老基础设施有待完善，规模效应相对较低，缺乏监管。[⑨] 孙钰静（2022）认为河北省养老服务

---

① 黄晓曼，姜雨馨，林千钰，等 . 河北省城市社区嵌入式养老模式研究 [J]. 中国市场，2022（11）：38-40.

② 权兴苗，单伟超，单伟颖，等 . 基于结构方程模型的河北省空巢老年人养老需求及影响因素研究 [J]. 承德医学院学报，2023（2）：175-179.

③ 王康，魏俊英，兰翔英，等 . 智慧养老模式影响因素及相关产业研究：以河北省为例 [J]. 金融理论与教学，2023（1）：91-97.

④ 刘宇婷 . 城市社区居家养老服务发展问题研究：以河北省为例 [J]. 商业观察，2022（8）：52-54，65.

⑤ 白雨龙，何文娟，张新宇，等 . 河北省独生子女家庭老年父母养老现状和幸福感的调查分析 [J]. 产业与科技论坛，2023（1）：56-57.

⑥ 吕天元 . 石家庄市社区居家养老服务医养融合发展研究 [D]. 石家庄：河北师范大学，2022.

⑦ 章嘉琪 . 河北省三河市社区居家养老模式研究 [D]. 秦皇岛：燕山大学，2022.

⑧ 王思洁 . 健康老龄化背景下河北省医养结合养老服务探究 [J]. 中国市场，2022（17）：34-36，133.

⑨ 田晓景，于虹，闫凤霞，等 . 河北省“嵌入式”智慧养老模式发展路径研究 [J]. 投资与创业，2022（6）：192-194.

智慧化程度低，康养项目处于起步阶段。①

关于养老服务人才方面，王艳霞（2017）认为应提高人才薪酬待遇，加大养老专业扶持力度，加强京津冀校企合作，完善培训体系。②

3. *河北省农村养老服务方面的研究*

吴海彦（2022）通过调研发现，河北省 Z 县农村老人家庭养老存在经济供养有限、医疗支付压力大、政府保障力度不足、子女的日常照料不够、精神慰藉匮乏的问题，认为应加强对家庭养老的政策制定。③ 张兰（2022）介绍了“肥乡模式”的 A 市农村互助幸福院和“村委会组织、老年人居家、邻里帮助、政府支持”的 B 市互助养老方式，其中 B 模式覆盖面广，但目前缺乏统一的政策指导，尚未形成长效运行机制。④ 张俊桥等（2022）认为农村养老政策体系不够完整，协调性不够。⑤ 苏明山等（2022）对河北省廊坊市常辛庄村，霸州市高桥村，邢台市双蓬头村、天口村、范庄村，保定市上庄村等地实地调研发现，当前河北乡村互助养老模式主要存在乡村养老资源利用呈现碎片化、乡村互助养老模式缺乏规范性、乡村互助养老服务缺乏专业性等问题。⑥ 尹恩阳等（2022）通过对 M 县 L 镇的农村失能老人养老现状进行实地调研，结果显示，研究区域的失能老人以家庭养老为主，存在养老金不能保障日常开销；生活照料质量低，医疗条件支撑差；养老院市场化程度低，发展前景迷茫；精神慰藉常缺失，娱乐辅助设施建设不足等问题。⑦ 王彦华等（2022）以河北省 W 县为例，对该地区家庭养老现状进行了调查，从政府支持、社会组织及社区支持方面梳理家庭养老社会支持政策现状。⑧ 冯艳铭等（2022）认为农村老年人养老服务提供者存在市场失灵。⑨ 秦立建等（2023）介绍了河北省肃宁县的益源种植专业合作社利用土地资源解决农户养老难题的实践探索。⑩

---

① 孙钰静 . 河北省智慧康养服务发展对策研究 [D]. 保定：河北大学，2022.

② 王艳霞 . 京津冀协同发展背景下河北省养老服务人才培养问题研究 [J]. 河北科技大学学报（社会科学版），2017（1）：92-98.

③ 吴海彦 . 河北省 Z 县农村老人家庭养老问题研究 [D]. 石家庄：河北师范大学，2022.

④ 张兰 . 河北省农村互助养老问题及对策研究：以 A 和 B 两市为例 [D]. 石家庄：河北师范大学，2022.

⑤ 张俊桥，梁丹 . 河北省农村养老服务体系政策完善研究 [J]. 法制博览，2022（1）：12-15.

⑥ 苏明山，康鑫 . 积极老龄化视角下河北省乡村互助养老模式的探索：“初老”服务“老老” [J]. 农村经济与科技，2022（6）：154-156.

⑦ 尹恩阳，史小建 . 贫困山区农村失能老人养老现状与对策：以河北省 M 县 L 镇为例 [J]. 河北农业科学，2022，26（1）：23-25，65.

⑧ 王彦华，刘鑫，魏满堂，等 . 社会支持视角下家庭养老困境与对策：以河北省 W 县为例 [J]. 河北工程大学学报（社会科学版），2022（4）：27-32.

⑨ 冯艳铭，董春栎 . 新时期农村老年人养老服务供需分析及对策：以河北省为例 [J]. 当代农村财经，2022（6）：41-44.

⑩ 秦立建，李金花 . 合作社探索打造新型农村养老模式：河北省肃宁县益源种植专业合作社积极探索养老服务 [J]. 中国合作经济，2023（5）：64-68.

（四）相关述评

对居家和社区养老服务的深入研究是目前养老服务领域的一个重要着力点，中外学术界从居家和社区养老服务的价值意义、概念阐释、内容框架、供需存在问题及成因等方面进行分析，产生了相当多的研究成果，也提出了许多很有建设性的见解，有力促进了我国居家和社区养老服务事业的稳健发展；在京津冀养老服务协同发展方面，学界分别从实践效果、建筑设计、空间地理等多视角进行研究，就协同发展影响因素、发展程度、发展对策进行了系列研究，为京津冀养老服务协同发展作出了诸多有价值的探索分析；针对河北省养老服务，学界就老年人居家和社区养老服务需求及具体服务供给等方面进行了系列研究，对把握河北省养老服务事业发展现状及问题，厘清发展思路具有积极作用。

纵观上述研究成果，发现目前还存在以下需要深入探讨的问题。

一是对养老服务政策文件本身的分析评价有待加强。实践离不开政策的指引，政策法规在养老服务体系建设中有着十分重要的作用，[①] 目前相关研究主要集中于养老服务供给需求及影响因素等方面，关于政策文件本身的探讨，主要有李兵等（2015）对2006—2013 年间国家 3 份核心养老服务政策文本、[②] 吴宾等（2017）对 1994—2016 年间国家 38 份养老服务政策文本、[③] 汪波等（2018）对 2006—2016 年间国家 10 份养老政策文本、[④] 方永恒等（2020）对 2009—2019 年间国家 10 份代表性养老服务政策文本、[⑤] 张丽等（2020）对 2011—2019 年国务院 4 份重要养老服务政策、[⑥] 邹钰莹等（2020）对 2013—2017 年间国家 6 份代表性养老服务政策文本 [⑦] 进行了分析评价，而且都集中于中央层面。目前仅有谷明静等（2023）对“十三五”规划期间我国 31 个省级政府 66 项养老服务政策文本进行了量化评价，[⑧] 但也还存在每个省份代表性政策文本较少的问题。

二是在京津冀养老服务协同发展研究中，目前主要集中在机构养老方面，而对起

① 李娜 . 河北省创新养老服务体系的构建策略思考 [J]. 经济论坛，2022（9）：20-24.

② 李兵，张航空，陈谊 . 基本养老服务制度建设的理论阐释和政策框梁 [J]. 人口研究，2015（2）：91-99.

③ 吴宾，刘雯雯 . 中国养老服务业政策文本量化研究（1994—2016 年）[J]. 经济体制改革，2017（4）：20-26.

④ 汪波，李坤 . 国家养老政策计量分析：主题、态势与发展 [J]. 中国行政管理，2018（4）：105-110.

⑤ 方永恒，刘佳敏 . 国务院养老服务政策挖掘与量化评价：基于 PMC 指数模型分析 [J]. 云南行政学院学报，2020（5）：167-176.

⑥ 张丽，姚俊 . 中国养老服务政策的量化评价 [J]. 现代经济探讨，2020（12）：33-38.

⑦ 邹钰莹，娄峥嵘 . 中央层面养老服务政策内容量化评价：基于 PMC 指数模型的分析 [J]. 电子科技大学学报（社会科学版），2020（3）：68-76.

⑧ 谷明静，赖佳燕 . 基于 PMC 指数模型的我国省级养老服务政策设计的评价 [J]. 闽江学院学报，2023（3）：68-79.

到依托支撑作用的居家和社区养老服务方面，探讨不充分；关于政策文本，目前主要有刘娜（2019）对京津冀三地政府出台的《"十三五"国家老龄事业发展和养老体系建设规划》的政策文本分析，[①] 高子宁（2022）对2015—2021年京津冀三地联合颁布的养老服务协同发展5份政策文本的分析评价。[②] 故目前关于京津冀三地居家和社区养老服务政策文本的系统详尽对比还有待开展。

三是针对河北省的居家和养老服务政策文本定量评价分析还有待开展，实践中的居家和社区养老服务满意度、供需适配性、老年助餐等专项研究目前都还鲜有所见，而充分掌握老年人的服务需求和反馈、摸清养老服务是否适配对于河北省养老服务事业完善及发展又极其重要。

四、研究内容

基于前述研究综述，在明确目前研究及实践需要的基础上，本书围绕以下方面展开研究。（见图1.1）

（1）对居家和养老服务相关核心概念进行梳理，明确研究重点和理论基础。

（2）对国家和京津冀三地居家和社区养老服务政策文本及发展现状分别进行梳理，以明确现状，形成研究基础。

（3）对京津冀三地居家和社区养老服务政策分别进行代表性政策样本PMC指数定量评价分析和整体政策系统对比分析，以明确京津冀三地居家和社区养老服务政策共同问题和河北省个别问题。

（4）对京津冀三地居家和社区养老服务政策实践进行实践调研和实证分析，从实践角度分析河北省居家和社区养老服务的现状，发现规律。

（5）基于前述研究，总结梳理河北省居家和社区养老服务存在的主要问题，并进行原因分析。

（6）提出相关对策建议，构建河北省居家和社区养老服务可持续发展机制，促进养老服务事业高质量发展。

① 刘亚娜，董琦圆，谭晓婷．京津冀养老政策差异与协同：基于"十三五"老龄事业发展和养老体系建设规划的政策文本分析 [J]. 社会发展研究，2019（3）：189-202，245-246.

② 高子宁．京津冀养老服务协同政策：量化分析与路径优化 [M]// 中国老年学和老年医学学会．新时代积极应对人口老龄化研究文集 · 2022. 北京：华龄出版社，2022.

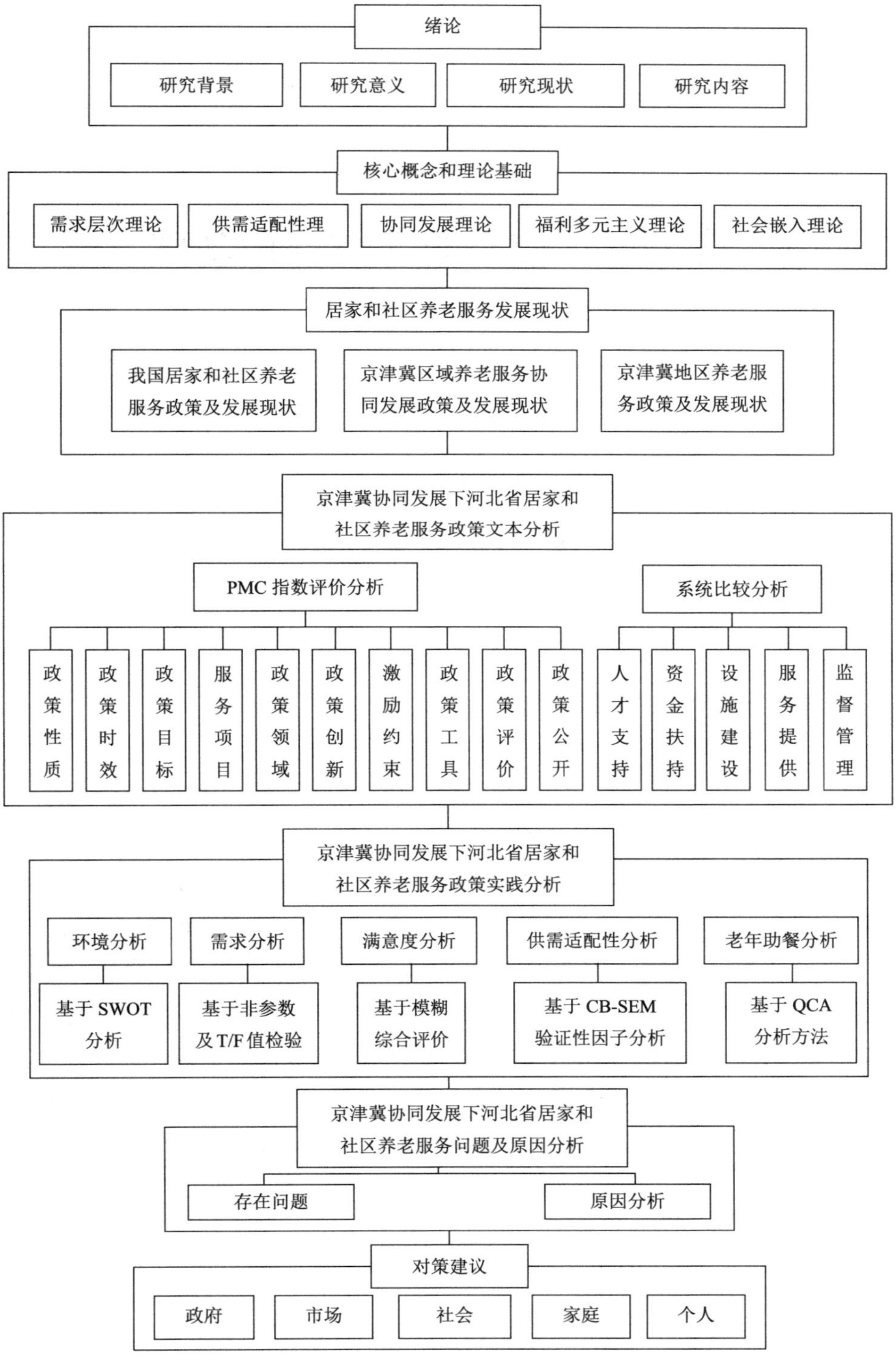
绪论
研究背景
研究意义
研究现状
研究内容
核心概念和理论基础
需求层次理论
供需适配性理
协同发展理论
福利多元主义理论
社会嵌入理论
居家和社区养老服务发展现状
我国居家和社区养老服务政策及发展现状
京津冀区域养老服务协同发展政策及发展现状
京津冀地区养老服务政策及发展现状
京津冀协同发展下河北省居家和社区养老服务政策文本分析
PMC 指数评价分析
系统比较分析
政策性质
政策时效
政策目标
服务项目
政策领域
政策创新
激励约束
政策工具
政策评价
政策公开
人才支持
资金扶持
设施建设
服务提供
监督管理
京津冀协同发展下河北省居家和社区养老服务政策实践分析
环境分析
需求分析
满意度分析
供需适配性分析
老年助餐分析
基于 SWOT 分析
基于非参数及 T/F 值检验
基于模糊综合评价
基于 CB-SEM 验证性因子分析
基于 QCA 分析方法
京津冀协同发展下河北省居家和社区养老服务问题及原因分析
存在问题
原因分析
对策建议
政府
市场
社会
家庭
个人

图 1.1 技术路线图

第二章　核心概念与理论基础

第一节　核心概念

一、养老服务类核心概念

（一）养老服务

关于养老服务，学者们对其内涵和外延认识并不一致，交互使用“老年服务”“老龄服务”“为老服务”“照料”“照顾”“老年支持”等词汇来进行养老服务方面的研究。[①] 本研究认为，养老服务是为老年人提供的满足其物质和精神生活需要的各种活动总称，这些活动既包括满足老年人衣、食、住、行、医等基本生存生活需要，也包括满足其健身、娱乐、社会参与等高层次需要的各种劳务和情感支持。

针对基本生存生活需要，2023 年 5 月，中共中央办公厅、国务院办公厅印发了《关于推进基本养老服务体系建设的意见》，列出了 16 项基本养老服务清单（见表 2.1），并要求各地在 2025 年前做到全覆盖。

① 李放，张娜，沈苏燕 . 农村社会养老服务的需求与发展路径研究 [M]. 北京：科学出版社，2016：13.

表 2.1 国家基本养老服务清单

对象	服务项目		服务内容	服务类型
达到待遇享受年龄的老年人	1	职工基本养老保险	为符合条件的参保老年人按时足额发放基本养老金	物质帮助
	2	城乡居民基本养老保险	为符合条件的参保老年人发放基础养老金和个人账户养老金	物质帮助
65 周岁及以上老年人	3	老年人能力综合评估	为 65 周岁及以上老年人提供能力综合评估，做好老年人能力综合评估与健康状况评估的衔接	照护服务
80 周岁及以上老年人	4	高龄津贴	为 80 周岁及以上老年人发放高龄津贴	物质帮助
经济困难的老年人	5	养老服务补贴	为经济困难的老年人提供养老服务补贴	物质帮助
	6	家庭适老化改造	按照相关标准，分年度逐步为经济困难的老年人家庭提供无障碍改造服务	照护服务
经认定生活不能自理的老年人	7	护理补贴	为经认定生活不能自理的经济困难老年人提供护理补贴	物质帮助
	8	家庭养老支持服务	符合条件的失能老年人家庭成员参加照护培训等相关职业技能培训的，按规定给予职业培训补贴	照护服务
纳入最低生活保障范围的老年人	9	最低社会保障	对获得最低生活保障金后生活仍有困难的老年人，采取必要措施给予生活保障	物质帮助
特困老年人	10	分散供养	对选择在家供养的特困老年人，由县级政府民政部门依照有关规定给予分散供养，提供基本生活条件、疾病治疗、办理丧葬事宜等，对生活不能自理的给予照料	照护服务
	11	集中供养	对需要集中供养的特困老年人，由县级政府民政部门按照便于管理的原则，就近安排到相应的供养服务机构，提供基本生活条件、疾病治疗、办理丧葬事宜等，对生活不能自理的给予照料	照护服务
特殊困难老年人	12	探访服务	面向独居、空巢、留守、失能、重残、计划生育特殊家庭等老年人提供探访关爱服务	关爱服务
对国家和社会作出特殊贡献的老年人	13	集中供养	老年烈士遗属、因公牺牲军人遗属、病故军人遗属和进入老年的残疾军人、复员军人、退伍军人，无法定赡养人、扶养人或法定赡养人、扶养人无赡养或抚养能力且享受国家定期抚恤补助待遇的，提供集中供养、医疗等保障	照护服务
计划生育特殊家庭老年人	14	优先享受机构养老	同等条件下有限入住政府投资兴办的养老机构	照护服务
经认定符合条件的残疾老年人	15	困难残疾人生活补贴和重度残疾人护理补贴	为最低生活保障家庭中的残疾老年人提供生活补贴，为残疾等级被评为一级、二级且需要长期照护的重度残疾老年人提供护理补贴	物质帮助
生活无着的流浪、乞讨老年人	16	社会救助	依照有关规定给予救助	物质帮助

（二）社会养老服务体系、居家养老、社区养老

根据国务院办公厅印发的《社会养老服务体系建设规划（2011—2015年）》，社会养老服务体系是与经济社会发展水平相适应，以满足老年人养老服务需求、提升老年人生活质量为目标，面向所有老年人，提供生活照料、康复护理、精神慰藉、紧急救援和社会参与等设施、组织、人才和技术要素形成的网络，以及配套的服务标准、运行机制和监管制度；并指出，我国的社会养老服务体系主要由居家养老、社区养老和机构养老等三个有机部分组成。

具体而言，居家养老服务涵盖生活照料、家政服务、康复护理、医疗保健、精神慰藉等，以上门服务为主要形式。对身体状况较好、生活基本能自理的老年人，提供家庭服务、老年食堂、法律服务等服务；对生活不能自理的高龄、独居、失能等老年人提供家务劳动、家庭保健、辅具配置、送饭上门、无障碍改造、紧急呼叫和安全援助等服务。有条件的地方可以探索对居家养老的失能老年人给予专项补贴，鼓励他们配置必要的康复辅具，提高生活自理能力和生活质量。

社区养老服务是居家养老服务的重要支撑，具有社区日间照料和居家养老支持两类功能，主要面向家庭日间暂时无人或者无力照护的社区老年人提供服务。在城市，结合社区服务设施建设，增加养老设施网点，增强社区养老服务能力，打造居家养老服务平台。倡议、引导多种形式的志愿活动及老年人互助服务，动员各类人群参与社区养老服务。在农村，结合城镇化发展和新农村建设，以乡镇敬老院为基础，建设日间照料和短期托养的养老床位，逐步向区域性养老服务中心转变，向留守老年人及其他有需要的老年人提供日间照料、短期托养、配餐等服务；以建制村和较大自然村为基点，依托村民自治和集体经济，积极探索农村互助养老新模式。

（三）居家和社区养老

由于居家养老离不开社区养老的基础和依托，两者相互之间联系较多，很多关于居家养老或社区养老的政策文件都是两种养老服务兼而有之，若将两者截然分开并不十分合理可行，故本书将社区养老和居家养老进行整体研究，简称为“居家和社区养老服务”（也有合称为“社区和居家养老”）。按照政策规划，我国老年人大多数都在居家和社区养老，形成“9073”的格局，即90%左右的老年人居家养老，7%左右的老年人依托社区支持养老，3%的老年人入住机构养老。[①] 由于居家和社区养老相互交

① 陈晶．国家卫生健康委：我国养老呈“9073”格局，[EB/OL].（2021-04-16）[2023-07-12].http://www.rmzxb.com.cn/c/2021-04-16/2831140.shtml.

融，90% 居家和 7% 社区养老统合为 97% 居家社区养老，故“9073”养老格局也合称为“973”养老格局。

管理离不开“人、财、物、事”四大核心要素，在公共政策拟定中，要对公共事务所涉及或需要的“人、财、物、事”进行统筹协调和配置。另外，公共管理中，监督不可或缺。故本书按照“人、财、物、事、督”五大方面对居家和社区养老服务政策进行系统分析。具体而言，对居家和社区养老服务政策从人才支持、资金扶持、设施建设、服务提供、监督管理五个维度进行分析。其中，人才支持包括人才培养和人才激励，人才培养主要指对养老服务人才的专业教育及培训等措施，人才激励主要包括对养老服务人才的从业奖励扶持等措施；资金扶持包括扶持项目和扶持力度，扶持项目是指对居家和社区养老服务的一些方面或项目给予资金支持，扶持力度是指给予资金扶持的绝对或相对力度大小；设施建设主要包括服务设施和服务设备配置，例如服务场所、空间设计、基础设施等内容；服务提供主要包括服务对象和服务内容，服务对象涉及对哪些具体群体提供何种服务，服务内容包括助医、助餐、助行、助浴、助急等各种服务项目；监督管理主要包括监督机构和监督措施。（见图 2.1）

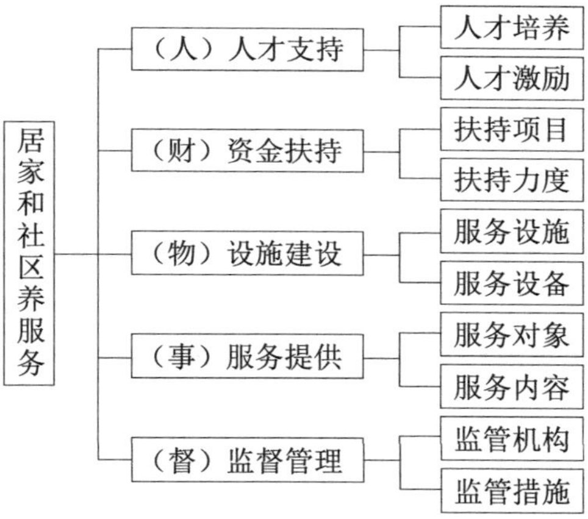

图 2.1 居家和社区养老服务政策分析框架

（四）长期护理保险

在养老服务中，对失能老人的护理照护是一项棘手且不可避免的事情，成为现代家庭压力和负担的一大风险，需要从社会层面来想办法解决。我国针对失能、半失能老年人及重度残疾人，于 2016 年开始在 15 个城市中进行试点进行长期护理保险。[①] 长期护理保险是旨在从社会共同层面上将家庭护理责任及风险压力进行转化分担的制度

① 人力资源社会保障部办公厅 . 人力资源社会保障部办公厅关于开展长期护理保险制度试点的指导意见 [EB/OL].（2016-07-08）[2023-05-17].https://www.gov.cn/xinwen/2016-07/08/content_5089283.htm.

性安排，是健全社会保障体系的重要制度安排，对于失能家庭非常必要和重要。在2020年，我国又将试点范围扩展到49个城市。

（五）时间银行互助养老

时间银行的雏形最早出现在日本，1973年水岛照子创立了“劳动银行”义工网络，其目的在于通过时间的交换来帮助弱势群体。①20世纪70—80年代，美国经济出现“滞胀”危机，物价上涨，失业率增加。为了让社会边缘群体实现其自身价值、减少失业，维护社会稳定，埃德加·卡恩提出时间银行的概念。他认为每个人的时间是平等的，人们之间的交换应该基于时间。因此1小时的服务可以换取1个单位的时间币，1个单位的时间币也可以换取别人1小时的服务。

互助养老，从狭义角度来讲，是指老年人之间基于地域、情感、兴趣等因素进行的相互扶持，是一种超越血缘关系的养老模式。由健康的低龄老年人照顾高龄老年人，实现老年人之间的情感慰藉和生活帮扶，满足老年人的养老需要。从广义角度来讲，互助养老的参与主体除了老年人之外，还可以是大学生、志愿者和社会组织等，其服务范围也超出了地域限制，可以覆盖整个社会。

时间银行互助养老将参与主体扩大到了低龄老人、志愿者、社会组织、学生、专业护工等多种角色。同时延续了时间银行的理念，将服务他人的时间进行统计，并兑换成可以存储的时间币，由时间银行进行统一的管理。参与者既可以在当时用时间币兑换服务，也可以在多年后有需要时进行兑换。这样既保证了时间银行互助养老的公平性，也保证了时间银行互助养老的可持续发展。时间银行互助养老可以有效整合多方面的资源，积极应对人口老龄化带来的养老服务问题。②

二、协同发展类核心概念

（一）协同发展

20世纪70年代，赫尔曼·哈肯（Hermann Haken）提出“协同”的概念，强调没有协同，社会就无法存在，系统之间、要素之间、系统与环境之间存在着“协同作

① 邵聪敏，王小春，袁铎珍，等.“时间银行”：农村互助养老新模式：以河北省唐山市滦南县为例[J].农村经济与科技，2022（7）：182-185.

② 人力资源社会保障部办公厅.人力资源社会保障部办公厅关于开展长期护理保险制度试点的指导意见[EB/OL].（2016-07-08）[2023-05-17].https://www.gov.cn/xinwen/2016-07/08/content_5089283.htm.

用”，通过系统协同作用，由无序转变为有序。

故此，本书认为，协同是指为达到某一个目标，系统内各个体各施其长，相得益彰，由无序到有序，由低效到高效，互利共赢，发挥出 1+1 ＞ 2 的效果。

（二）京津冀养老服务协同发展

自 2015 年 4 月底中共中央政治局审议通过《京津冀协同发展规划纲要》及 2015 年 11 月京津冀三地联合颁布《京津冀民政事业协同发展合作框架协议》以来，京津冀三地逐步开展跨区域购买养老服务试点工作，建立联席会议机制，探索跨区域养老新模式，合力打造养老服务区域协同先行区、示范区。

京津冀养老服务协同发展，是指在京津冀区域协同发展战略框架下，京津冀在养老服务领域各展所长，相互协作，整体布局，优化资源配置，在综合降低养老服务总成本基础上，提高老年人生活质量，并不断促进经济和社会可持续发展。

第二节　理论基础

一、需求层次理论

亚伯拉罕·马斯洛（Abraham Maslow）认为人类的需要是以层次的形式出现的，由低级的需要开始逐级向上发展到高级的需要。他将人的需要分为生理的需要、安定或安全的需要、社交的需要、尊重的需要以及自我实现的需要。生理的需要，即为支持生命之所必需，包括衣食住行等项。安全需要包括人身安全、经济安全以及有秩序、可预知的环境等。社交的需要是指人需要别人关爱和理解，也需要对别人付出关爱，是对友情、爱情、亲情等的需要。尊重的需要是指当事人需要尊重自己、认可自己，同时也需要获得他人的认可和尊重。自我实现的需要是指人希望能成就自己独特的欲望，是自我发展与创造力的发挥。同时，人们的各项基本需要只可能部分得到满足，从较低的层次逐级向上，满足程度的百分比逐级减少。①

通过需求层次论，可以得知每个人均有需要，因此，在养老服务体系建设中，应清楚老年人的具体需要并因地制宜地满足老年人的不同层次的需要。据此，本书按照

① 杨文士，焦叔斌，张雁，等．管理学原理 [M].2 版．北京：中国人民大学出版社，2004：276-278.

需求层次，同时参照《河北省养老服务条例》中关于居家养老服务的相关阐述，将老年人的养老服务需求分为生活照料类服务需求、医疗卫生类服务需求、紧急救援类服务需求、情感慰藉类服务需求、文娱休闲类服务需求。其中，前两类服务需求对应生理的需求，紧急救援类服务需求属于安定或安全的需要，情感慰藉类服务需求属于社交的需要，文娱休闲类服务需求则兼具多种需求属性。本书拟对京津冀老年人群的各层次需求强度进行调研和分析，以深化认识。

二、供需适配性理论

英国学者斯蒂芬·德沃鲁（Stephen Devereux）和沙琳·库克（Sarah Cook）指出：社会政策制定由于利益和关注点不同，有可能较少考虑社会实际与政策目标人群的需求，使得政策供给与社会需求之间存在脱节现象，这种脱节又表现为不同的形式，如社会服务或社会产品供给低效、质量不高、政策目标人群得不到相应服务或产品等。他们提出了供需适配的 4 项标准。这 4 项标准分别为相关性、可及性、质量性以及相适性，[①] 其具体解释见表 2.2。

表 2.2 公共服务供需适配性的 4 项标准

维度	解释
相关性	是指提供给贫困人群与弱势人群的产品与服务是否考虑了他们的实际需求与迫切需求
可及性	是指提供给贫困人群与弱势人群的产品与服务是否具有物理、经济上的可及性，以及获得产品与服务的条件、资格是什么
质量性	是指提供给贫困人群与弱势人群的产品与服务是否达到一定标准
相适性	是指递送产品和服务的干预与机制是否考虑了他们的活动和约束

斯蒂芬·德沃鲁和沙琳·库克所提出的这 4 项标准主要是针对弱势人群和贫困人群，作为居家和社区养老服务接收者的老年人，尤其是高龄、独居、失能、贫困老人，属于需要给予关怀和关注的特殊弱势群体。我国在居家和社区养老服务方面制定了系列政策，但政策供给与实际需求是否适配，还有待深入研究，故本书拟以供需适配性理论为基础，构建相关指标体系，对居家和社区养老服务的供需适配性进行深入分析。

① 陶成煦，沈超，完颜邓邓．供需适配性理论视域下公共数字文化服务满意度研究 [J]. 图书情报工作，2021（17）：57-68.

三、协同发展理论

赫尔曼·哈肯于20世纪70年代出版了《协同学导论》《协同学：大自然构成的奥秘》等著作，阐述了协同学和协同发展理论。协同发展理论认为，处于相同环境的组织或单位之间并不是对立、分隔的关系，而是相互影响、相互独立、相互合作的关系，强调引导具有相同目标的组织，相互协调共同完成某一项任务，从而达到双赢或多赢的效果。协同发展包括文化协同、资源协同、战略协同等多种方式。①

另外，协同发展理论不仅蕴含着协同，还意味着竞争。在实现目标过程中，系统之间和系统内部不同要素之间，会出现资源竞争的问题。系统就是在不断的竞争和合作中实现优化升级，达到更加有序的状态。②

在京津冀养老服务协同发展过程中，三地是协同关系，既有共享合作，也有资源竞争。所以，各方主体都需要扬长避短，积极主动探寻适合自己的发展路径。

四、福利多元主义理论

20世纪30年代以后，受凯恩斯主义的国家干预思潮的影响，逐步形成了以政府为主导的公共社会福利体系，但随着西方经济的持久衰退及人口老龄化、家庭核心化等问题的产生，由政府公共部门包揽社会福利供给的模式逐渐难以为继，于是产生了福利多元主义理论。

福利多元主义一方面强调改变以往政府福利供给的主导角色，福利服务交由公共部门、营利部门、非营利部门和家庭社区等4个部门共同提供。政府逐渐转变为福利服务的规范者、监督者，成为福利服务的管理者和仲裁者。另一方面强调非营利组织的广泛参与，将他们导向福利服务领域，通过规范对这些组织的管理，促进福利供给效率的提高。福利多元主义主要有两个概念，分权（decentralization）和参与（participation）。分权不仅只是将福利服务的行政权由中央政府转移至地方政府，同时要从地方政府转移至社区，由公共部门转给私立部门；参与是指对于福利服务的制度决策及服务输送过程希望福利提供者（社区、非营利组织等）和福利消费者共同参与。③

福利多元主义强调福利资源供给方的多元化，这对提高社会福利供给的效率和质量非常重要。据此，在为老年人提供社会养老服务的过程中，由政府、市场、社会和

① 王剑波 . 我国老年教育资源协同发展研究 [M]. 北京：经济科学出版社，2021：47-48.
② 赵素巧 . 基于协同理论的物流产业发展研究 [D]. 长春：吉林大学，2013.
③ 陈元刚 . 我国城镇社区养老服务体系构建研究 [M]. 北京：光明日报出版社，2016：51.

家庭等多方供给主体提供多元化养老服务应是福利多元化的主要体现，对于提升老年人生活质量、转变政府职能有着重要促进作用。本书在对河北省居家和社区养老服务问题进行原因分析和对策建议时根据福利多元主义思路，分别从政府、市场、社会、家庭及个人五方面进行探讨。

五、社会嵌入理论

社会嵌入理论也称嵌入性理论，最早明确提出嵌入概念的卡尔·波兰尼（Karl Polanyi）从实体主义出发，阐明了特定行为在社会中被制度化何以可能以及经济行为是如何被嵌入到社会关系之中的，强调了嵌入性是新兴行为得以合理运行的保障。[①] 该理论的代表人物格兰诺维特（Mark Granovetter）指出："行动者既不可能脱离社会背景采取行动、作出决策，也不可能是规则的奴隶；相反，行动者会在具体的动态的社会关系制度中追求目标的实现。"[②] 他提出社会嵌入理论应寻求"社会化"的平衡，只有在社会结构和个体之间适度融合、互补的条件下，才能在复杂的、动态的社会关系网络中达成既定目标。一个人的一生是一个不断社会化的过程，老年人也不例外，还需要继续社会化。这主要是源于老年人面临着因经济危机感而产生的焦虑感、因角色转变产生的落寞感等心理问题，还将面临空巢、疾病、丧偶等风险和威胁，这需要老年人通过社会嵌入实现社会化，学习新角色，适应新生活。[③]

社会嵌入理论说明，进入老年阶段的老年人并不是不再需要面对社会化问题，而是还需要继续社会化，而居家和社区养老，由于并未脱离老年人熟悉的生活环境，是老年人实现继续社会化的一个很好的基础。

① POLANYI，EHRENBERG，PEARSON. Trade and market in the early empires：economies in history and theory[M].Chicago：Henry Regnery Company，1957：101-110.

② FIURGESS. Aging in Western societies[M].Chicago：University of Chicago Press，1960：10.

③ 卢子敏 . 社会嵌入理论视角下物业养老模式问题研究 [J]. 经济论坛，2014（10）：144-148.

第三章　居家和社区养老服务政策及发展现状

第一节　我国居家和社区养老服务政策及发展现状

一、我国居家和社区养老服务相关政策沿革

21 世纪以来，我国居家和社区养老服务政策经历了从萌芽到形成再到快速发展的过程。居家养老理念被首次提及是在 1983 年，全国老龄工作委员会在《关于老龄工作情况与今后活动计划要点》中首次提出“老年人日间照料中心（日托所）”，是居家养老服务的雏形。

2000 年我国正式进入老龄化社会，自此，居家和社区养老服务相关内容开始出现在政策文件中。2000 年中共中央、国务院出台了《关于加强老龄工作的决定》，提出了要“建立家庭养老为基础、社区服务为依托、社会养老为补充的养老机制”。第一次提出要建立一个包含家庭、社区、社会在内的养老机制。同年，国务院转发民政部等 11 个部门制定的《关于加快实现社会福利社会化的意见》，明确了“在供养方式上坚持以居家为基础、以社区为依托、以社会福利机构为补充的发展方向”。

2011 年，《中华人民共和国国民经济和社会发展第十二个五年规划纲要》提出“建立以居家为基础、社区为依托、机构为支撑的养老服务体系”，进一步明确了社区、居家和机构养老的战略布局。关于养老方式的表述从 2000 年的“家庭养老为基础”过渡到“十二五”时期的“以居家为基础”，反映了养老服务方式的重大变革。国务院办公

厅在同年印发的《社会养老服务体系建设规划（2011—2015年）》文件中也提道："我国的社会养老服务体系主要由居家养老、社区养老和机构养老等三个有机部分组成。"

2013年，《国务院关于加快发展养老服务业的若干意见》（国发〔2013〕35号）提出，到2020年要全面建成"以居家为基础、社区为依托、机构为支撑的，功能完善，规模适度，覆盖城乡的养老服务体系"，强调充分发挥市场在资源配置中的决定性作用，探索公建民营、政府购买服务等多种居家养老服务供给方式，居家和社区养老服务的普及性进一步得到巩固。

2016年，结合我国人口老龄化以及机构养老新形势，《中华人民共和国国民经济和社会发展第十三个五年规划纲要》将养老服务体系重新整合，提出"建立以居家为基础、社区为依托、机构为补充的多层次养老服务体系"。机构养老从"支柱产业"变为"补充"，但"以居家为基础，社区为依托"的政策定位仍非常稳定。自此，伴随机构养老政策定位的调整，居家和社区养老服务的重要性进一步凸显。

2019年，中共中央、国务院印发《国家积极应对人口老龄化中长期规划》。在2019年政府工作报告中，"大力发展养老特别是社区养老服务业"被列入政府工作任务。党的十九届四中全会通过的《中共中央关于坚持和完善中国特色社会主义制度、推进国家治理体系和治理能力现代化若干重大问题的决定》明确提出，"积极应对人口老龄化，加快建设居家社区机构相协调，医养康养相结合的养老服务体系"，进一步针对居家、社区、机构三种养老服务方式进行了阐述，将原先的居家、社区、机构养老各自发展的局面变为"居家社区机构相协调"，明确居家养老、社区养老、机构养老三者互相协调、相辅相成的关系。

2021年，《中华人民共和国国民经济和社会发展第十四个五年规划和2035年远景目标纲要》再次提出"构建居家社区机构相协调、医养康养相结合的养老服务体系"，"推动专业机构服务向社区延伸，整合利用存量资源发展社区嵌入式养老"。明确养老服务的三个主体之间应协调发展，为养老事业发展打开新局面。同年，《中共中央 国务院关于加强新时代老龄工作的意见》明确提出"创新居家社区养老服务模式"，"依托社区发展以居家为基础的多样化养老服务"，强调将居家养老服务"最后一公里"落到实处。

简言之，从2011年到2021年间，伴随机构养老从"支撑"到"补充"，再到与居家社区养老相互"协调"，养老服务体系各组成部分间关系逐步得到厘清，居家和社区养老服务在养老服务体系中的政策地位不断上升。

总之，党的十八大以来，国家对养老服务事业非常重视，党中央、国务院层面出台养老服务政策文件10余件，民政部及相关部门出台养老服务政策文件90余件，养老服务国家或行业标准50余件，养老服务基本制度框架得到构建。其中，居家和社区养老服务相关政策得到逐步完善。（见表3.1）

表3.1 国家主要养老服务政策（2017—2024年）[①]

年份	政策名称
2017	《财政部 民政部关于运用政府和社会资本合作模式支持养老服务业发展的实施意见》（财金〔2017〕86号）
2018	《民政部 财政部关于确定第三批中央财政支持开展居家和社区养老服务改革试点地区的通知》（民函〔2018〕80号）
2018	《民政部 发展改革委 国务院扶贫办关于印发〈深度贫困地区特困人员供养服务设施（敬老院）建设改造行动计划〉的通知》（民发〔2018〕127号）
2019	《关于明确养老机构免征增值税等政策的通知》（财税〔2019〕20号）
2019	《国务院办公厅关于推进养老服务发展的意见》（国办发〔2019〕5号）
2019	《国务院关于实施健康中国行动的意见》（国发〔2019〕13号）
2019	《民政部关于进一步扩大养老服务供给促进养老服务消费的实施意见》（民发〔2019〕88号）
2019	《国家卫生健康委办公厅关于印发老年医学科建设与管理指南（试行）的通知》（国卫办医函〔2019〕855号）
2019	《国家积极应对人口老龄化中长期规划》
2019	《关于养老、托育、家政等社区家庭服务业税费优惠政策的公告》（财政部 税务总局 发展改革委 民政部 商务部 卫生健康委公告2019年第76号）
2020	《关于印发医养结合机构管理指南（试行）的通知》（国卫办老龄发〔2020〕15号）
2020	《关于建立健全养老服务综合监管制度促进养老服务高质量发展的意见》（国办发〔2020〕48号）
2020	《国务院办公厅关于促进养老托育服务健康发展的意见》（国办发〔2020〕52号）
2020	《人力资源社会保障部 民政部 财政部 商务部 全国妇联关于实施康养职业技能培训计划的通知》（人社部发〔2020〕73号）
2020	《国家卫生健康委办公厅关于确定首批老龄健康医养结合远程协同服务试点机构的通知》（国卫办老龄函〔2020〕721号）
2020	《国家医保局 财政部关于扩大长期护理保险制度试点的指导意见》（医保发〔2020〕37号）
2021	《“十四五”国家老龄事业发展和养老服务体系规划》（国发〔2021〕35号）
2021	《智慧健康养老产业发展行动计划（2021—2025年）》（工信部联电子〔2021〕154号）
2021	《国家卫生健康委办公厅关于开展老年医疗护理服务试点工作的通知》（国卫办医函〔2021〕560号）
2021	《中国中央 国务院关于加强新时代老龄工作的意见》
2021	《民政部 住房和城乡建设部 市场监管总局关于推进养老机构“双随机、一公开”监管的指导意见》
2021	《民政部 国家开发银行关于“十四五”期间利用开发性金融支持养老服务体系建设的通知》（民发〔2021〕94号）
2021	《民政部办公厅 财政部办公厅关于组织实施2021年居家和社区基本养老服务提升行动项目的通知》（民办函〔2021〕64号）
2022	《关于开展社区医养结合能力提升行动的通知》（国卫老龄函〔2022〕53号）

① 根据相关部门网站公布整理而成。

（续表）

年份	政策名称
2022	《国务院办公室关于推动个人养老金发展的意见》（国办发〔2022〕7 号）
2022	《民政部办公厅 财政部办公厅关于开展 2022 年居家和社区基本养老服务提升行动项目申报工作的通知》（民办函〔2022〕29 号）
2022	《养老托育服务业纾困扶持若干政策措施》（发改财金〔2022〕1356 号）
2022	《医养结合示范项目工作方案》（国卫老龄发〔2022〕14 号）
2022	《国家卫生健康委 全国老龄办关于深入开展 2022 年“智慧助老”行动的通知》（国卫老龄函〔2022〕94 号）
2022	《国家卫生健康委办公厅关于开展老年心理关爱行动的通知》（国卫办老龄函〔2022〕204 号）
2023	《民政部办公厅关于印发〈民政法规制度建设规划（2023—2027 年）〉的通知》（民办函〔2023〕80 号）
2023	《工业和信息化部办公厅 民政部办公厅 国家卫生健康委员会办公厅关于开展 2023 年智慧健康养老应用试点示范遴选及 2017—2019 年（前三批）试点示范复核工作的通知》（工信厅联电子函〔2023〕265 号）
2023	《城市社区嵌入式服务设施建设工程实施方案》（国办函〔2023〕121 号）
2023	《民政部办公厅 广电总局办公厅 中国老龄协会综合部关于开展 2023 年全国敬老养老助老公益广告作品征集暨展播活动的通知》（民办函〔2023〕76 号）
2023	《积极发展老年助餐服务行动方案》（民发〔2023〕58 号）
2023	《民政部 国家消防救援局关于印发〈养老机构消防安全管理规定〉的通知》（民发〔2023〕37 号）
2023	《养老和家政服务标准化专项行动方案》
2023	《关于推进基本养老服务体系建设的意见》
2023	《民政部办公厅关于印发〈养老机构重大事故隐患判定标准〉的通知》（民办发〔2023〕13 号）
2023	《老年人助浴服务规范》（MZ/T 207—2023）
2023	《老年人居家康复服务规范》（MZ/T 206—2023）
2023	《养老机构康复服务规范》（MZ/T 205—2023）
2023	《民政部 财政部关于组织开展中央财政支持经济困难失能老年人集中照护服务工作的通知》（民发〔2023〕53 号）
2023	《全国老龄工作委员会关于开展 2023 年全国“敬老月”活动的通知》（全国老龄委发〔2023〕1 号）
2024	《国务院办公厅关于发展银发经济增进老年人福祉的意见》（国办发〔2024〕1 号）

二、我国居家和社区养老服务发展现状

据 2022 年民政事业发展统计公告显示，截至 2022 年底，我国社区养老服务机构和设施 34.7 万个，共有床位 311.1 万张。全国共有 4 143.0 万老年人享受老年人补贴，其中享受高龄补贴的老年人 3 406.4 万人，享受护理补贴的老年人 94.4 万人，享受养老

服务补贴的老年人 574.9 万人，享受综合补贴的老年人 67.4 万人。全国共支出老年福利资金 423.0 亿元，养老服务资金 170.1 亿元。自“十三五”以来，中央专项彩票公益金投入居家社区养老服务改革试点、居家社区基本养老服务提升行动 72 亿元。①2012 年至 2021 年，中央财政累计投入 359 亿元支持养老服务设施建设。②中央财政先后五批次对 203 个试点地区展开支持开展居家和社区养老服务改革试点活动，对家庭养老床位和居家养老上门服务给予专项资助。

在时间银行互助养老方面，203 个试点地区中多个试点地区在制定《试点工作方案》时将探索建立“时间银行”养老服务模式长效机制作为一项重要内容。2020 年 5 月，北京市人民政府办公厅印发《关于加快推进养老服务发展的实施方案》，提出要建立养老服务时间储蓄机制。2020 年 7 月，上海市民政局发布《关于扩大养老服务“时间银行”项目试点工作的通知》。2020 年 12 月，民政部网站发布《志愿服务记录与证明出具办法（试行）》，使全国各地的志愿者，在提供志愿服务的同时，其合法权益得到相应的司法保障。与此同时，各地政府相继出台了为“时间银行”护航助力的有关政策条例。

在长期护理保险方面，根据《2022 年全国医疗保障事业发展统计公报》，2022 年，49 个试点城市中参加长护险人数共 16 990.2 万，享受待遇 120.8 万人。据媒体公开报道，自试点建立长护险制度以来，人均报销水平每年约为 1.6 万元，基金支付占到个人基本护理费用的 70% 左右。③截至 2023 年底，通过失能等级评估、享受待遇人数累计超 200 万人。④

目前，我国有越来越多的街道、社区设立了居家养老服务中心。北京已建成超过 1 000 家社区养老服务驿站，上海徐汇区建成 15 分钟“敬老服务圈”，浙江深化“大社区养老”改革，江西南昌 2022 年 11 月完工 18 个“一刻钟居家养老服务圈”。⑤

---

① 党的十八大以来老龄工作成效显著 [EB/OL].（2022-04-21）[2023-05-17]. http://smzt.gd.gov.cn/mzzx/qgmz/content/post_4015987.html.

② 金振娅，张晓华 . 国家卫健委：近十年我国老龄工作取得显著成效 [EB/OL].（2022-09-21）[2023-05-17]. https://news.gmw.cn/2022-09/21/content_36037546.htm.

③ 49 城试点长期护理保险，取得哪些成效？ [EB/OL].（2023-12-01）[2023-12-17].https://www.sohu.com/a/740673359_439958.

④ 全国 49 个长期护理保险制度试点城市参保人数约 1.7 亿人 [EB/OL].（2016-07-08）[2023-12-17]. http://health.people.com.cn/n1/2023/1216/c14739-40140233.html.

⑤ 李丹 . 中国“托老所”式社区养老服务渐成规模应对“银发潮”[EB/OL].（2022-12-10）[2023-12-17]. https://www.chinanews.com.cn/sh/2022/12-10/9912277.shtml.

第二节 京津冀地区养老服务协同发展政策及发展现状

一、京津冀地区养老服务协同发展相关政策

京津冀地理位置接近，人员流动频繁，协同发展任重道远。2011 年，国家将“京津冀一体化”写入“十二五”规划；2014 年，习近平总书记强调，要加大力气实现京津冀一体化发展。自此，作为区域一体化发展的重要组成部分，京津冀养老服务协同发展受到广泛的关注和重视。自 2015 年以来，三地相继颁布多个政策文件推动养老服务协同发展（见表 3.2）。加快推进京津冀地区养老项目协同、政策协同、人才协同、医养协同、区域协同、行业协同，鼓励老年人养老享老，即“一个机制、六个协同”。①

表 3.2 京津冀地区养老服务协同发展核心政策②

政策名称	颁布时间	政策主要内容
《京津冀民政事业协同发展合作框架协议（2015 年—2020 年）》	2015 年 11 月	三地将会协同规划布局养老机构，引导鼓励养老服务业积极向北京之外的地域疏散和转移，探索跨区域养老的新模式，开展跨区域购买养老服务的试点
《京津冀养老工作协同发展合作协议（2016—2020 年）》	2016 年 6 月	依托河北石家庄丰富的中医药资源，打造以医疗保健为特色的养老服务聚集区；依托张家口、承德北部丰富的生态资源，打造京津冀候鸟式养老服务区；依托唐山、秦皇岛海洋、避暑资源和地理位置优势，打造京津冀休闲、养生、娱乐、旅游为一体的养老服务区。养老扶持政策跟着户籍老人走。推动北京政策外延，天津武清、河北高碑店等津冀地区试点机构可享受北京市养老床位运营补贴、机构综合责任保险、医保政策互联互通等政策
《京津冀养老服务协同发展试点方案》（京民福发〔2016〕438 号）	2016 年 9 月	方案确定中标集团河北高碑店市养老项目、河北三河燕达金色年华健康养护中心、天津武清区养老护理中心为试点机构，京津冀养老服务协同发展试点机构除享受机构所在地民政部门对非营利性养老机构的床位运营补贴外，叠加享受另外两地针对户籍老年人的床位运营补贴政策
《关于增设京津冀养老服务协同发展试点机构的通知》	2017 年 11 月	增设张家口春雷老年公寓、张家口九鼎老年公寓、沧州泊头市福星园老年公寓、沧州青县康泰养老护理中心、沧州华北油田任丘矿区养老康复中心、廊坊三河市五福托老院 6 家养老机构作为新的协同发展试点机构

① 京津冀养老服务协同发展发布新政 [EB/OL].（2023-09-25）[2023-12-17].http://www.zjknews.com/news/minsheng/202309/25/416060.html.

② 根据相关新闻报道整理而成。

（续表）

政策名称	颁布时间	政策主要内容
《京津冀区域养老工作协同发展实施方案》（京民福发〔2017〕451号）	2017年12月	“补贴跟着老人走”扩展至协同发展区域所有养老机构
《关于推动北京养老服务项目向北三县延伸布局的实施方案》	2019年	推动北京养老项目进一步向北三县延伸布局
《关于推进京津冀蒙协同发展区域养老机构等级评定等相关标准互认工作的通知》（京民养老发〔2021〕6号）	2021年1月	加快实施养老机构等级评定工作，建立健全养老服务业诚信评价体系建设，完善老年人能力综合评估制度，建立标准互认长效机制
《京津冀民政事业协同发展三年行动计划（2021—2023年）》	2021年7月	将协同推进养老服务向环京周边地区延伸，完善养老服务协同联动机制，推动跨区域购买养老服务合作，完善政府购买养老服务机制
《京津冀城乡社区治理协同发展战略合作协议》	2021年7月	通过加强顶层设计、推动互访交流、实施智库共享、推进项目合作等方式，促进京津冀城乡社区协同发展和资源共享
《京津冀养老协同专题工作组工作机制运行规则》	2023年9月	按照“统一规划、优势互补、互利共赢、同质同标”原则，加快推进京津冀地区养老项目协同、政策协同、人才协同、医养协同、区域协同、行业协同，鼓励老年人养老享老，即“一个机制、六个协同”
《京津冀养老协同专题工作组办公室组建方案及工作规则》	2023年9月	
《关于进一步深化京津冀养老服务协同发展的行动方案》	2023年9月	
《关于推进京津冀养老政策协同的若干措施》	2023年9月	
《京津冀养老服务人才培训协同工作方案》	2023年9月	

二、京津冀地区养老服务协同发展进展及现状

2017年1月初，河北燕达医院可刷北京医保卡结算。2017年6月，燕达金色年华健康养护中心，按北京老人身体状况，以每床每月300元至500元标准获得北京市养老机构的床位运营补贴，标志着京津冀养老协同发展政策补贴正式落地。2017年10月，在燕达金色年华健康养护中心养老的1 000多名京籍老人，收到了每月100元的交通补贴。①

时至今日，京津冀合作共建、协同共享的态势和工作格局初步形成，三地养老服务协同正逐步向纵深发展。三地陆续签署京津冀养老服务协同发展合作协议、建立养

① 京津冀养老一体化加速：京津冀蒙协同发展区域养老机构等级评定标准互认 [EB/OL].（2023-01-31）[2023-12-17].https://www.linkolder.com/article/14789131.

老服务协同发展联席会议机制（见表 3.3）；养老机构等级评定、老年人能力综合评估等标准已建立互通互认长效机制，培训交流养老服务人才近 3 000 名；联合发布 50 家京津冀蒙区域异地养老机构名单，加强区域优质养老机构宣传推介，为老年人跨区域异地养老提供指南。[①] 截至 2023 年 4 月底，环京津的 6 市 24 县（市、区）谋划建设协同养老项目 112 个，总投资达 1 336 亿元，其中中国健康养老集团、天津国兴医疗健康管理有限公司等多家京津企业参与投资运营养老服务项目。廊坊市三河燕达金色年华健康养护中心、香河大爱医养中心两个项目已部分投入运营。保定市已完成360套“保定小院”改造升级，涞水邢各庄等小院已与 300 多名京籍老年人达成租住意向。张家口市怀来天保－京北健康城项目的京北医院和颐养护理中心项目已完成主体封顶，可吸引 1 500 人入住。[②] 截至 2023 年 9 月，在河北省养老机构异地养老的京籍老年人已达近 5 000 人。[③] 截至 2022 年 8 月，河北养老机构累计收住京津老年人近 7 000 名。[④] 京津冀医疗机构检验结果互认共享机制持续推进，三省市临床检验结果互认医疗机构已达 685 家，河北省实行异地就医新政策，为异地养老参保人员搭建政策直通车。[⑤]

表 3.3　京津冀养老服务协同发展主要会议 [⑥]

主要会议	召开时间	召开地点	取得成果
京津冀民政事业协同发展工作会议	2015 年 11 月	北京市	签署《京津冀民政事业协同发展合作框架协议》，建立联席会议机制
京津冀养老工作协同发展第二次联席会议	2016 年 9 月	河北省	就推动建立联席会议、政策衔接、信息开放、项目对接、合作交流、委托调研等机制和贯彻落实协同发展协议深入交换意见
京津冀养老工作协同发展 2017 年第一次联席会议	2017 年 4 月	天津市	以“加强三地养老企业互通、校企交流，加强养老机构管理，提高养老服务质量”为主题进行了讨论交流，发布了“京津冀养老院黄页”，建立三地养老服务信息库
京津冀养老工作协同发展第三次联席会议	2017 年 11 月	北京市	发布《京津冀区域养老工作协同发展实施方案》。该方案实施后，养老扶持政策“跟着老人走”的范围，将扩大到协同发展区域所有养老机构

① 曹子健．京津冀加强养老资源互补推动建立医养协同对接机制 [EB/OL].（2023-09-15）[2023-12-17]. https://www.chinanews.com/cj/2023/09-15/10078370.shtml.

② 蒋若静．北京鼓励养老项目向环京周边地区延伸布局 [EB/OL].（2023-09-06）[2023-12-17].https://new.qq.com/rain/a/20230609A09E3N00.html.

③ 曹子健．京津冀加强养老资源互补推动建立医养协同对接机制 [EB/OL].（2023-09-15）[2023-12-17]. https://www.chinanews.com/cj/2023/09-15/10078370.shtml.

④ 京津冀民政事业协同发展第六次联席会议在河北承德召开 [EB/OL].（2022-08-02）[2023-12-17]. http://www.gongyishibao.com/html/yaowen/2022/08/21889.html.

⑤ 京津冀协同发展面向高质量发展新篇章 [EB/OL].[2023-12-17].https://www.jingjinjicn.com/jjjxtfz/xtfzbj/sjtj/350627.shtml.

⑥ 根据相关新闻报道整理而成。

（续表）

主要会议	召开时间	召开地点	取得成果
京津冀民政事业协同发展第二次联席会议	2018 年 12	天津市	京津冀三地民政部门对入住养老机构的老人打破户籍限制，实现资质互认、标准互通、监管协同的管理模式，推动三地养老产业转移升级，实现“户籍跟着老人走”
京津冀社会组织助力脱贫攻坚项目签约暨民政事业协同发展第三次联席会议	2019 年 9 月	河北省	京津冀三地民政部门负责同志介绍了本地民政工作协同发展和引导动员社会组织助力脱贫攻坚活动情况
京津冀社会建设和民政事业协同发展第四次联席会议	2020 年 9 月	北京市	分别从民政重点领域协同合作、常态化疫情防控经验交流、重点地区协同发展经验交流等 3 个板块进行了深入探讨。会上，还就社会工作、慈善事业、社会救助、异地托养、殡葬服务等领域的 13 个典型案例，进行了书面交流
京津冀民政事业协同发展第五次联席会议	2021 年 7 月	天津市	《京津冀民政事业协同发展三年行动计划（2021—2023年）》《京津冀城乡社区治理协同发展战略合作协议》正式签订，三地将协同推进养老服务向环京周边地区延伸
京津冀民政事业协同发展第六次联席会议	2022 年 7 月	河北省	一是进一步完善交流推进机制，精准制定年度推进计划和重点合作事项清单。二是科学谋划和打造品牌合作项目，联合打造标志性示范工程和优秀合作品牌，推动重点区域和重点领域协同发展。三是支持雄安新区建设全国民政高质量发展示范区
京津冀民政事业协同发展第七次联席会议	2023 年 6 月	北京市	三地民政部门共同签署了《京津冀民政事业协同发展合作协议》，北京市民政局分别与河北省张家口市、唐山市、廊坊市、保定市，天津市民政局与河北省沧州市，签订了养老服务合作协议
2023 年京津冀养老协同专题工作组会议	2023 年 8 月		会上审议通过了《京津冀养老协同专题工作组工作机制运行规则》《关于进一步深化京津冀养老服务协同发展的行动方案》等文件。
2023 年京津冀养老服务协同发展项目推介会	2023 年 9 月	北京市	会议共同发布“建立一个机制，深化六个协同”的一系列养老服务协同发展政策方案，包括《关于进一步深化京津冀养老服务协同发展的行动方案》《关于推进京津冀养老政策协同的若干措施》《京津冀养老服务人才培训协同工作方案》等文件
2023 年京津冀养老协同专题工作组分管领导联席会议暨京津冀居家和社区基本养老提升行动试点联席会议	2023 年 11 月	天津市	业内人士分别交流京津冀《养老机构老年人心理评估规范》、京津冀《家庭养老床位入户服务规范》等标准的制订进展，联合发布《京津冀养老行业协同发展倡议书》等。河北省承德市民政局和天津市西青区民政局、天津市津南区民政局分别签署养老服务战略合作协议；天津市西青区养老协会分别与承德寿康健康养老中心、承德热河康复医院有限公司签署了战略合作协议

第三节 京津冀地区居家和社区养老服务政策及发展现状

一、北京市居家和社区养老服务政策及发展现状

（一）北京市居家和社区养老服务政策沿革

据2020年第七次人口普查数据显示，截至2020年11月，北京市常住人口为2 189.3万人，其中60岁及以上人口占比19.6%，65岁及以上人口占比13.3%。据《北京市老龄事业发展报告（2021）》，截至2021年底，北京市60岁及以上常住人口441.6万人，占常住总人口的20.18%；比2020年增加11.7万人。65岁及以上常住人口311.6万人，占常住总人口的14.24%；比2020年增加20.4万人，也是近五年增量最多、增长幅度最大的一年。其中60岁及以上户籍人口388.3万人，占户籍总人口的27.5%；65岁及以上户籍人口279.2万人，占户籍总人口的19.8%，80岁及以上户籍人口64.3万人，占户籍总人口的4.5%。可见，北京市人口老龄化快速发展成为新常态，预计到"十四五"末，人口老龄化水平将达到24%，从轻度老龄化迈入中度老龄化。

自2000年以来，围绕养老服务，在国家相关政策指导下，结合本地情况，北京市颁布了诸多政策文件，如：《北京市积极应对人口老龄化实施方案（2021年—2025年）》《北京市"十四五"时期老龄事业发展规划》《北京市养老服务专项规划（2021年—2035年）》《北京市卫生健康委员会关于开展北京市社区老年健康服务规范化建设工作的通知》《北京市养老服务时间银行实施方案（试行）》《北京市基本养老服务清单（2021年版）》《北京市养老家庭照护床位建设管理办法（试行）》等。关于北京市居家和社区养老服务方面，近几年主要相关政策文件详见表3.4。

表3.4 北京市居家和社区养老服务主要相关政策（2018—2023年）①

颁布时间	文件名称
2018	《北京市残疾人康复服务办法（试行）》（京残发〔2018〕27号）
2018	《北京市养老机构运营补贴管理办法》（京民福发〔2018〕411号）
2018	《北京市养老服务机构监管办法（试行）》（京民福发〔2018〕412号）
2018	《关于印发〈北京通—养老助残卡管理办法〉的通知》（京民老龄发〔2018〕418号）
2018	《关于加强老年人照顾服务完善养老体系的实施意见》（京政办发〔2018〕41号）
2019	《关于金融支持养老服务业发展的实施意见》（京民养老发〔2019〕152号）

①根据相关部门网站公布整理而成。

（续表）

颁布时间	文件名称
2019	《关于进一步规范困难残疾人生活补贴和重度残疾人护理补贴工作流程的通知》（京民福发〔2019〕167 号）
2019	《关于统筹分配拨付各区 2019 年养老服务专项资金有关工作的通知》
2019	《关于印发〈北京市老年人养老服务补贴津贴管理实施办法〉的通知》（京民养老发〔2019〕160 号）
2019	《关于印发〈北京市促进养老领域消费工作方案〉的通知》（京民养老发〔2019〕43 号）
2020	《北京市困境家庭服务对象入住社会福利机构补贴实施办法》（京民养老发〔2020〕132 号）
2020	《北京市养老服务人才培养培训实施办法》（京民养老发〔2020〕140 号）
2020	《北京市建立完善老年健康服务体系的实施方案的通知》（京卫老龄〔2020〕13 号）
2020	《关于加快推进养老服务发展的实施方案》（京政办发〔2020〕17 号）
2020	《关于应对疫情影响促进养老服务机构持续健康发展的通知》（京民养老发〔2020〕54 号）
2020	《北京市残疾人居家环境无障碍改造服务管理暂行办法》（京残发〔2020〕15 号）
2020	《关于调整优化养老服务机构常态化疫情防控措施的通知》（京民养老发〔2020〕52 号）
2020	《北京市长期护理保险制度扩大试点方案》（京医保发〔2020〕30 号）
2021	《北京市“十四五”时期老龄事业发展规划》（京老龄委发〔2021〕2 号）
2021	《关于做好北京市 2021 年老年人基本公共卫生服务项目工作的通知》（京卫老龄〔2021〕14 号）
2021	《北京市积极应对人口老龄化实施方案（2021 年—2025 年）》
2021	《北京市养老服务专项规划（2021 年—2035 年）》
2021	《关于开展北京市社区老年健康服务规范化建设工作的通知》
2021	《关于印发北京市深入推进医养结合发展的实施方案的通知》
2021	《北京市养老服务时间银行实施方案（试行）》（京民养老发〔2021〕206 号）
2021	《北京市养老家庭照护床位建设管理办法（试行）》（京民养老发〔2021〕47 号）
2021	《北京市社区养老服务驿站运营扶持办法》（京民养老发〔2021〕154 号）
2021	《北京市基本养老服务清单（2021 年版）》（京民养老发〔2021〕199 号）
2022	《关于提升北京市养老助餐服务管理水平的实施意见》（京民养老发〔2022〕69 号）
2022	《关于支持开展“物业服务＋养老服务”试点工作的通知》（京民养老发〔2022〕6 号）
2022	《北京市老年人能力综合评估实施办法（试行）》（京民养老发〔2022〕214 号）
2022	《北京市卫生健康委员会关于开展 2022 年北京市社区老年健康服务规范化建设工作的通知》
2022	《北京市基本养老服务清单（2022 年版）》（京民养老发〔2022〕368 号）
2022	《北京市社区养老服务驿站服务质量星级评定管理办法（试行）》（京民养老发〔2022〕249 号）
2023	《北京市卫生健康委员会关于印发北京市社区老年健康服务规范（2023 年版）的通知》
2023	《关于印发北京市加强老年人居家医疗服务工作实施方案的通知》
2023	《北京市人民政府办公厅印发〈关于完善北京市养老服务体系的实施意见〉的通知》（京政办发〔2023〕25 号）

（续表）

颁布时间	文件名称
2023	《北京市养老服务质量和安全重点监测点实施办法》（京民养老发〔2023〕247号）
2023	《2023年北京市养老护理职业技能大赛实施方案》（京民养老发〔2023〕236号）

（二）北京市居家和社区养老服务发展现状

北京市以居家服务为重点，统筹推进居家社区机构“三位一体”发展，初步形成了具有北京特色的养老服务格局和服务模式。通过实施养老照料中心建设三年行动计划，累计建设并运营养老照料中心262家，社区养老服务驿站1 005家。通过加大居家服务政策扶持力度，极大提升了养老服务的便利性。据《北京市老龄事业发展报告（2021）》统计，截至2021年，累计建成家庭照护床位3 500张。积极推进老年友好型社区建设，东城区朝阳门街道新鲜社区等29家社区被评为“全国示范型老年友好型社区”。全年确认558个小区列入改造，新开工301个小区，新完工177个小区。全市已累计确认了1 066个小区列入改造项目，累计开工665个小区、完工295个小区。老楼加装电梯新开工499部，完工418部，全市累计加装电梯2 261部，为2万多户居民提供便利。印发《北京市基本养老服务清单（2021年版）》，切实保障了全市在册24.7万名居家基本养老服务对象。

二、天津市居家和社区养老服务政策及发展现状

（一）天津市居家和社区养老服务政策沿革

据2020年第七次人口普查数据显示，截至2020年11月，天津市常住人口为1 386.60万人，其中，60岁及以上人口3 002 688人，占21.66%，65岁及以上人口2 045 692人，占14.75%。同2010年第六次人口普查相比，60岁及以上人口的比重上升了8.64个百分点，65岁及以上人口的比重上升了6.23个百分点。可见，天津市人口老龄化程度比北京市更高一些，也进入人口老龄化加速期。

自2000年以来，在国家相关政策指导下，天津市颁布了诸多政策文件，“十三五”时期，天津市在全国率先出台了养老服务地方性法规《天津市养老服务促进条例》，出台《关于加快养老服务发展的实施意见》等多项政策文件，形成了较完备的养老服务政策体系，促进居家社区机构相协调、医养康养相结合的养老服务体系加快形成。关于天津市居家和社区养老服务方面，近几年主要相关政策文件如表3.5所示。

表 3.5 天津市居家和社区养老服务主要相关政策文件（2018—2023 年）[①]

颁布时间	文件名称
2018	《关于开展社会力量兴办社区老年日间照料服务中心试点的意见》（津民发〔2018〕34 号）
2018	《关于加强我市养老服务评估工作的意见》（津民发〔2018〕52 号）
2019	《天津市促进养老服务发展三年行动方案（2019—2021 年）》（津政办发〔2019〕38 号）
2019	《印发关于加快养老服务发展的实施意见》（津党办发〔2019〕23 号）
2019	《天津市人民政府办公厅印发关于推进老年人助餐服务工作试行办法的通知》（津政办发〔2019〕30 号）
2019	《关于明确我市居家养老服务（护理）补贴有关事项的通知》（津民发〔2019〕41 号）
2019	《关于印发老年人助餐服务工作指引的通知》（津民发〔2019〕42 号）
2019	《关于在农村地区全面施行居家养老服务（护理）补贴的通知》（津民发〔2019〕46 号）
2020	《关于印发天津市长期护理保险制度试点实施方案的通知》（津政办规〔2020〕24 号）
2020	《关于天津市老年人居家适老化改造实施方案的通知》（津民规〔2020〕8 号）
2020	《关于确定 2019—2020 年度新增社会化运营和社会力量办社区老年日间照料中心名单的通知》（津民发〔2020〕11 号）
2021	《关于“十四五”期间利用开发性金融支持养老服务体系建设的通知》（津民发〔2021〕94 号）
2021	《关于推进社区嵌入式养老服务机构发展的指导意见》（津民发〔2021〕29 号）
2021	《关于做好养老服务领域防范和处置非法集资工作的意见》（津民发〔2021〕21 号）
2021	《关于做好 2021 年度特殊困难老年人家庭居家适老化改造工作的通知》（津民发〔2021〕11 号）
2021	《关于建立健全天津市养老服务综合监管制度促进养老服务高质量发展的实施意见》的通知》（津民发〔2021〕10 号）
2022	《天津市“十四五”养老服务体系发展规划和二〇三五年远景目标纲要》（津民发〔2022〕25 号）
2022	《关于加大金融支持天津养老服务业发展的通知》（津民发〔2022〕16 号）
2022	《关于印发〈天津市进一步推进老龄事业发展和养老服务体系建设具体措施〉的通知》（津政办发〔2022〕39 号）
2022	《关于印发〈天津市深入开展长期护理保险制度试点实施方案〉的通知》（津政办规〔2022〕17 号）
2022	《关于完善我市老年人助餐服务工作若干措施的通知》（津民发〔2022〕13 号）
2023	《关于组织开展 2023 年智慧健康养老应用试点示范遴选及 2017—2019 年（前三批）试点示范复核工作的通知》（津工信电子〔2023〕11 号）
2023	《关于做好天津市 2023 年基本公共卫生服务项目工作的通知》（津卫基层〔2023〕411 号）

（二）天津市居家和社区养老服务发展现状

“十三五”时期，天津市建立了 27 个部门为成员单位的市级养老服务联席会议制度，河东区、南开区、静海区、和平区先后获批纳入全国居家和社区养老服务改革试点，河西区确定为天津市居家养老服务试点区，通过增项、扩面、调标、变现、统

① 根据相关部门网站公布整理而成。

筹等措施，对低保、低收入、失能等 7 类人群，按照料等级给予居家养老服务补贴，拓展居家养老农村试点，创新居家社区养老“4+4”服务模式，保障困难老年人居家养老基本服务。引导社会力量参与机构养老，国办和社会办养老机构优势互补、有序发展的格局基本形成。截至 2020 年，全市有养老机构 387 家、各类养老床位 7.6 万张、照料中心（站）1 257 个，社会建养老机构占全市养老机构总数比重达到 85%。养老服务风险防范能力加强，老年人保险保障体系不断完善，推广老年人意外伤害商业险和全民意外伤害附加保险，实施养老床位综合责任保险，实现“三重保险保老年人平安”。

截至 2021 年底，7 个区完成区级养老服务指导中心建设，70 多个街道综合养老服务中心投入使用，其余 1 230 个照料中心（社区居家养老服务中心、农村幸福大院）、396 家养老机构、8 万张养老床位为老年人提供多样化个性化差异化养老服务。此外还新增了 100 个社会化运营照料中心，落地 53 个社会力量办照料中心，吸引社会力量参与社区养老，提供更为专业的为老服务。

自 2019 年实施老年人助餐服务以来，天津已经推动街道社区开设老人家食堂 1 701 家，全市全年超过 190 万人（次）的老年人享受助餐服务，累计补贴资金超 300 万元。同时以助餐为突破口，完善区、街道、社区三级养老服务设施布局，建成总计 1 357 个日间照料中心。①

针对失能、高龄、重残等特殊困难老年人，天津将全面建立居家社区探访制度。和平区 8 910 智慧养老服务平台，服务着 2 100 位困难老人。除了定期电话询问身体情况和生活需求，老人家里还安装了一键呼叫器、红外报警等设备，最大限度保证安全。

天津还将建设 100 个包含嵌入式养老机构在内的服务综合体，整合养老资源，让托老、护理、康养嵌入到街道。

三、河北省居家和社区养老服务政策及发展现状

（一）河北省居家和社区养老服务政策沿革

根据第七次人口普查公报显示，截至 2020 年 11 月，河北省常住人口为 74 610 235 人，其中 60 岁以上占 19.85%，65 岁以上占 13.92%，人口总量占全国第六位，河北省各下辖地区人口年龄结构如表 3.6 所示。

① 李彤．天津不断完善养老服务体系把温暖送到老人心坎上 [EB/OL].（2022-03-28）[2023-12-17]. https://baijiahao.baidu.com/s?id=1728553224966308223&wfr=spider&for=pc.

表 3.6 河北省人口年龄结构比 [①] 单位：%

地区	占总人口比重			
	0 ～ 14 岁	15 ～ 59 岁	60 岁及以上	65 岁及以上
全省	20.23	59.92	19.85	13.92
石家庄	19.84	62.48	18.04	12.52
唐山	16.56	60.62	22.81	15.98
秦皇岛	15.17	61.47	23.36	16.23
邯郸	25.67	57.18	17.15	11.95
邢台	24.11	57.48	18.41	12.96
保定	19.55	60.67	19.77	14.08
张家口	15.22	59.72	25.06	17.64
承德	17.71	60.29	21.99	14.08
沧州	22.31	57.96	19.72	14.13
廊坊	19.82	63.33	16.85	11.68
衡水	19.41	58.76	21.83	15.09
定州	19.38	60.20	20.42	14.31
辛集	16.13	57.75	26.12	18.93
雄安新区	21.97	59.96	18.07	13.05

由上表可知，河北省下辖各地区 65 岁及以上人口占比均超 7%，其中，唐山、秦皇岛、保定、张家口、承德、沧州、衡水、定州、辛集超 14%，另外，辛集 60 岁及以上人口和 65 岁及以上人口的占比均为全省最高。

2022 年末，河北省全省常住总人口 7 448 万人，比上年末减少 16 万人；60 岁及以上老年人口 1 507 万人，占总人口的比重为 20.23%，比上年上升 0.38 个百分点；65 岁及以上人口 1 111 万人，占总人口的比重为 14.92%，上升 1.00 个百分点。

可见，河北省人口老龄化程度整体高于全国，在京津冀三地中居中，并还在逐步加深，这会逐步加大河北省社会养老压力，必须引起重视。

自 2000 年以来，在国家相关政策指导下，河北省颁布了诸多政策文件，“十三五”期间，河北省先后出台《河北省居家养老服务条例》《河北省老年人权益保障条例》《河北省“十三五”老龄事业发展和养老体系建设规划》，积极推进《河北省养老服务条例》立法。省政府及相关部门制发《河北省老年人优待办法》《关于全面放开养老服务市场提升养老服务质量的实施意见》《加快推进养老服务体系建设的实施意见》等系列文件，基本构建起养老服务发展法规政策体系。关于河北省居家和社区养老服务方面，近几年主要相关政策文件如表 3.7 所示。

① 田晓景，于虹，闫凤霞，等．河北省“嵌入式”智慧养老模式发展路径研究 [J]. 投资与创业，2022（6）：192-194.

表 3.7 河北省居家和社区养老服务主要相关政策文件（2018—2023 年）①

颁布时间	文件名称
2018	《河北省人民政府办公厅关于老年人照顾服务项目的实施意见》（冀政办字〔2018〕15 号）
2018	《河北省老年人权益保障条例》
2018	《河北省农村互助养老幸福院管理办法（试行）》（冀民规〔2018〕1 号）
2018	《河北省加强农村留守老年人关爱服务工作实施方案》（冀民〔2018〕84 号）
2018	《河北省人民政府关于印发〈河北省人口发展规划（2018—2035 年）〉的通知》
2019	《2019 年养老院服务质量建设专项行动实施方案》（冀民〔2019〕39 号）
2019	《关于加快推进养老服务体系建设的实施意见》（冀政办字〔2019〕48 号）
2019	《转发民政部办公厅〈关于进一步做好贫困地区农村留守老年人关爱服务工作的通知〉》（冀民办〔2019〕51 号）
2019	《关于推进老年人助餐服务工作的指导意见》（冀民〔2019〕95 号）
2019	《关于省级财政支持养老服务体系建设改革的实施意见》（冀民〔2019〕107 号）
2019	《关于做好养老服务机构登记、备案工作的通知》（冀民〔2019〕59 号）
2019	《河北省加快推进养老服务体系建设三年行动方案》（2020—2022 年）（冀民〔2019〕91 号）
2020	《河北省农村贫困失能半失能人员照护服务工作方案》（冀民〔2020〕88 号）
2020	《关于建立完善老年智慧康养服务体系的实施意见》
2020	《关于印发〈养老服务领域非法集资风险专项排查整治工作方案〉的通知》（冀民〔2020〕96 号）
2020	《关于印发〈河北省 2020 年养老服务体系建设工作要点〉的函》（冀养老联席办函〔2020〕1 号）
2021	《河北省养老机构等级评定管理办法》（冀民规〔2021〕2 号）
2021	《河北省加强老年人居家医疗服务工作实施方案》（冀卫发〔2021〕2 号）
2021	《关于进一步规范长期护理保险制度试点工作的通知》（冀医保字〔2021〕10 号）
2021	《河北省养老服务条例》
2021	《河北省特困人员认定办法》（冀民规〔2021〕7 号）
2021	《关于建立健全养老服务综合监管制度 促进养老服务高质量发展若干措施的通知》（冀政办字〔2021〕25 号）
2021	《关于推动老有所为同老有所养相结合的指导意见（试行）》（冀民〔2021〕76 号）
2021	《关于推进社区居家养老服务高质量发展的意见》（冀民〔2021〕80 号）
2021	《关于进一步完善困难残疾人生活补贴和重度残疾人护理补贴制度的实施意见》（冀民〔2021〕87 号）
2022	《河北省养老服务体系建设“十四五”规划》
2022	《关于推进养老助餐服务体系建设的实施意见》（冀民〔2022〕25 号）
2022	《河北省民政厅等十部门印发〈关于深入推进智慧社区建设的实施意见〉的通知》（冀民〔2022〕56 号）
2022	《关于印发河北省社区日间照料机构建设运行服务规范（试行）的通知》（冀政办字〔2022〕66 号）
2023	《河北省民政厅关于推进农村孝老食堂建设的通知》（冀民〔2023〕40 号）

① 根据相关部门网站公布整理而成。

（续表）

颁布时间	文件名称
2023	《河北省民政厅办公室关于推进县乡村“三级”养老服务网络建设的通知》（冀民办〔2023〕14 号）
2023	《加快建设京畿福地、老有颐养的乐享河北行动方案（2023—2027 年）》
2023	《健康河北建设行动方案（2023—2027 年）》（冀卫发〔2023〕5 号）
2023	《关于开展特殊困难老年人探访关爱服务实施方案的通知》（冀民〔2023〕14 号）
2023	《河北省低保边缘家庭认定办法》（冀民规〔2023〕1 号）
2023	《河北省 2023 年民生工程实施方案》

（二）河北省居家和社区养老服务发展现状

兜底养老服务长足发展。完善最低生活保障和特困人员（农村五保和城市“三无”人员）救助供养制度，建立农村留守老年人定期探访制度，改造提升特困人员供养服务设施（敬老院）218 家，提高特困人员供养服务水平。高龄津贴和经济困难高龄、失能老年人养老服务补贴、护理补贴制度全面建立，惠及 142.9 万余名老年人。

服务供给能力逐步增强。自 2018 年来，河北省委、省政府连续 4 年将社区和居家养老服务列入全省 20 项民生工程。各级政府不断加大投入力度，省级 70% 以上的福利彩票公益金用于支持发展养老服务。截至 2022 年，与“十三五”初期相比，全省养老机构由 1 054 家增加到 1 777 家，床位由 13.7 万张增加到 23.8 万张，分别增长 68.6% 和 73.7%。另外，河北省各城乡设立的居家养老服务中心的覆盖率也已达到 100%，全省 4 717 个城镇社区，共建有日间照料服务设施 4 991 个，实现了日间照料服务设施全覆盖。其中，能够提供助餐服务的社区日间照料机构 2 611 个，每月服务 259 582 人次。在养老服务平台建设方面，河北省利用网络技术建立远程视频监控平台与服务站点，以社区日间照料信息化网络平台为基础，初步构建了具备信息化、全覆盖、高效率、三位一体、五级联动等多功能的省级社区照料管理服务体系，初步实现了线上点单，线下企业就近提供助餐、康复护理、保洁等各类型的配套服务 21 项，[①] 并涌现出石家庄市普爱、唐山市向日葵、保定市泰福春等一批运营状况良好、具有复制推广价值的典型案例。[②]

专项建设持续推进。在人才队伍建设方面，河北省持续实施养老服务人才职业技能提升行动，针对养老服务机构人员进行岗前培训与技能定期培训。同时建立培训基地，利用免费培训班等形式开办养老服务职业技能培训课程，鼓励失业人员、家庭困

① 高俊莲，李悦享 . 河北省养老服务体系存在的问题及解决对策 [J]. 黑龙江科学，2022（23）：82-84.
② 李雪 . 如何实现“从有到好”：访河北省民政厅养老处处长李松谈社区日间照料发展 [J]. 中国民政，2022（11）：56-57.

难人员、养老护理从业人员、其他领域工作者积极参加，扩大培训的规模与覆盖范围，不断扩充养老护理人员数量。在适老化改造方面，2022 年，河北省已完成特殊困难老年人家庭适老化改造 3 万户，2023 年支持 4 万户特殊困难老年人家庭进行居家适老化改造。在医养结合方面，2021 年，争取中央转移支付资金 2 377.71 万元开展基本公卫老年健康与医养结合服务项目，其中石家庄、秦皇岛、唐山、廊坊、保定、衡水、邢台 7 市共争取配套资金 400 余万元，惠及老年人近 600 万人；基层医疗卫生机构与 800 万 65 岁及以上老年人签约，老年人城乡社区规范健康管理服务率达到 70.41%；在全省建立社区医养结合服务中心 67 家。在高龄补贴方面，河北省已有 125 个县（市、区）对 80 周岁以上老年人发放高龄补贴，23 个县（市、区）对 90 周岁以上老年人发放高龄补贴，23 县（市、区）对 100 周岁以上老年人发放高龄补贴。①2022 年，河北省邯郸市武安市磁山二街，被国家卫生健康委员会、全国老龄工作委员会办公室联合授予"全国示范性老年友好型社区"荣誉称号。② 同年，据《民政部办公厅 财政部办公厅关于公布居家和社区养老服务改革试点工作优秀案例名单的通知》（民办函〔2022〕9 号）可知，河北省滦南县"四个一点"加强农村居家养老食堂建设案例成为河北省唯一入选全国居家和社区养老服务改革试点工作优秀案例。

农村互助养老模式逐步推广。该模式最早产生于河北省邯郸市，2008 年，肥乡县为解决当地农村所面临的养老难题，在考察实际情况之后创建出了成立"集体建院、集中居住、自我保障、互助服务"的农村"互助幸福院"这一创新型养老模式。该模式立足当地县情，很好地满足了老年人晚年生活照料、精神慰藉、娱乐活动等需要，是一种基于农村经济社会发展实际、具有相当实践价值的先进养老模式。在农村互助养老模式中，村委会承担养老筹资主体作用，提供大部分资金用于房屋建造整修以及其他开支。老年人在"互助幸福院"可免费居住，自身或家人只需承担日常生活费用，实现低成本养老。同时，老年人之间可以相互照料，互帮互助，共同生活。农村互助型养老符合我国现阶段发展实际，具有很强活力。农村互助养老模式是河北省在养老服务事业发展中作出的突出贡献。"十三五"期间，河北省农村互助幸福院服务覆盖率由 60% 提高到 70% 以上。

---

① 陈诚，刘清波 . 河北：为 80 周岁以上老人发高龄津贴 [EB/OL].（2014-10-28）[2023-12-17].http://hs.hebei.com.cn/system/2014/10/28/014207307.shtml.

② 张海江 . 武安市磁山二街，老有所养、老有所医、老有所教、老有所学、老有所为、老有所乐 [EB/OL].（2022-10-04）[2023-12-17].http://rmjdzx.com/sfal/1528.html.

第四章　京津冀协同发展下河北省居家和社区养老服务政策文本分析

自2000年以来，据笔者统计，在国家相关政策方针指导下，关于居家和社区养老服务，北京市颁布了90余份政策文件，天津市颁布了70余份政策文件，河北省颁布了70余份政策文件。说明从总体思想上，三地对居家和社区养老服务模式都很重视。本书主要针对近年京津冀最新相关政策进行比较分析。由于养老机构嵌入社区发展日渐普遍，故相关政策文件也包含机构养老主要的核心政策规定。本章在篇章结构上，首先，针对京津冀三地代表性政策文本，从理想化政策制定角度进行PMC指数分析，以明确三地总体状况及其需要完善的地方；其次，从居家和社区养老服务体系核心构成要素及其具体水平方面，进行系统全面的比较分析，以促进京津冀居家和社区基本养老服务水平提升。

第一节　京津冀居家和社区养老服务政策PMC指数评价分析

政策评估方法的选择对评估结论具有重要影响，政策文本评价方法主要包括文本分析、扎根理论、模糊评价、政策一致性（PMC）指数模型、数据包络分析法（DEA）、优劣解距离法（TOPSIS）等。[①] 其中PMC指数模型（policy modeling consistency index）是由鲁伊斯·埃斯特拉达（Ruiz Estrada）等基于Omnia Mobilis假设

① 陈奕男．中国长期护理保险筹资现状、局限与优化路径：基于17份试点政策文本的实证分析[J]. 北京航空航天大学学报（社会科学版），2023（2）：90-99.

提出的，认为世界万事万物是运动且相互联系的，不应忽视任何一个变量，变量的选择应尽可能全面广泛，并赋予每个变量相同的权重。[①] 该方法可以对单一政策进行定量评价，能一定程度避免评价结果的片面性，能够分析政策内部一致性并有助于辨识政策的优劣点，近年经修正和调整后被广泛应用于“双创”政策、[②] 长期护理保险政策、[③] 托幼公共服务政策[④] 等的量化评价，为相关政策优化提供了评价工具支持。综合考虑政策文本样本量、指标设置及权重确定等因素，本书拟采用 PMC 指数模型对京津冀三地居家和社区养老服务政策进行定量评价和分析。

一、京津冀居家和社区养老服务政策 PMC 指数模型构建

PMC 指数模型主要包括四个基本步骤：一是进行变量与指标选取，二是构建多投入产出表，三是计算 PMC 指数，四是绘制 PMC 曲面图。在运用 PMC 指数模型之前，需要选择确定需要进行评价的政策文件样本。

（一）变量与指标选取

1. 样本选取

2000 年以来，国家及各地相继颁布了诸多养老服务政策，有关居家和社区养老与机构养老的关系经历了由早期相互泾渭分明的“机构养老为支撑”“机构养老为补充”，到后期的嵌入式“相互协调发展”等阶段变化。政策评价应立足当前，着眼将来。居家和社区养老服务政策多蕴含于综合性政策文本中，故选择确定了京津冀三地近年颁布的各 6 份共计 18 份主要政策文本，具体见表 4.1。

① RUIZ ESTRADA M A，YAP S F，NAGARAJ S. Beyond the ceteris paribus assumption：modeling demand and supply assuming Omnia Mobilis [J]. International journal of economic research，2008，5（2）：185-194.

② 张永安，郄海拓.“大众创业、万众创新”政策量化评价研究：以 2017 的 10 项双创政策情报为例 [J]. 情报杂志，2018（3）：158-164，186.

③ 薛惠元，张永高 . 共同富裕视域下我国长期护理保险政策评价与优化路劲研究：基于 PMC 指数模型 [J]. 中国卫生政策研究，2023（6）：10-19.

④ 祝西冰 . 托幼公共服务政策量化评价与优化建议：基于 PMC 指数模型分析 [J]. 浙江工商大学学报，2020（3）：124-136.

表 4.1 18 份政策文本汇总表

地区	政策编号	文件名称	发布时间
北京市	P1	《北京市居家养老服务条例》	2015-01-29
	P2	《关于加强老年人照顾服务完善养老体系的实施意见》（京政办发〔2018〕41 号）	2018-10-24
	P3	《关于加快推进养老服务发展的实施方案》（京政办发〔2020〕17 号）	2020-05-22
	P4	《北京市养老服务专项规划（2021 年—2035 年）》（京民养老发〔2021〕118 号）	2021-09-07
	P5	《北京市社区养老服务驿站运营扶持办法》（京民养老发〔2021〕154 号）	2021-09-15
	P6	《北京市“十四五”时期老龄事业发展规划》（京老龄委发〔2021〕2 号）	2021-11-10
天津市	P7	《关于进一步发展我市居家养老服务的意见》（津政办发〔2011〕51 号）	2011-04-29
	P8	《关于加快养老服务发展的实施意见》（津党办发〔2019〕23 号）	2019-10-03
	P9	《天津市养老服务促进条例》（2020 年修订版）	2021-01-01
	P10	《关于推进社区嵌入式养老服务机构发展的指导意见》（津民发〔2021〕29 号）	2021-12-29
	P11	《关于印发天津市进一步推进老龄事业发展和养老服务体系建设具体措施的通知》（津政办发〔2022〕39 号）	2022-06-25
	P12	《天津市“十四五”养老服务体系发展规划和二〇三五年远景目标纲要》（津民发〔2022〕25 号）	2022-09-30
河北省	P13	《河北省居家养老服务条例》	2016-12-02
	P14	《关于全面放开养老服务市场提升养老服务质量的实施意见》（冀政办字〔2017〕115 号）	2017-09-13
	P15	《关于加快推进养老服务体系建设的实施意见》（冀政办字〔2019〕48 号）	2019-07-14
	P16	《河北省养老服务条例》	2021-05-28
	P17	《关于推进社区居家养老服务高质量发展的意见》（冀民〔2021〕80 号）	2021-09-30
	P18	《河北省养老服务体系建设“十四五”规划》	2022-04-14

2. 变量与指标选取

结合张丽、[①] 邹钰莹、[②] 谷明静 [③] 等关于变量的设置，先确定 10 个一级变量。二级变量的设置，除结合参考文献外，还需结合具体政策文本，利用 ROSTCM 软件绘制拟分析政策的社会网络图谱（见图 4.1）。观察图谱中的关键词及关系，所有政策文件紧密围绕“服务”这一主题，并且“需求”“建设”“社区”等方面内容与政策关系密切。最终根据数据分析确定 10 个一级变量 47 个二级变量组成的 PMC 指标体系及评价标准（见表 4.2）。

① 张丽，姚俊 . 中国养老服务政策的量化评价 [J]. 现代经济探讨，2020（12）：33-38.

② 邹钰莹，娄峥嵘 . 中央层面养老服务政策内容量化评价：基于 PMC 指数模型的分析 [J]. 电子科技大学学报（社会科学版），2020（3）：68-76.

③ 谷明静，赖佳燕 . 基于 PMC 指数模型的我国省级养老服务政策设计的评价 [J]. 闽江学院学报，2023（3）：68-79.

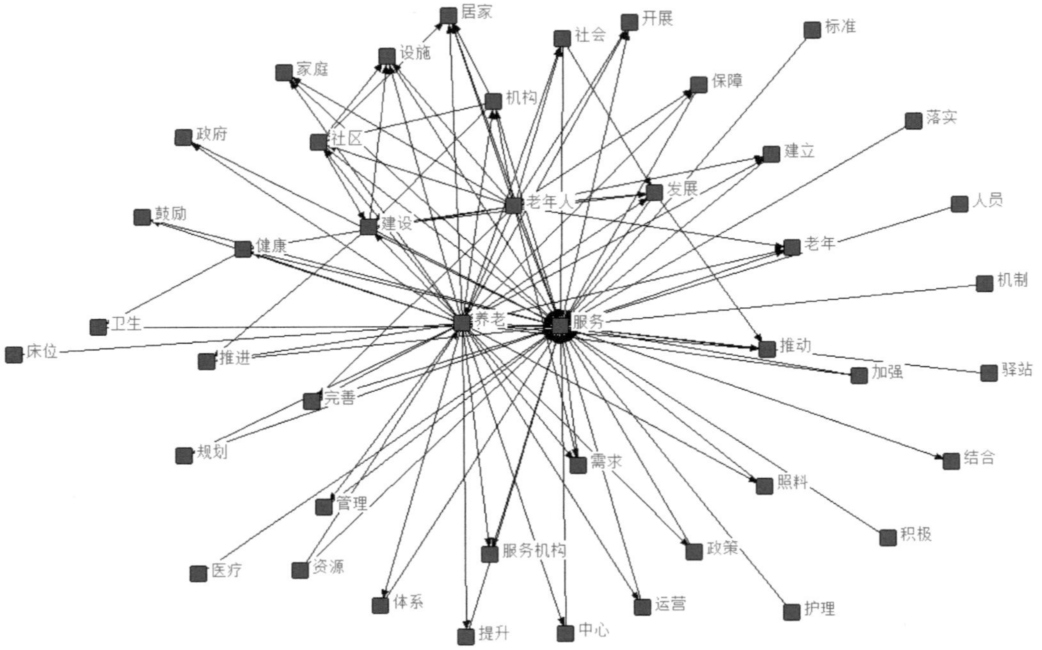

图 4.1 拟分析政策的社会网络图谱

表 4.2 居家和社区养老服务政策样本 PMC 指标体系及评价标准

编号	一级变量	编号	二级变量	评价标准
X1	政策性质	X1-1	预测	政策是否体现养老服务预测和前瞻性内容，是为 1，否为 0
		X1-2	描述	政策是否体现养老服务内容等细节描述性内容，是为 1，否为 0
		X1-3	引导	政策是否从主体和受体角度引导对养老服务的重视，提高积极性和遵从性，是为 1，否为 0
		X1-4	诊断	政策是否体现养老服务发展状态诊断性内容，是为 1，否为 0
		X1-5	建议	政策是否提出相关指导建议，是为 1，否为 0
		X1-6	监管	政策是否体现相应监督方式，是为 1，否为 0
X2	政策时效	X2-1	长期（＞ 5 年）	政策是否长期有效，是为 1，否为 0
		X2-2	中期（3 ～ 5 年）	政策是否中期有效，是为 1，否为 0
		X2-3	短期（1 ～ 3 年）	政策是否短期有效，是为 1，否为 0
X3	政策目标	X3-1	养老服务市场	政策目标是否包含发展养老服务市场，是为 1，否为 0
		X3-2	医养康养相结合	政策目标是否包含医养康养相结合，是为 1，否为 0
		X3-3	农村养老服务	政策目标是否包含补齐农村养老服务，是为 1，否为 0

（续表）

编号	一级变量	编号	二级变量	评价标准
X3	政策目标	X3-4	质量标准规范	政策目标是否包含建立质量标准规范，是为1，否为0
		X3-5	养老服务保障体系	政策目标是否包含构建养老服务保障体系，是为1，否为0
		X3-6	老年友好型社区	政策目标是否包含建立老年友好型社区，是为1，否为0
		X3-7	长期护理保险	政策目标是否包含发展长期护理保险，是为1，否为0
X4	服务项目	X4-1	家政类服务	政策服务项目是否包含家政类服务，是为1，否为0
		X4-2	医疗卫生类服务	政策服务项目是否包含医疗卫生类服务，是为1，否为0
		X4-3	精神慰藉类服务	政策服务项目是否包含精神慰藉类服务，是为1，否为0
		X4-4	紧急救援类服务	政策服务项目是否包含紧急救援类服务，是为1，否为0
		X4-5	法律援助类服务	政策服务项目是否包含法律援助类服务，是为1，否为0
		X4-6	文娱教育类服务	政策服务项目是否包含文娱教育类服务，是为1，否为0
X5	政策领域	X5-1	经济（金融）	政策是否涉及经济内容，是为1，否为0
		X5-2	医疗健康	政策是否涉及医疗健康内容，是为1，否为0
		X5-3	科学技术	政策是否涉及科学技术内容，是为1，否为0
		X5-4	社会文化	政策是否涉及社会文化内容，是为1，否为0
		X5-5	政治法律	政策是否涉及政治法律内容，是为1，否为0
		X5-6	自然环境	政策是否涉及自然环境内容，是为1，否为0
X6	政策创新	X6-1	无障碍适老化	政策创新是否体现无障碍适老化，是为1，否为0
		X6-2	智慧养老	政策创新是否体现智慧养老，是为1，否为0
		X6-3	京津冀协同	政策创新是否体现京津冀协同发展，是为1，否为0
		X6-4	物业管理＋养老	政策创新是否体现物业管理＋养老服务，是为1，否为0
		X6-5	互助养老	政策创新是否体现互助养老，是为1，否为0
		X6-6	机构养老嵌入	政策创新是否体现机构养老嵌入社区发展，是为1，否为0
X7	激励约束	X7-1	财政补贴	政策激励手段是否包含财政补贴，是为1，否为0
		X7-2	税收优惠	政策激励手段是否包含税收优惠，是为1，否为0
		X7-3	法律保障	政策激励手段是否包含法律保障，是为1，否为0
		X7-4	人才培养	政策激励手段是否包含人才培养，是为1，否为0
		X7-5	金融支持	政策激励手段是否包含金融支持，是为1，否为0
		X7-6	场地设施支持	政策激励手段是否包含场地设施支持，是为1，否为0
X8	政策工具	X8-1	需求型	政策工具是否包含需求型政策工具（政府购买、服务外包等），是为1，否为0
		X8-2	供给型	政策工具是否包含供给型政策工具（人才培养、科技信息支持、基础设施建设、资金投入等），是为1，否为0
		X8-3	环境型	政策工具是否包含环境型政策工具（目标规划、金融服务、法规管制等），是为1，否为0

（续表）

编号	一级变量	编号	二级变量	评价标准
X9	政策评价	X9-1	依据充分	政策依据是否充分，是为 1，否为 0
		X9-2	目标明确	政策目标是否明确，是为 1，否为 0
		X9-3	内容翔实	政策内容是否翔实，是为 1，否为 0
		X9-4	方案科学	政策方案是否科学，是为 1，否为 0
X10	政策公开			政策是否公开，是为 1，否为 0

（二）构建多投入产出表

多投入产出表是计算养老服务政策 PMC 指数的数据分析框架（见表 4.3），根据表 4.2 中 X1 ～ X10 共 10 个一级变量，每个一级变量下包括若干个相等权重的二级变量，对二级变量采取二进制形式赋值，当政策符合变量条件时，值为1，不符合时则值为0。

表 4.3 多投入产出表

一级变量	二级变量
X1	X1-1 X1-2 X1-3 X1-4 X1-5 X1-6
X2	X2-1 X2-2 X2-3
X3	X3-1 X3-2 X3-3 X3-4 X3-5 X3-6 X3-7
X4	X4-1 X4-2 X4-3 X4-4 X4-5 X4-6
X5	X5-1 X5-2 X5-3 X5-4 X5-5 X5-6
X6	X6-1 X6-2 X6-3 X6-4 X6-5 X6-6
X7	X7-1 X7-2 X7-3 X7-4 X7-5 X7-6
X8	X8-1 X8-2 X8-3
X9	X9-1 X9-2 X9-3 X9-4
X10	

（三）计算 PMC 指数

对于每一件拟分析政策文本，其 PMC 指数计算遵循以下步骤：第一步，将一级变量和二级变量放多入投入产出表（见表 4.3）。第二步，根据公式（4.1）和（4.2），基于政策文本对各二级变量进行二进制赋值（是为 1，否为 0）。第三步，根据公式（4.3），将二级变量指数进行等权重相加得出所对应的一级变量数值。第四步，根据公式（4.4），对一级变量分值加总计算待评政策的 PMC 指数。

$$X \sim N[0,1] \tag{4.1}$$

$$X=\{X_R：[0\sim1]\} \tag{4.2}$$

$$X_i=(\sum_{j=1}^{n}\frac{X_{ij}}{n}) \tag{4.3}$$

式中，X_R 为 X 的取值范围；i 为一级变量；j 为二级变量；n 为一级变量下辖二级变量的数量。

$$PMC = [X_1(\sum_{j=1}^{6}\frac{X_{1j}}{6}) + X_2(\sum_{j=1}^{3}\frac{X_{2j}}{3}) + X_3(\sum_{j=1}^{7}\frac{X_{3j}}{7}) + X_4(\sum_{j=1}^{6}\frac{X_{4j}}{6}) + X_5(\sum_{j=1}^{6}\frac{X_{5j}}{6}) + X_6(\sum_{j=1}^{6}\frac{X_{6j}}{6}) + X_7(\sum_{j=1}^{6}\frac{X_{7j}}{6}) + X_8(\sum_{j=1}^{3}\frac{X_{8j}}{3}) + X_9(\sum_{j=1}^{4}\frac{X_{9j}}{4}) + X_{10}] \tag{4.4}$$

第五步，根据 PMC 指数，确定评价标准，如表 4.4 所示。

表 4.4 PMC 指数评价标准

PMC 指数	[0,5)	[5,7)	[7,9)	[9,10]
政策评价	不合格	合格	良好	优秀

根据上述公式及评价标准，京津冀三地 18 项居家和社区养老服务政策的多投入产出表如表 4.5 所示，PMC 指数及评价结果如表 4.6 所示。

表 4.5 政策样本的多投入产出表

		P1	P2	P3	P4	P5	P6	P7	P8	P9	P10	P11	P12	P13	P14	P15	P16	P17	P18
X1	X1-1	0	0	0	0	0	1	0	0	0	0	0	1	0	1	0	0	0	1
	X1-2	1	0	1	1	1	1	1	1	1	1	1	1	1	1	1	1	1	1
	X1-3	1	1	1	1	1	1	1	1	1	1	1	1	1	1	1	1	1	1
	X1-4	0	0	0	1	1	1	0	0	0	0	0	1	0	0	0	0	0	1
	X1-5	1	1	1	1	1	1	1	1	1	1	1	1	1	1	1	1	1	1
	X1-6	1	1	1	1	1	1	1	1	1	1	1	1	1	1	1	1	1	1
X2	X2-1	1	1	0	1	0	0	0	0	1	0	0	1	1	0	0	1	0	0
	X2-2	1	1	0	1	1	1	1	1	1	1	1	1	1	1	1	1	1	1
	X2-3	1	1	1	1	1	1	1	1	1	1	1	1	1	1	1	1	1	1
X3	X3-1	1	1	1	1	0	1	1	1	1	1	1	1	1	1	1	1	1	1
	X3-2	1	1	1	1	1	1	1	1	1	1	1	1	1	1	1	1	1	1
	X3-3	1	1	1	1	1	1	0	1	1	0	1	1	1	1	1	1	0	1
	X3-4	1	1	1	1	1	1	1	1	1	1	0	1	1	1	1	1	1	1
	X3-5	1	1	1	1	1	1	1	1	1	1	1	1	1	1	1	1	1	1
	X3-6	0	0	1	1	0	1	1	1	0	0	1	1	0	0	0	0	0	1
	X3-7	1	1	1	1	1	1	0	1	0	1	1	1	1	1	1	1	0	1
X4	X4-1	1	1	1	1	1	1	1	1	1	1	1	1	1	1	1	1	1	1
	X4-2	1	1	1	1	1	1	1	1	1	1	1	1	1	1	1	1	1	1
	X4-3	1	1	0	1	0	1	1	1	1	1	0	0	1	1	0	1	0	1
	X4-4	1	1	0	0	1	1	1	1	1	1	1	1	1	1	1	1	1	1
	X4-5	0	1	1	1	0	1	0	0	0	0	1	1	1	1	0	1	0	0
	X4-6	1	1	0	1	1	1	1	1	1	1	1	0	1	1	1	1	1	1
X5	X5-1	1	1	1	1	1	1	1	1	1	0	1	1	1	1	1	1	1	1
	X5-2	1	1	1	1	1	1	1	1	1	1	1	1	1	1	1	1	1	1
	X5-3	1	1	0	1	1	1	1	1	1	1	1	1	1	1	1	1	1	1
	X5-4	1	1	0	1	0	1	0	1	1	0	1	1	1	1	1	1	1	1
	X5-5	1	1	1	1	1	1	0	1	1	0	1	1	1	1	1	1	1	1
	X5-6	0	1	1	1	0	1	1	1	0	1	1	1	1	1	1	1	0	1

（续表）

		P1	P2	P3	P4	P5	P6	P7	P8	P9	P10	P11	P12	P13	P14	P15	P16	P17	P18
X6	X6-1	1	1	1	1	0	1	1	1	1	0	1	1	1	1	1	1	1	1
	X6-2	1	1	0	1	0	1	1	1	1	1	1	1	1	1	1	1	1	1
	X6-3	0	1	1	1	0	1	0	1	0	0	0	1	0	1	1	1	0	1
	X6-4	0	0	1	1	0	1	0	0	0	0	0	0	0	0	1	0	1	1
	X6-5	1	1	1	1	0	1	1	1	1	0	1	1	1	1	1	1	1	1
	X6-6	1	0	0	1	1	0	1	1	1	1	1	1	0	0	1	1	0	1
X7	X7-1	1	1	1	1	1	1	1	1	1	1	1	0	1	1	1	1	1	1
	X7-2	0	0	1	1	0	1	1	1	1	1	1	0	1	1	1	1	1	1
	X7-3	1	1	0	1	0	1	0	1	1	0	1	1	1	1	1	1	1	1
	X7-4	1	1	1	1	0	1	1	1	1	0	1	1	1	1	1	1	1	1
	X7-5	1	1	1	1	1	1	0	1	1	0	0	1	1	1	1	1	1	1
	X7-6	1	1	1	1	0	1	1	1	1	1	1	1	1	1	1	1	1	1
X8	X8-1	1	1	0	1	0	0	1	0	0	0	1	1	0	1	1	1	1	1
	X8-2	1	1	1	1	1	1	1	1	1	1	1	1	1	1	1	1	1	1
	X8-3	1	1	1	1	1	1	1	1	1	1	1	1	1	1	1	1	1	1
X9	X9-1	1	1	1	1	0	1	1	1	1	1	1	1	1	1	1	1	1	1
	X9-2	0	0	1	1	1	1	1	1	1	1	1	1	0	0	1	0	1	1
	X9-3	1	1	1	1	1	1	1	1	0	1	1	1	1	1	1	1	1	1
	X9-4	1	1	1	1	1	1	1	1	1	1	1	1	1	1	1	1	1	1

表 4.6 政策样本的 PMC 指数及评价等级

编号	X1	X2	X3	X4	X5	X6	X7	X8	X9	X10	PMC 指数	等级
P1	0.67	1.00	0.86	0.83	0.83	0.67	0.83	1.00	0.75	1.00	8.44	良好
P2	0.50	1.00	0.86	1.00	1.00	0.67	0.83	1.00	0.75	1.00	8.86	良好
P3	0.67	0.33	1.00	0.50	0.67	0.67	0.83	0.67	1.00	1.00	7.33	良好
P4	0.83	1.00	1.00	0.83	1.00	1.00	1.00	1.00	1.00	1.00	9.67	优秀
P5	0.83	0.67	0.71	0.67	0.67	0.17	0.33	0.67	0.75	1.00	6.30	合格
P6	1.00	0.67	1.00	1.00	1.00	0.83	1.00	0.67	1.00	1.00	9.17	优秀
北京市均值	0.75	0.78	0.90	0.81	0.86	0.67	0.81	0.83	0.88	1.00	8.30	良好
P7	0.67	0.67	0.71	0.83	0.67	0.67	0.67	1.00	1.00	1.00	7.89	良好
P8	0.67	0.67	1.00	0.83	1.00	0.83	1.00	0.67	1.00	1.00	8.67	良好
P9	0.67	1.00	0.71	0.83	0.83	0.67	1.00	0.67	0.75	1.00	8.13	良好
P10	0.67	0.67	0.71	0.83	0.50	0.33	0.50	0.67	1.00	1.00	6.88	合格
P11	0.67	0.67	0.86	0.83	1.00	0.67	0.83	1.00	1.00	1.00	8.52	良好
P12	1.00	1.00	1.00	0.67	1.00	0.83	0.67	1.00	1.00	1.00	9.17	优秀
天津市均值	0.72	0.78	0.83	0.81	0.83	0.67	0.78	0.83	0.96	1.00	8.21	良好
P13	0.50	1.00	0.86	1.00	1.00	0.67	1.00	0.67	0.75	1.00	8.44	良好
P14	0.83	0.67	0.86	1.00	1.00	0.67	1.00	1.00	0.75	1.00	8.77	良好
P15	0.67	0.67	0.86	0.67	1.00	1.00	1.00	1.00	1.00	1.00	8.86	良好
P16	0.67	1.00	0.86	1.00	1.00	0.83	1.00	1.00	0.75	1.00	9.11	优秀
P17	0.67	0.67	0.57	0.67	0.83	0.67	1.00	1.00	1.00	1.00	8.07	良好
P18	1.00	0.67	1.00	0.83	1.00	1.00	1.00	1.00	1.00	1.00	9.50	优秀

（续表）

编号	X1	X2	X3	X4	X5	X6	X7	X8	X9	X10	PMC 指数	等级
河北省均值	0.72	0.78	0.84	0.86	0.97	0.81	1.00	0.94	0.88	1.00	8.79	良好
整体均值	0.73	0.78	0.86	0.82	0.89	0.71	0.86	0.87	0.90	1.00	8.43	良好

（四）PMC 曲面绘制

为了更加直观呈现政策得分以及优劣点，根据各政策文本 PMC 指数可以构建 PMC 曲面图。居家和社区养老服务政策样本 PMC 指数模型共包括 10 个一级指标，由于所有政策均为公开发布，故剔除 X10 后可以构成一个 3×3 矩阵，由此绘成 PMC 曲面图。

$$\text{PMC 曲面} = \begin{pmatrix} X_1 & X_2 & X_3 \\ X_4 & X_5 & X_6 \\ X_7 & X_8 & X_9 \end{pmatrix}$$

根据表 4.6 绘制出 P1 ～ P18 各项政策的 PMC 曲面图，如图 4.2 ～图 4.19 所示。考虑到代表性，也呈现出北京市 6 项政策样本的 PMC 曲面图（见图 4.20）、天津市 6 项政策样本的 PMC 曲面图（见图 4.21）、河北省 6 项政策样本的 PMC 曲面图（见图 4.22）、京津冀三地 18 项政策样本综合 PMC 曲面图（见图 4.23）。

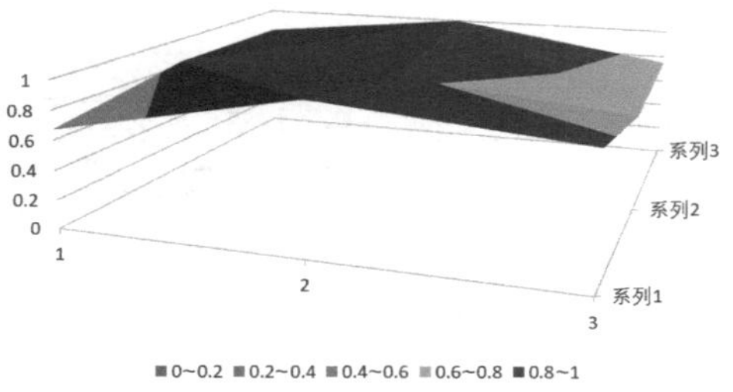

图 4.2 政策样本 P1 的 PMC 曲面图

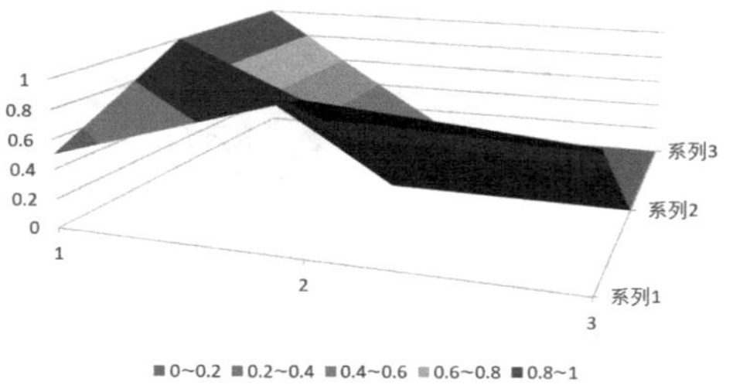

图 4.3 政策样本 P2 的 PMC 曲面图

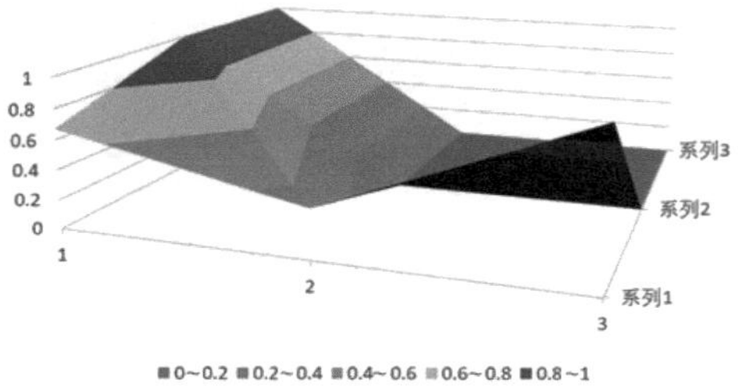

图 4.4 政策样本 P3 的 PMC 曲面图

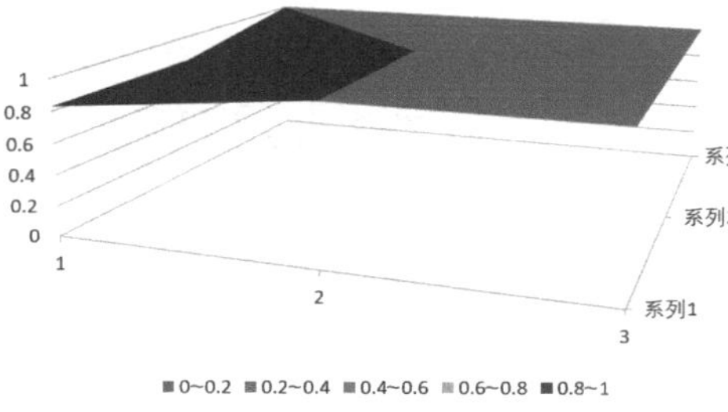

图 4.5 政策样本 P4 的 PMC 曲面图

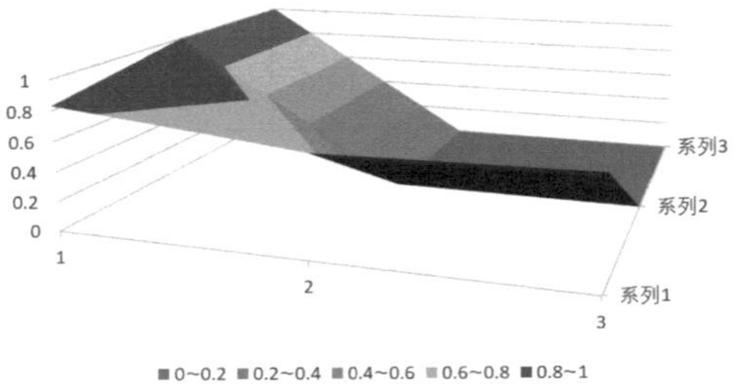

图 4.6 政策样本 P5 的 PMC 曲面图

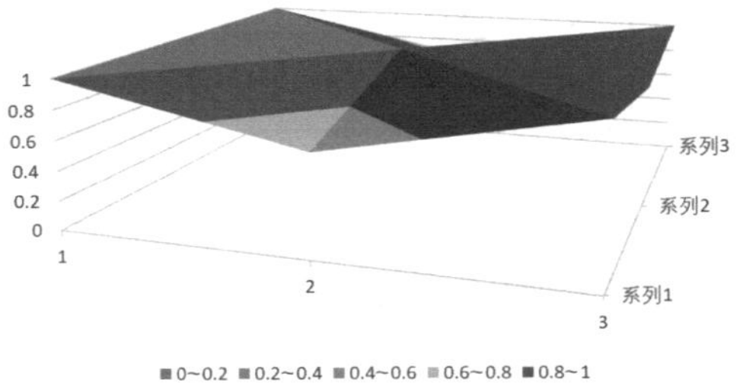

图 4.7 政策样本 P6 的 PMC 曲面图

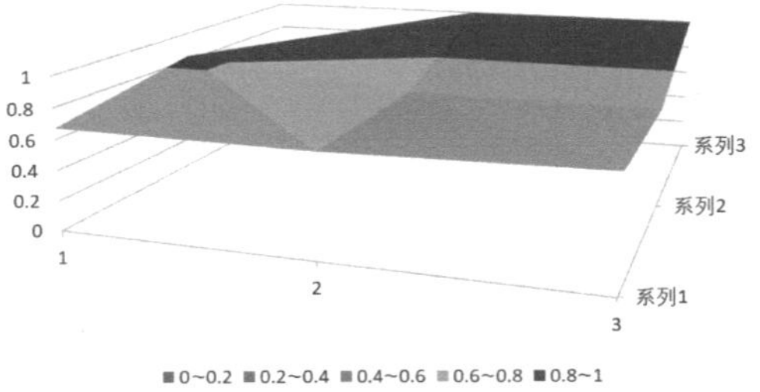

图 4.8 政策样本 P7 的 PMC 曲面图

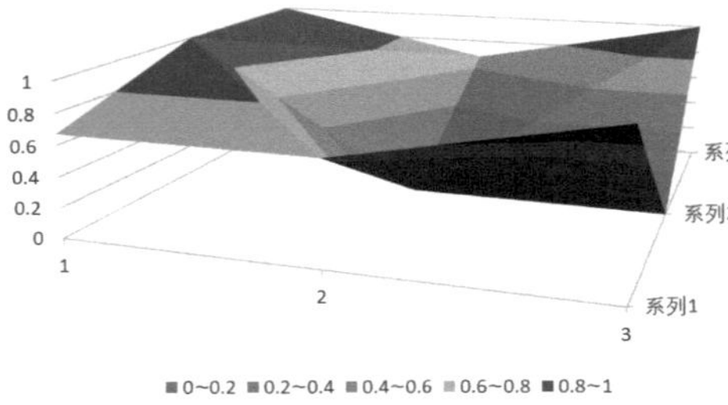

图 4.9 政策样本 P8 的 PMC 曲面图

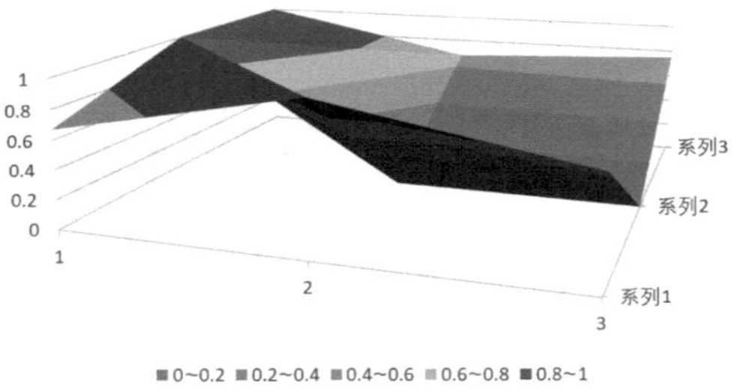

图 4.10 政策样本 P9 的 PMC 曲面图

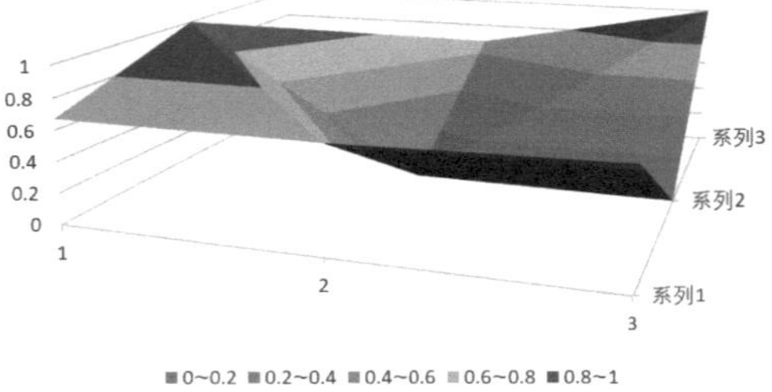

图 4.11 政策样本 P10 的 PMC 曲面图

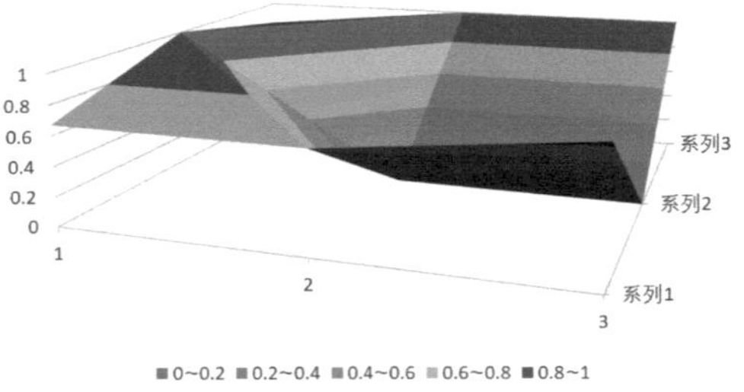

图 4.12 政策样本 P11 的 PMC 曲面图

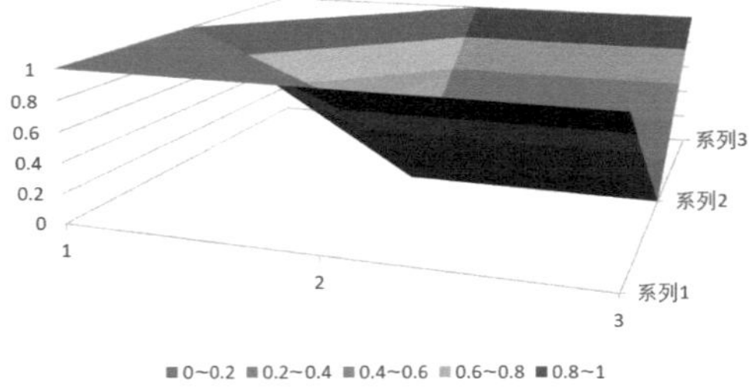

图 4.13 政策样本 P12 的 PMC 曲面图

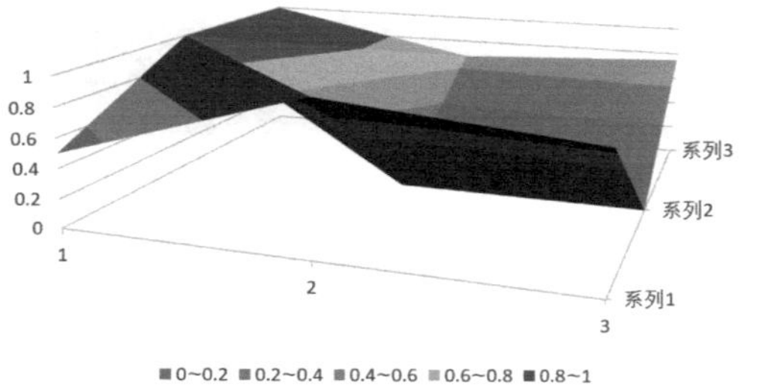

图 4.14 政策样本 P13 的 PMC 曲面图

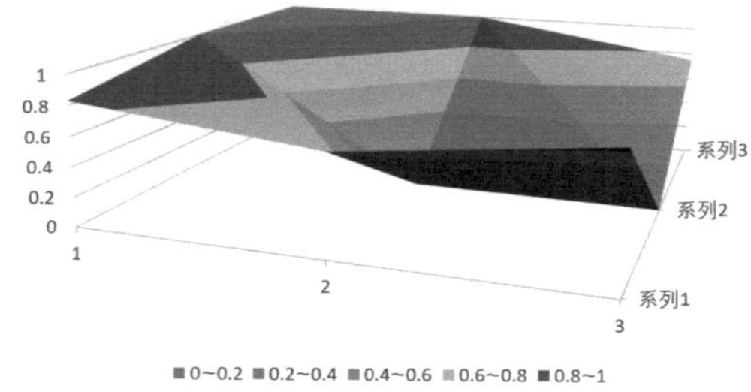

图 4.15 政策样本 P14 的 PMC 曲面图

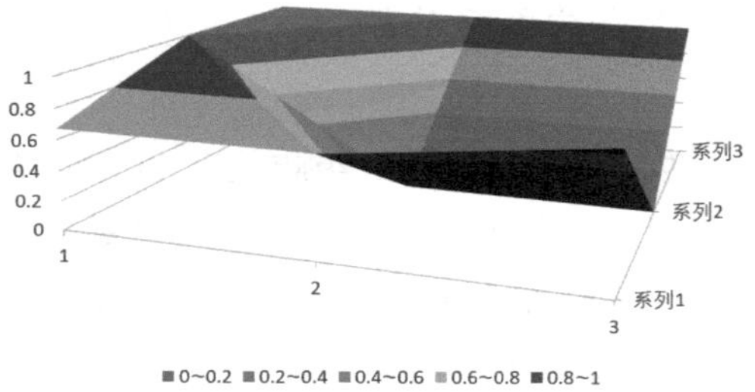

图 4.16 政策样本 P15 的 PMC 曲面图

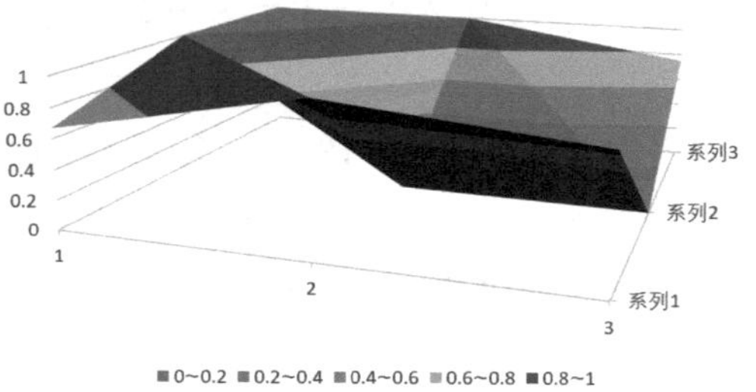

图 4.17 政策样本 P16 的 PMC 曲面图

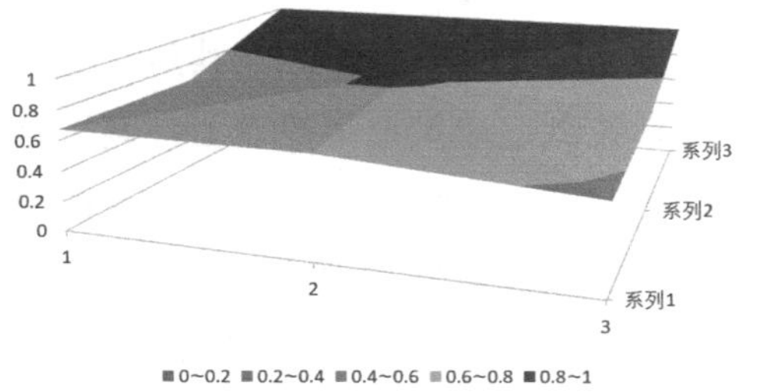

图 4.18 政策样本 P17 的 PMC 曲面图

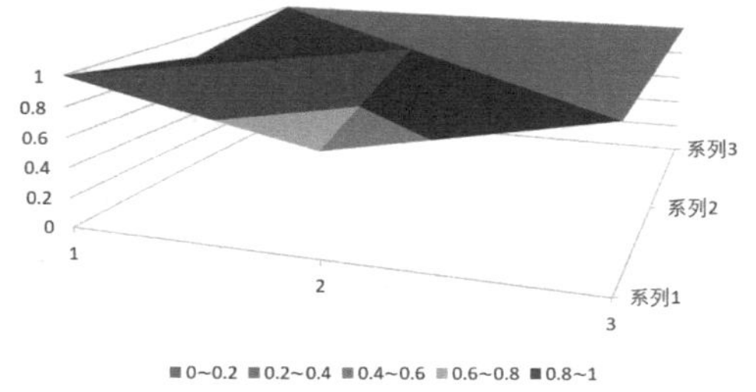

图 4.19 政策样本 P18 的 PMC 曲面图

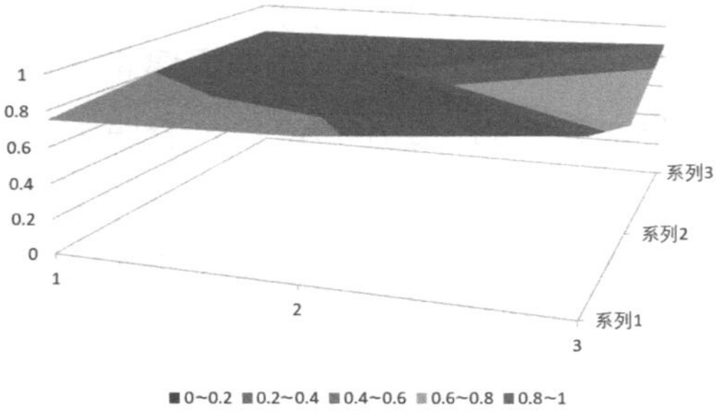

图 4.20 北京市 6 项政策样本 PMC 曲面图

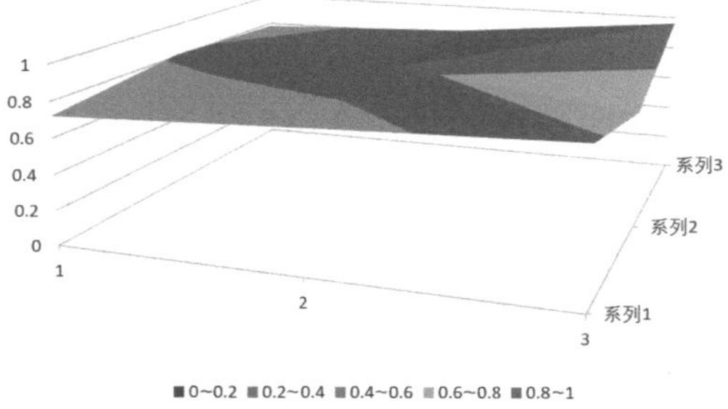

图 4.21 天津市 6 项政策样本 PMC 曲面图

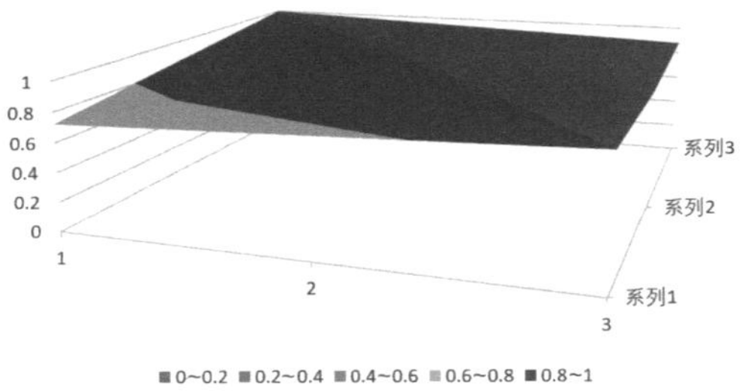

图 4.22 河北省 6 项政策样本 PMC 曲面图

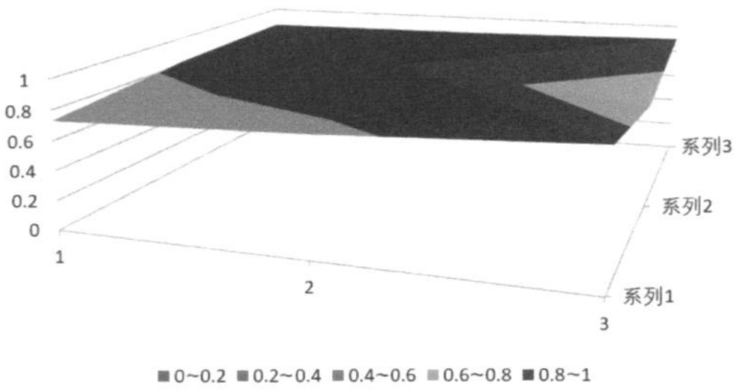

图 4.23 京津冀三地 18 项政策样本综合 PMC 曲面图

二、京津冀居家和社区养老服务政策评价结果及分析

根据表 4.6 可知，18 项政策样本中优秀级政策有 5 项，良好级政策有 11 项，合格级政策有 2 项。总体来看，近年京津冀三地居家和社区养老服务政策大部分能够促进居家和社区养老服务事业的发展，但不同等级政策的存在以及同一等级政策中不同维度的高低各有不同，反映出不同政策需要完善的方面也不大相同。

（一）均值分析

从京津冀三地相互比较角度看，首先，三地 PMC 平均指数在 8.21 ～ 8.79 之间，说明三地在居家和社区养老服务政策制定上，整体上处于良好水平。尤其是对于河北省而言，在其经济发展程度落后于京津的背景下，在制度政策框架建设上，其居家和社区养老政策 PMC 指数并未落后于京津，这彰显出河北省对养老服务事业的极端重视和不懈努力，也表明河北省有将养老服务事业做好做强、顺利承接京津养老服务需求的强大潜力和希望。但整体来看，三地均值都还没有达到优秀，说明都还有需要完善的空间和细节。其次，从京津冀三地各维度平均值看，北京市在 X1、X3 方面均值（分别为 0.75、0.90）最高，反映出北京市居家和社区养老服务政策在政策性质、政策目标方面相对较优。天津市在 X9 方面均值（为 0.96）最高，表明天津市在政策评价方面相对较优；在 X5 和 X7 方面均值（分别为 0.83、0.78）最低，表明天津市在政策领域和激励约束措施方面还有待完善，政策领域方面得分低主要是受政策 P10 影响，在激励约束方面得分低主要受政策 P7、P10、P12 影响。河北省在 X4、X5、X6、X7、X8 方面均值（分别为 0.86、0.97、0.81、1.00、0.94）最高，表明河北省在服务项目、政策领域、政策创新、激励约束、政策工具方面相对较为周全。京津冀在 X2、X10 方面均值（分别为 0.78、1.00）相等，表明三地在政策时效和政策公开方面较为一致。

从京津冀三地整体均值角度看，X1 方面均值为 0.73，整体分数不太高，表明京津冀三地在政策的预测、描述、引导、诊断、建议和监督方面，还有待完善，通过多投入产出表，发现京津冀三地政策在预测和诊断方面得分整体很低，需要提升完善；X2 方面均值为 0.78，综合多投入产出表，发现京津冀三地居家和社区养老服务政策样本在时效方面以中短期为主；X3 方面均值为 0.86，表明三地在政策目标上整体较完善，通过多投入产出表，发现京津冀三地政策在老年友好型社区方面得分普遍较低，需要提升完善；X4 方面均值为 0.82，表明三地在服务项目上整体较为全面，通过多投入产出表，发现京津冀三地政策在法律援助类服务方面得分普遍较低，需要提升完善；X5 方面均值为 0.89，表明京津冀三地在政策涉及领域方面趋于全面，通过多投入产出表，发现京津冀三地政策在自然环境和社会文化方面还可以提升完善；X6 方面均值为 0.71，表明京津冀三地在政策创新方面不太理想，通过多投入产出表，发现京津冀三地政策在物业管理 + 养老、机构养老嵌入、京津冀协同三方面得分还可以提升完善；X7 方面均值为 0.86，表明京津冀三地在政策激励约束方面整体比较理想，通过多投入产出表，发现京津冀三地政策分别在税收优惠、法律保障、金融支持方面得分还可以提升完善；X8 方面均值为 0.87，表明京津冀三地在政策工具方面比较全面，通过多投入产出表，发现京津冀三地政策在需求型政策工具方面还可以加大力度；X9 方面均值为 0.90，表明京津冀三地在政策评价方面比较理想，通过多投入产出表，发现京津冀三地政策在目标明确方面还可以继续完善。

（二）不同等级政策分析

18 项政策样本中，根据表 4.6，优秀等级政策共 5 项，其 PMC 指数在 9.11 ～ 9.67 之间，其中 P6、P12、P18 分别为京津冀三地的养老服务“十四五”发展规划，反映出三地的规划政策整体是较完善的，能对未来起到相应指导作用；良好等级政策共 11 项，其 PMC 指数在 7.33 ～ 8.86；合格等级政策共 2 项，其 PMC 指数在 6.30 ～ 6.88。各等级政策各维度平均值以及 PMC 整体平均值如表 4.7 所示。

表 4.7 不同等级政策各维度及 PMC 指数平均值

等级	X1 均值	X2 均值	X3 均值	X4 均值	X5 均值	X6 均值	X7 均值	X8 均值	X9 均值	X10 均值	PMC 指数均值
优秀	0.9	0.87	0.97	0.87	1.00	0.89	0.93	0.93	0.95	1.00	9.32
良好	0.65	0.76	0.83	0.82	0.89	0.71	0.91	0.88	0.89	1.00	8.36
合格	0.75	0.67	0.71	0.75	0.59	0.25	0.42	0.67	0.88	1.00	6.59

整体而言，优秀等级政策主要在 X1、X2、X3、X5、X6 这 5 个方面比良好等级政

策显著完善，合格等级政策主要在X6、X7两个维度上受到了很大影响。但各等级政策在各维度上的具体情况并不相同，故还需根据各项政策样本的多投入产出表（见表4.5），分析其在各个维度上存在的突出问题。

优秀等级政策，根据表4.5可知，P4在X1下辖二级变量“预测”和X4下辖二级变量“紧急援助类服务项目”两方面有所缺失，其他方面都很理想；P6在X6下辖二级变量“机构养老嵌入”和X8下辖二级变量“需求型”政策工具两方面有所缺失，其他方面均较理想；P12在X4下辖二级变量“精神慰藉类服务”和“文娱教育类服务”、X6下辖二级变量“物业管理＋养老”、X7下辖二级变量“财政补贴”“税收优惠”方面有所缺失，其他方面均较理想；P16在X1下辖二级变量“预测”“诊断”、X3下辖二级变量“老年友好型社区”、X6下辖二级变量“物业管理＋养老”、X9下辖二级变量“目标明确”方面有待完善，其他方面均较理想；P18在X4下辖二级变量“法律援助类服务项目”方面有所缺失，其他方面均较完善。

良好等级政策，结合表4.5和表4.6，相较而言，P1在X9方面得分显著低于整体平均水平，应在“目标明确”方面有所完善；P2在X1、X9方面得分显著低于整体平均水平，应在“预测”“描述”“诊断”方面、“目标明确”方面有所完善；P3在X2、X4、X5、X8方面得分显著低于整体平均水平，应在“中长期时效”方面、“精神慰藉类服务”“紧急救援类服务”“文娱教育类服务”服务项目方面、“科学技术”“社会文化”涉及领域方面、“需求型”政策工具方面有所完善；P7在X3、X5方面得分显著低于整体平均水平，应在政策目标的“农村养老服务”“长期护理保险”方面、涉及领域的“社会文化”“政治法律”方面有所完善；P8在X8方面得分显著低于整体平均水平，应在“需求型”政策工具有所完善；P9在X3、X8、X9方面得分显著低于整体平均水平，应在政策目标的“老年友好型社区”“长期护理保险”、“需求型”政策工具、“内容翔实”方面有所完善；P13在X8、X9方面得分显著低于整体平均水平，应在“需求型”政策工具、“目标明确”方面有所完善；P14在X9方面得分显著低于整体平均水平，应在“目标明确”方面有所完善；P15在X4方面得分显著低于整体平均水平，应在“精神慰藉类服务”“法律支援类服务”有所完善；P17在X3、X4方面得分显著低于整体平均水平，应在政策目标的“农村养老服务”“老年友好型社区”“长期护理保险”、服务项目“精神慰藉类服务”“法律支援类服务”方面有所完善，需要注意的是P17是河北省有关居家和社区高质量发展的专门完整文件，故其政策短板更需及时完善。

合格等级政策，结合表4.5和表4.6，P5在X4、X6、X7、X8、X9方面得分显著低于整体平均水平，可以从服务项目、政策创新、激励约束、政策工具、政策依据等方面分别进行完善；P10在X5、X6、X7、X8方面得分显著低于整体平均水平，故可以从政策领域、政策创新、激励约束、政策工具等方面分别进行完善。这两项政策得分偏低与其属于居家和社区养老服务中的专项政策也有关系。

最后，政策样本选择可能在一定程度上影响了PMC评价结果的客观性和普适性，这些需要在以后的研究中不断改进，使得研究结果更加科学普适。

第二节 京津冀居家和社区养老服务政策系统比较分析

对理想化政策制定进行PMC分析能实现对代表性政策样本“点”的综合评价，但还存在以下问题：一是近年京津冀三地颁布的居家和社区养老服务相关政策接近100件，PMC分析选取的政策样本数量比较有限；二是具体水平差异没有得到体现，例如：尽管三地政策都有关于财政补贴的相关内容，PMC评估中的投入产出表中都赋值为“1”，但具体水平的差别并未得到显示，故还需对三地相关政策内容进行进一步系统全面分析，以实现政策分析的“点面结合”。

按照前述居家和社区养老服务构成核心要素，本节从人才支持、资金扶持、设施建设、服务提供、监督管理五大核心要素进行比较分析。

一、人才支持

在人才支持方面，京津冀三地近年相关政策规定分别如表4.8所示。

表4.8 近年京津冀养老服务人才支持相关政策及内容

	政策文件	相关要点
北京市	《关于加强养老服务人才队伍建设的意见》（京民福发〔2016〕527号）	打造梯次分明、结构合理的养老服务人才队伍（养老护理人才队伍、专业技术人才队伍、养老管理人才队伍），建立健全养老服务人才职业体系（扩大来源渠道、完善职业发展体系、建立登记制度、培育职业道德）
北京市	《北京市养老服务人才培养培训实施办法》（京民养老发〔2020〕140号）	国家统招北京生源或北京地区普通高等院校、中高等职业学校的应届毕业生或毕业一年以内的往届毕业生，进入本市养老服务机构专职从事养老服务工作的，享受4～6万元的分批发放的一次性入职奖励。另对对取得不同等级护理员给予每月500～1 500元岗位奖励补贴。培训合格取得结业证书的，按照每人1 500元标准给予培训机构培训补贴
北京市	《北京市积极应对人口老龄化实施方案（2021年—2025年）》	培养壮大为老服务队伍

（续表）

	政策文件	相关要点
北京市	《关于开展北京市社区老年健康服务规范化建设工作的通知》（北京市卫健委 2021—2022 年 ）	加强社区卫生服务中心医务人员业务培训，培养全科、老年医学、护理、安宁疗护等人才
	《关于印发北京市深入推进医养结合发展的实施方案的通知》（北京市卫生健康委员会 2021 年）	加强医养结合人才队伍建设
	《关于支持开展“物业服务＋养老服务”试点工作的通知》（京民养老发〔2022〕6 号）	挂牌为驿站的物业服务企业工作人员，视同养老服务机构工作人员参加养老护理员培训，按《北京市养老服务人才培养培训实施办法》规定享受培训补贴
	《北京市老年人能力综合评估实施办法（试行）》（京民养老发〔2022〕214 号）	各区老年人能力评估人员库一般不少于 50 人；岗前培训不少于 32 学时，日常培训每年度不少于 16 学时
	《2023 年北京市养老护理职业技能大赛实施方案》（京民养老发〔2023〕236 号）	激发广大养老护理员“学技术、练本领、比技能”的热潮，弘扬精益求精的工匠精神，推动新时代首都养老服务高质量发展
天津市	《天津市“十四五”养老服务体系发展规划和二〇三五年远景目标纲要》（津民发〔2022〕25 号）	发展壮大志愿助老服务，有序发展养老顾问服务
	《关于印发天津市进一步推进老龄事业发展和养老服务体系建设具体措施的通知》（津政办发〔2022〕39 号）	实施养老服务人才培训提升行动，到 2025 年底，培养 2 万名养老护理员，实现每千名老年人、每百张养老机构床位配 1 至 2 名专业社会工作者。开展老年人照护、失智老年人照护等“1+X”证书制度试点建设工作
	《天津市养老服务用工补贴实施办法》（天津市民政局 2023）	凡在本市行政区域内注册登记、注册资本不少于人民币 50 万元的养老服务企业，招用员工并签订 1 年的劳动合同，给予 2 年岗位补贴、3 年社保补贴。将养老护理、病患陪护、家政服务、日间照料和社区配送等全部纳入培训补贴范围。对取得职业资格证书的人员，每人给予 1 000 ～ 3 000 元的培训津贴，津贴一半给个人，一半给企业。对无收入的本市失业人员、农村劳动力、普通高校学生参加养老服务培训，凡取得职业资格证书，均给予培训成本 90% ～ 100% 的培训费补贴和生活费补贴
河北省	《河北省人民政府办公厅关于老年人照顾服务项目的实施意见》（冀政办字〔2018〕15 号）	支持相关职业院校、培训机构和医疗康复机构每年面向老年人及其亲属开设老年人护理、保健课程或开展专项技能培训
	《河北省农村互助养老幸福院管理办法（试行）》（冀民规〔2018〕1 号）	农村互助养老幸福院实行院长负责制，院长必须常住幸福院从事管理服务工作
	《河北省加强农村留守老年人关爱服务工作实施方案》（冀民〔2018〕84 号）	加大农村社会工作专业人才培养力度，支持农村基层组织、为老服务组织根据需要配备使用社会工作专业人才
	《河北省加快推进养老服务体系建设三年行动方案（2020—2022 年）》（冀民〔2019〕91 号）	全面建立养老机构和服务人员信用档案，强化资金保障

（续表）

	政策文件	相关要点
河北省	《关于省级财政支持养老服务体系建设改革的实施意见》（冀民〔2019〕107号）	取得本、专科（含中专）毕业证，2017年1月以后与养老机构签订劳动合同，且连续工作满3年的奖励6 000元，满5年的奖励15 000元
	《河北省农村贫困失能半失能人员照护服务工作方案》（冀民〔2020〕88号）	组织农村贫困失能半失能人员照护人、照护服务机构工作人员以及其他提供照护服务的人员，分批分级开展照护技能培训，提升基础护理能力，并按规定落实职业培训补贴政策
	《关于推动老有所为同老有所养相结合的指导意见（试行）》（冀民〔2021〕76号）	创新发展互助性养老，加强养老服务人才教育培训，采取集中培训、送教上门、远程培训等多种方式对农村互助幸福院、邻里互助点服务人员进行培训，提升养老照护能力。支持有意愿且身体状况允许的低龄健康老年人接受职业技能培训和创新创业培训
	《河北省养老服务体系建设“十四五”规划》	开展家庭照护者培训；探索将行业紧缺、高技能的养老服务从业者纳入人才目录、积分落户、市民待遇等政策范围加以优待
	《关于建立健全养老服务综合监管制度 促进养老服务高质量发展若干措施的通知》（冀政办字〔2021〕25号）	2022年底前，培训养老护理人员6万人次以上。对在岗养老护理员开展免费职业培训和技能鉴定工作

根据表4.8所列政策文件，在人才培养上，北京市在养老服务队伍方面有着更严格的要求，相继颁发了《关于加强养老服务人才队伍建设的意见》等政策文件，形成了较为完备的养老专业人才培养制度，培养的养老服务人员类别较多（全科、老年医学、护理、安宁疗护），并按照培训合格人数每人1 500元标准给予培训机构培训补贴；天津市“1+X”证书制度试点建设，将培训津贴的一半给予培训机构；河北省培养人才规模较大（2022年底前，培训养老护理人员6万人次以上）。在人才激励上，北京市除了资质补贴（对取得不同等级护理员分别给予每人每月500元、1 000元、1 500元岗位奖励补贴），还有4～6万元分批发放的一次性入职奖励，力度较大，但入职奖励对象受限（仅限于国家统招北京生源或北京地区普通高等院校、中高等职业学校的应届毕业生或毕业一年以内的往届毕业生，进入本市养老服务机构专职从事养老服务工作的）；天津市养老服务人员有2年岗位补贴和3年社保补贴、培训津贴（根据级别不同，每人每月给予1 000～3 000元培训津贴），并且对无收入的本市失业人员、农村劳动力、普通高校学生参加养老服务培训，凡取得职业资格证书，均给予培训成本90%～100%的培训费补贴和生活费补贴，补贴对象较广；河北省主要是提供免费培训和技能鉴定以及从业满足一定年限的一次性从业奖励（连续工作满3年的奖励6 000元，满5年的奖励15 000元），强调建立信用档案。

经比较发现，在人才培养上，河北省对于全科、老年医学、护理、安宁疗护等人才培养储备还有待增加；在人才激励上，鼓励应届毕业生等从事养老服务业，但由于人员规模相对较大，财政力量有限，目前还缺少岗位奖励补贴、社保补贴等相关措施，奖励力度还有待逐步提高，对培训机构的补贴尚不明晰。

二、资金扶持

在资金扶持方面，京津冀三地近年相关政策规定分别如表 4.9 所示。

表 4.9 近年京津冀居家和社区养老服务资金扶持相关政策及内容

	政策文件	相关要点
北京市	《北京市养老机构运营补贴管理办法》（京民福发〔2018〕411 号）	根据收住老人残疾等级、机构星级来确定每床每月 100 ～ 850 元补贴金额
	《关于金融支持养老服务业发展的实施意见》（京民养老发〔2019〕152 号）	支持金融机构在符合条件的区或分支机构组建服务养老和老年人康复辅助器具产业的金融发展专业团队、特色分（支）行等多种形式的金融服务专营机构，加快创新养老服务业贷款方式，拓宽贷款抵押担保范围，推动符合条件的养老服务企业上市融资
	《关于统筹分配拨付各区 2019 年养老服务专项资金有关工作的通知》（京民福发〔2019〕34 号）	对资金落实范围、分配原则等作出规定
	《关于印发〈北京市老年人养老服务补贴津贴管理实施办法〉的通知》（京民养老发〔2019〕160 号）	老年人养老服务补贴津贴发放给具有本市户口且符合相应条件的老年人，困难老年人养老服务补贴分别为每人每月 300 元 /200 元 /100 元，失能老年人护理补贴分别为每人每月 600 元 /400 元 /200 元，高龄老年人津贴每人每月 100 元 /500 元 /800 元
	《北京市困境家庭服务对象入住社会福利机构补贴实施办法》（京民养老发〔2020〕132 号）	对符合规定条件的城乡特困服务对象、低保家庭服务对象、低收入家庭服务对象、计划生育特殊家庭服务对象、其他重度残疾人等入住养老机构给予每人每月 1 200 ～ 3 600 元补助，补助资金直接抵扣入住养老机构的费用，不足部分由服务对象支付
	《北京市长期护理保险制度扩大试点方案》（京医保发〔2020〕30 号）	对符合规定的长期护理费用，待遇保障水平为 3 000 元 / 月，基金支付标准控制在 70% 左右
	《北京市养老服务人才培养培训实施办法》（京民养老发〔2020〕140 号）	同《北京市养老服务人才培养培训实施办法》（京民养老发〔2020〕140 号）相关规定
	《北京市残疾人居家环境无障碍改造服务管理暂行办法》（京残发〔2020〕15 号）	按照服务对象经济状况和残疾类（级）别设置补贴限额（5 000 元或 10 000 元以内）和补贴比例（90% ～ 100%）
	《北京市社区养老服务驿站运营扶持办法》（京民养老发〔2021〕154 号）	扶持措施主要包括基础补贴（每人每月给予 180 元补贴，农村驿站实际签约服务对象少于 80 人的，每家每月给予 1.4 万元补贴）、托养补贴（日间托养每人每天 15 元，短期全托每人每天 30 元，农村幸福晚年驿站全托照料每人每月 1 000 元）、连锁补贴（每新增 1 家连锁运营驿站的，给予 5 万元一次性补贴）和运维支持（用水、用电、用气、用热享受居民价格政策）

（续表）

	政策文件	相关要点
北京市	《关于老旧小区综合整治实施适老化改造和无障碍环境建设的指导意见》（北京市住房和城乡建设委员会2021年）	老旧小区综合整治项目公共区域适老化改造和无障碍环境建设分类实施，加装电梯市级财政补贴每部64万元。此外，海淀区、朝阳区、石景山区、西城区还对辖区内老旧小区加装电梯各补贴6万元、16万元、16万元、24万元不等。居家适老化改造，对特困供养、低保低收入的高龄和失能老年人家庭采取阶梯式补贴。支持社会资本通过项目融资、公司融资等方式向金融机构申请中长期贷款
	《关于提升北京市养老助餐服务管理水平的实施意见》（京民养老发〔2022〕69号）	对居家养老基本养老服务对象在养老助餐点获取午餐或晚餐的，每人每天给予5元就餐补贴，通过自动扣减实现。对于为本市常住居家养老的老年人提供午餐或晚餐助餐服务的养老助餐点，可按实际助餐人数给予每人每天3元运营补贴
	《北京市人民政府办公厅印发〈关于完善北京市养老服务体系的实施意见〉的通知》（京政办发〔2023〕25号）	市级财政统筹中央财政补助、市级一般公共财政预算以及福利彩票公益金等资金渠道给予支持。区级财政统筹上级补助和本级财政资金，保障养老服务各项政策落实
天津市	《关于扩大照料中心运营机制改革试点工作的意见》（津民发〔2015〕52号）	新增社会化运营照料中心，由社会组织、企业或养老机构运营，居委会不再参与日常运营。免费提供给承包运营的社会组织、企业或养老机构使用，不允许收取或变相收取租金
	《关于在我市开展养老床位综合责任保险工作的通知》（津民发〔2016〕32号）	将承担护理服务的养老机构、老年日间照料服务中心（承包运营照料床位机构）和开展社区延伸服务的养老机构等，纳入养老床位综合责任保险，保险费用由市级财政负担
	《关于开展社会力量兴办社区老年日间照料服务中心试点的意见》（津民发〔2018〕34号）	2018年底前，各区要开展两个“社会办照料中心”试点。经年度评估合格后，对于“社会办照料中心”最高给予12万元运营补贴
	《关于明确我市居家养老服务（护理）补贴有关事项的通知》（津民发〔2019〕41号）	对符合居家养老服务（护理）补贴范围的老年人，按照轻度、中度和重度不同照料等级，补贴标准为居家养老服务补贴每人每月各100元、200元、300元，居家养老护理补贴每人每月各100元、200元和300元
	《关于调整养老机构补贴标准的通知》（津民发〔2019〕45号）	一次性建设补贴由社会力量投资新建或购置建设并形成产权的非营利性养老机构，给予每张床位15 000元一次性建设补贴；由社会力量投资改扩建的新增非营利性养老机构床位，给予每张床位6 000元一次性建设补贴。对公建民营、社会力量投资建设的非营利养老机构和接收经济困难且高龄失能老年人的营利性养老机构，对收养生活自理老年人的养老机构床位，每月给予每张床位补贴100元；收养生活不能自理和半自理老年人的养老机构床位，每月给予每张床位补贴300元
	《关于在农村地区全面施行居家养老服务（护理）补贴的通知》（津民发〔2019〕46号）	具体标准按照《关于明确居家养老服务（护理）补贴有关事项的通知》（津民发〔2019〕41号）执行

（续表）

	政策文件	相关要点
天津市	《关于天津市老年人居家适老化改造实施方案的通知》（津民规〔2020〕8号）	2020年，市财政按照户均3 500元标准，给予各区适老化改造转移支付补助，统筹用于地面、卧室、如厕洗浴设备等基础类改造项目；符合条件的从事居家适老化改造工作的养老服务机构可享受相应税收优惠政策
	《关于“十四五”期间利用开发性金融支持养老服务体系建设的通知》（津民发〔2021〕94号）	在重点任务中找到“金融＋养老”的支撑点和突破口。夯实要素基础、优化营商环境，充分发挥开发性金融在养老服务体系建设中的“融资融智”服务优势
	《关于加大金融支持天津养老服务业发展的通知》（津民发〔2022〕16号）	充分利用国家开发银行中长期资金，支持天津养老服务体系建设，助力养老服务业蓬勃发展
	《关于深化嵌入式养老“建管扶用”23条措施》（津民规〔2022〕5号）	对嵌入式养老机构，给予50万～80万元一次性建设补贴；10万～80万元的差异转型补贴；6万～12万元运营补贴；各按70%或100%补助养老机构床位综合责任险保费补贴。用电、用水、用气、用热，按照居民生活价格执行；享受增值税、企业所得税、城市基础设施配套费等税费优惠政策
	《关于完善我市老年人助餐服务工作若干措施的通知》（津民发〔2022〕13号）	（1）给予每餐3元的助餐补贴，每天享受1次，限午餐或晚餐；按自然周（周一开始到周日结束）计算，每周不超过5次。（2）老人家食堂标准套餐指导价格为13元，各区可视情况调整餐费标准，原则上浮动不应超过50%。老人家食堂为老年人补贴对象每服务1次，给予2元的运营补贴
	《关于印发〈天津市深入开展长期护理保险制度试点实施方案〉的通知》（津政办规〔2022〕17号）	由定点护理机构专业照护人员提供全部居家护理服务的，最高支付限额每人每月2 100元，由长期护理保险基金支付75%，个人负担25%。由亲情照护人员提供基本生活护理服务的，基本生活护理服务部分按照每月750元标准由长期护理保险基金支付给亲情照护人员；在此基础上还可以同时申请定点护理机构专业照护人员提供专业护理服务，专业护理服务部分最高支付限额每月1 100元，由长期护理保险基金支付75%，个人负担25%
	《关于印发天津市进一步推进老龄事业发展和养老服务体系建设具体措施的通知》（津政办发〔2022〕39号）	落实落细支持养老服务发展的税费优惠政策。完成转型且符合要求的培训疗养机构，纳入城企联动普惠养老专项行动，积极申请中央预算内投资支持
	《关于下达2022年养老服务市级补助资金的通知》（津财社指〔2022〕102号）	下达资金（共2 085.3万元）及此前已下达资金（共3 219.4万元）统筹用于居家养老服务（护理）补贴、老年人助餐服务补贴、养老机构运营补贴
	《天津市养老服务用工补贴实施办法》（天津市民政局2023）	同表4.8
河北省	《关于老年人照顾服务项目的实施意见》（冀政办字〔2018〕15号）	对符合条件的低收入家庭老年人参加城乡居民基本医疗保险所需个人缴费部分，由政府给予适当补贴。鼓励各级政府对老年人购买意外伤害保险给予补贴

（续表）

	政策文件	相关要点
河北省	《关于加快推进养老服务体系建设的实施意见》（冀政办字〔2019〕48 号）	在社区提供日间照料、康复护理、助餐助行等服务的养老服务机构，按规定享受税费减免。养老机构、居家社区养老服务机构用电、用水、用气、用热享受居民价格。实施老年人居家适老化改造工程，2020 年底前，对所有纳入特困供养、建档立卡范围的高龄、失能、残疾老年人家庭，采取政府补贴等方式实施适老化改造。到 2022 年将不低于 55% 的福彩公益金用于支持养老服务发展。探索允许营利性养老机构以有偿取得的土地、设施等资产抵押融资，支持符合条件的养老服务企业上市融资
	《关于省级财政支持养老服务体系建设改革的实施意见》（冀民〔2019〕107 号）	（1）民办养老机构建设补贴。每张床位 1 500 ～ 8 000 元补贴，补贴总额最高不超过 30 万～ 160 万元。（2）养老机构运营补贴。重度失能、中度失能每人每月补贴 300 元，轻度失能、能力完好每人每月补贴 100 元。（3）社区居家养老服务设施建设补贴，每家 15 万元、30 万元、50 万元补贴。（4）农村互助幸福院建设补贴，每家 10 万元或 20 万元。（5）经济困难的高龄、失能老年人养老服务补贴、护理补贴。按照每人每月不低于 100 元的标准发放养老服务、护理补贴。（6）养老服务机构综合责任保险补贴。按每保险年度投保金额的 80% 给予补贴，最高补贴额度为实际入住老年人数量每人每年 80 元 。（7）连锁运营社区居家养老服务设施奖励。对符合条件的给予 10 万元或 20 万元奖励。（8）县级“互联网＋智慧养老服务”信息平台建设奖励。按照养老服务信息平台建设投入的 50% 给予奖励，最高不超过 20 万元。（9）取得本、专科（含中专）毕业证，2017 年 1 月以后与养老机构签订劳动合同，且连续工作满 3 年的奖励 6000 元，满 5 年的奖励 15 000 元。（10）绩效考核奖励。对上一年度养老服务体系建设工作绩效考核排名前 3 名的市（含定州、辛集市）分别奖励 300 万、200 万、100 万元；各市按县（市、区）总数 10% 的比例择优遴选推荐，分别给予 50 万元奖励。（11）消防安全达标奖励。对 2019 年 7 月 14 日前完成法人登记，2020 年 6 月底前消防验收合格的民办养老机构，分别给予 5 万元、10 万元、15 万元一次性奖励。（12）老年人能力评估补贴。按入住养老机构的失能老年人数量和 60 ～ 79 周岁低保老年人总数的 25%，给予每人 100 元的老年人能力评估补贴
	《关于进一步规范长期护理保险制度试点工作的通知》（冀医保字〔2021〕10 号）	对符合规定的护理服务费用，基金支付水平总体上控制在 70% 左右
	《关于进一步完善困难残疾人生活补贴和重度残疾人护理补贴制度的实施意见》（冀民〔2021〕87 号）	（1）困难残疾人生活补贴。符合条件的困难残疾人按照每人每月不低于 55 元的标准发放生活补贴 （2）重度残疾人护理补贴。符合重度残疾人护理补贴对象条件的，按照每人每月不低于 50 元的标准发放护理补贴

（续表）

	政策文件	相关要点
河北省	《河北省养老服务体系建设“十四五”规划》	地方各级政府用于社会福利事业的彩票公益金要加大倾斜力度，自2022年起将不低于55%的资金用于支持发展养老服务。落实税费优惠政策，引导省内保险等金融机构开发有针对性的金融产品，向养老机构提供增信支持。支持保险机构开发养老服务相关责任险及机构运营相关保险

在资金扶持方面，目前北京市提供的财政资金支持项目主要包括：养老机构运营补贴、养老服务专项资金、困难失能高龄老年人养老服务补贴津贴、养老服务驿站一次性和运营补贴（基础补贴、托养补贴、连锁补贴和运维支持）、困境家庭服务对象入住社会福利机构补贴、残疾人居家环境无障碍改造补贴、养老助餐补贴、公共区域适老化改造和无障碍环境建设补贴、特殊家庭适老化改造补贴、养老服务用工补贴和奖励，资金扶持项目较多，支持力度较大。

天津市提供的财政资金支持项目主要包括：养老服务用工补贴、居家养老服务（护理）补贴、农村地区居家养老服务（护理）补贴、老年人助餐补贴、老年人居家适老化改造补贴、社会化运营照料中心免租金和运营补贴、嵌入式养老建管一次性建设补贴和运营补贴等项目。目前缺乏80岁以上高龄补贴项目。

河北省提供的财政资金支持项目主要体现在《关于省级财政支持养老服务体系建设改革的实施意见》（冀民〔2019〕107号）中，共包括12种项目，河北省在养老机构和社区养老服务设施建设上给予了力所能及的较大力度的资金扶持，彰显了对养老事业的重视。但目前河北省用于居家和社区养老服务方面的资金的最主要来源还是政府财政拨款，区域发展的滞后使得地方财政在此方面的资金投入十分有限。2022年，养老服务体系建设省级财政支出占地方一般公共财政预算支出的0.034%，不到0.05%。

在资金扶持项目上，对比国家基本养老服务清单，目前河北省在经济困难老人的家庭适老化改造津贴与养老服务补贴项目上需要补齐支持短板。对比北京市和天津市，河北省需要在老旧小区无障碍改造、老年人助餐补贴的资金扶持上分清轻重缓急，出台具体规定，以造福更多高龄、残疾、经济困难老年人。

在资金扶持力度上，河北省目前还处于相对低位。

三、设施建设

在养老服务设施建设方面，京津冀三地近年相关政策规定分别如表4.10所示。

表 4.10 近年京津冀居家和社区养老服务设施建设相关政策及内容

	政策文件	相关要点
北京市	《关于加快推进养老服务发展的实施方案》（京政办发〔2020〕17 号）	到 2022 年底，建成街道（乡镇）养老照料中心不少于 350 家、社区养老服务驿站不少于 1 200 家
	《关于印发北京市建立完善老年健康服务体系的实施方案的通知》（京卫老龄〔2020〕13 号）	推动在老年人集中场所安装自动体外除颤器（AED），到 2022 年，80% 以上的综合医院、中医（中西医结合）医院、康复医院、护理院和社区卫生服务中心成为老年友善医疗机构，基层医疗卫生机构护理床位占比达到 30%
	《北京市残疾人居家环境无障碍改造服务管理暂行办法》（京残发〔2020〕15 号）	居家环境设施无障碍改造
	《北京市积极应对人口老龄化实施方案（2021 年—2025 年）》	补充养老服务设施、健康医疗设施
	《北京市养老服务专项规划（2021 年—2035 年）》	以“一核一主一副、两轴多点一区”的城市空间结构为依据，分区引导养老设施空间布局，养老服务设施向“居家养老”倾斜，加快建设兼具机构、社区、居家养老服务功能的养老照料中心，以养老服务设施为主线，推动各类福利设施共建共享，进一步完善“15 分钟服务圈”
	《关于印发北京市深入推进医养结合发展的实施方案的通知》（北京市卫生健康委员会 2021 年）	增加养老机构医养结合服务资源、推进家庭照护床位建设
	《北京市养老家庭照护床位建设管理办法（试行）》（京民养老发〔2021〕47 号）	通过家庭适老化改造、信息化管理、专业化服务等方式，将养老服务机构的床位搬到老年人家中，将专业的照护服务送到老年人的床边
	《关于老旧小区综合整治实施适老化改造和无障碍环境建设的指导意见》（北京市住房和城乡建设委员会 2021 年）	进行通行无障碍改造（加装电梯或安装爬楼代步器）；公共空间适老化改造（公共休息座椅，公共健身器材，电动车充电停车棚，参与式无障碍种植园区，自主康复区或健康步道场所，无障碍公共卫生间，为老服务设施）；室内居住环境改造（与信息化、智能化居家养老服务相结合）；完善适老化公共服务设施
	《北京市残疾人居家环境无障碍改造服务管理暂行办法》（京残发〔2020〕15 号）	居家环境无障碍改造
	《关于提升北京市养老助餐服务管理水平的实施意见》的通知（京民养老发〔2022〕69 号）	大力发展养老助餐点，每个养老助餐点服务半径不超过 1 000 米，服务老年人口不低于 2 000 人，城市地区每个街道对应有一个可持续提供老年餐的集中配送中心。社区养老服务驿站必须具备养老助餐服务功能
	《关于开展 2022 年北京市社区老年健康服务规范化建设工作的通知》	2022 年全市各区社区老年健康服务规范化建设达标率不低于 85%
	《北京市人民政府办公厅印发〈关于完善北京市养老服务体系的实施意见〉的通知》（京政办发〔2023〕25 号）	搭建居家养老供需对接平台、优先推进老楼加装电梯等与老年人日常生活密切相关的公共服务设施改造、大力发展社区嵌入式养老机构

（续表）

	政策文件	相关要点
天津市	《印发关于加快养老服务发展的实施意见》（津党办发〔2019〕23 号）	大力推进居家养老服务基础设施达标和服务能力建设
	《天津市促进养老服务发展三年行动方案（2019—2021 年）》	到 2021 年，社会力量兴办的照料中心达到 80 家，社会化运营的照料中心新增 300 个。统筹城乡照料中心建设，扩大农村照料中心比例，推动农村养老服务提质升级，探索适合农村的综合养老服务模式
	《关于印发老年人助餐服务工作指引的通知》（津民发〔2019〕42 号）	2019 年，助餐服务在全市城镇地区 130 个街道（镇）、1 565 个社区全面开展，各区民政局要指导街道（镇）加快开设（办）老人家食堂，扩大服务覆盖面
	《关于天津市老年人居家适老化改造实施方案的通知》（津民规〔2020〕8 号）	参照《老年人居家适老化改造项目和老年用品配置推荐清单》执行。清单所列项目分为基础类和可选类，基础类项目是政府对特殊困难老年人家庭予以补助支持的改造项目和老年用品，是改造和配置的基本内容；可选类项目是根据老年人家庭意愿，供自主付费购买的居家适老化改造项目和老年用品
	《关于确定 2019—2020 年度新增社会化运营和社会力量办社区老年日间照料中心名单的通知》（津民发〔2020〕11 号）	（1）2019—2020 年，新增社会化运营照料中心 240 个 （2）2019—2020 年，新增社会力量办照料中心 14 个
	《关于做好 2021 年度特殊困难老年人家庭居家适老化改造工作的通知》（津民发〔2021〕11 号）	根据《天津市老年人居家适老化改造项目清单》《天津市老年人居家适老化改造工作汇总表》执行
	《关于推进社区嵌入式养老服务机构发展的指导意见》（津民发〔2021〕29 号）	2021 年，在“津城”“滨城”和其他有积极性的区先行先试，全市开展 60 家试点。2022 年，全市新增 100 家，实现区域型嵌入式机构覆盖全市所有街道。2023 年，全市新增 100 家，实现区域型嵌入式机构覆盖全市 80% 以上街道（乡镇）。2025 年，实现区域型嵌入式机构覆盖全市所有街道（乡镇）
	《天津市“十四五”养老服务体系发展规划和二〇三五年远景目标纲要》（津民发〔2022〕25 号）	完善社区养老服务设施配套：足额配齐养老服务设施；开展配套养老服务设施专项治理
	《关于深化嵌入式养老“建管扶用”23 条措施》（津民规〔2022〕5 号）	在推进建设方面，对需要新建嵌入式机构的，各区在编制土地供应计划时，进行合理安排。非营利性嵌入式机构可按照划拨方式供地，单独供应的营利性嵌入式机构，应以租赁、先租后让、出让等有偿方式供应。新建居住区与配套养老服务设施要同步规划、同步建设、同步验收、同步交付。在城镇老旧小区改造中，统筹推进配套养老服务设施建设，通过补建、购置、置换、租赁、改造等方式，因地制宜补齐社区养老服务设施短板
	《关于完善我市老年人助餐服务工作若干措施的通知》（津民发〔2022〕13 号）	逐步推进农村地区老年人助餐。到 2025 年底，原则上每个涉农乡镇至少建有 1 家一级老人家食堂

（续表）

	政策文件	相关要点
天津市	《关于印发天津市进一步推进老龄事业发展和养老服务体系建设具体措施的通知》（津政办发〔2022〕39 号）	指导各区将无障碍设施建设纳入老旧小区改造内容。保持医养签约服务覆盖率 100%。实施医养结合示范项目创建工作。协调建立市级养老应急救援指导中心。新增养老床位 1.5 万张，养老床位达到 10 万张，养老机构护理型床位占比不低于 60%。通过建设、购置、置换、租赁等方式补齐老旧小区养老服务设施短板，到 2025 年底，“一刻钟”居家养老服务圈逐步完善；城镇地区日间照料机构覆盖率达到 100%；农村地区日间照料机构（含农村互助幸福院）覆盖率达到 70%；各乡镇（街道）至少举办 1 所老年学校
河北省	《河北省人民政府办公厅关于老年人照顾服务项目的实施意见》（冀政办字〔2018〕15 号）	加强社区、家庭的适老化设施改造，优先支持老年人居住比例高的住宅加装电梯
	《河北省老年人权益保障条例》（2018）	县级以上人民政府及其有关部门应当推进居住区、金融机构、超市、商场、图书馆、影剧院、博物馆、公园、景区、公厕等场所的无障碍设施建设，推进与老年人日常生活密切相关的坡道、楼梯、电梯、扶手等公共设施的改造，满足老年人生活和出行的基本需求。鼓励公共场所提供老花镜、放大镜等方便老年人阅读的物品，有条件的可配备大字触屏读报系统
	《河北省加强农村留守老年人关爱服务工作实施方案》（冀民〔2018〕84 号）	鼓励依托乡镇卫生院建设区域性居家养老服务中心。支持区域性居家养老服务中心为农村留守、失能老年人提供临时或短期托养照顾服务；发挥农村敬老院服务保障作用；提升农村互助幸福院质量
	《2019 年养老院服务质量建设专项行动实施方案》（冀民〔2019〕39 号）	实施特困人员供养服务机构（敬老院）改造提升工程、实施星级示范养老机构培育工程
	《关于加快推进养老服务体系建设的实施意见》（冀政办字〔2019〕48 号）	支持养老机构运营社区养老服务设施或设立“家庭养老床位”，推进社区嵌入式养老服务机构建设；探索利用集体建设用地发展养老服务设施；机关、企事业单位腾退的用地用房，优先用于社区养老服务；新建小区严格按标准配建养老服务设施。实施特困人员供养服务设施改造提升工程，采取政府和社会资本合作、公建民营等方式，支持特困人员供养服务设施建设，开辟失能老年人照护单元，逐步转型为区域性养老服务中心。开展村级卫生室托管互助幸福院的基层医养结合试点。2020 年底前，对所有纳入特困供养、建档立卡范围的高龄、失能、残疾老年人家庭，采取政府补贴等方式实施适老化改造
	《河北省加快推进养老服务体系建设三年行动方案（2020—2022 年）》（冀民〔2019〕91 号）	每个城镇街道和县城至少建有 1 个符合标准的综合型居家养老服务中心，全省新建 900 个社区嵌入式养老机构、1 000 个居家养老服务站点、3 000 个农村互助养老设施。全省二级以上综合医院设置比例老年医学比例不低于 50%，三级中医医院设置康复科比例不低于 90%，养老机构护理型床位不低于 50%；巩固居家养老基础性地位；拓展社区养老服务功能，到 2022 年，每个城镇街道至少建设 3 个社区嵌入式养老机构，居家社区养老服务机构连锁化运营比例不低于 30%，智慧养老信息平台覆盖 50% 的县（市、区）；提升机构养老服务能力，全省 50% 以上的乡镇建有 1 所公益性养老院，政府运营的养老院低于当地床位总数的 50%；严格落实人均 0.1 平方米的养老用地面积规定，以市为单位建设养老服务信息系统

（续表）

	政策文件	相关要点
河北省	《关于推进老年人助餐服务工作的指导意见》（冀民〔2019〕95号）、《关于推进养老助餐服务体系建设的实施意见》（冀民〔2022〕25号）	开办社区老年食堂，老年餐桌，依托养老服务机构等提供老年助餐。到2022年底，初步形成布局合理、发展均衡、功能完善、方便可及的城镇社区助餐服务网络
	《河北省农村贫困失能半失能人员照护服务工作方案》（冀民〔2020〕88号）	推进市县“互联网＋”养老服务信息平台建设，将辖区内农村贫困失能半失能人员、照护人和照护服务组织、照护服务点等全部纳入平台管理
	《河北省养老服务条例》	各级人民政府应当根据国土空间规划，保障养老服务设施建设用地；新建城镇居住区按照国家和省有关规定的标准配套建设养老服务设施；建设单位应当按照规划要求配套建设养老服务设施；各级人民政府应当整合利用闲置资源，改造建设养老服务设施，引导和支持社会力量将具备条件的闲置办公用房、学校、培训中心、宾馆、招待所、疗养院、医院、厂房、商业设施等改造为养老服务设施；县级以上人民政府及其有关部门应当推动道路、公共建筑、公共交通设施、公共交通工具，以及住宅区公共出入口、坡道、走道、楼梯、电梯、厕所等无障碍设施的建设和改造；推动农村养老服务设施均衡合理布局
	《关于推进社区居家养老服务高质量发展的意见》（冀民〔2021〕80号）	根据“一街道 一中心，一社区一站（点）”标准，分区分级规划建设社区居家养老服务设施。在街道，依托建筑面积750平方米以上的社区居家养老服务中心，建设具备全托、日托、上门服务、对下指导等综合功能的区域养老服务中心；在社区，建设200平方米左右的社区日间照料服务站（点）。2025年，“一刻钟”社区居家养老服务圈基本形成。强化居家养老支持，探索“物业服务＋养老服务”模式，支持物业服务企业开展老年供餐、定期探访等服务。2025年底前，全省培育100个示范中心，1 000个示范站（点）
	《关于印发河北省社区日间照料机构建设运行服务规范（试行）的通知》（冀政办字〔2022〕66号）	新建居住区应按照养老服务规划，以每百户不低于30平方米的标准，配套建设社区日间照料等养老服务设施，老旧小区按照每百户不低于20平方米的标准，由所在地政府通过购置、置换、租赁等方式逐步进行配置。1个街道辖区范围设置至少1处区域养老服务中心，1个居委会辖区范围设置至少1处社区日间照料服务站。街道区域养老服务中心建筑面积不低于750平方米；社区日间照料服务站建筑面积不低于200平方米。社区日间照料功能分区包括生活服务区域、康复医疗区域、文娱健身区域、管理服务区域
	《河北省民政厅等十部门印发〈关于深入推进智慧社区建设的实施意见〉的通知》（冀民〔2022〕56号）	加强社区信息交流无障碍建设，充分考虑未成年人、老年人、残疾人等群体的基本需求和使用习惯，提供适老化和无障碍服务
	《河北省养老服务体系建设“十四五”规划》	优化社区养老服务设施布局；优化存量设施利用机制；开展城镇配套养老服务设施专项治理；提升社区适老化水平；推动公共场所适老化
	《河北省民政厅关于推进农村孝老食堂建设的通知》（冀民〔2023〕40号）	支持乡镇区域养老服务中心建设孝老食堂，到2023年底，力争在全省50%以上的乡镇建设约1 000个孝老食堂

（续表）

	政策文件	相关要点
河北省	《河北省民政厅办公室关于推进县乡村“三级”养老服务网络建设的通知》（冀民办〔2023〕14号）	县级层面，至少建成1所以失能、部分失能特困人员专业照护为主 的供养服务机构（敬老院），护理型床位占比达到55%以上；乡镇层面，在60%以上的乡镇（街道）建有具备全托、日托、上门服务等综合功能的区域养老服务中心；村级层面，发展互助性养老，服务覆盖70%以上行政村
	《加快建设京畿福地、老有颐养的乐享河北行动方案（2023—2027年）》	2025年，老年助餐、居家照护服务力争覆盖80%以上城镇社区，县乡村“三级”养老服务网络拓展到70%以上的涉农县（市、区）；2027年，老年助餐、居家照护等日间照料服务力争覆盖90%以上城镇社区。县乡村“三级”养老服务网络拓展到80%以上的涉农县（市、区）

北京市在养老服务设施设备建设上，强调街道（乡镇）养老照料中心建设、社区养老驿站建设、家庭照护病床配置、无障碍和适老化改造及建设、养老助餐点建设；天津市强调居家养老服务基础设施建设、社区嵌入式养老机构、照料中心（包括农村地区）建设、老人家食堂（包括农村地区）建设、适老化改造、养老机构护理型床位建设、建立市级养老应急救援指导中心建设；河北省强调城镇街道居家养老服务中心建设、社区日间照料服务站（点）建设、敬老院和星级养老机构建设、智慧养老信息平台培育建设、特殊老人居家适老化设施配置、老年供餐中心建设，三者都强调“15分钟”居家养老服务圈建设。

相较而言，河北省养老人口规模庞大，注重医养康养结合非常必要，如何进一步集约建设老年人助餐点建设、加强家庭护理床位配置、养老应急救援指导中心建设、城镇地区嵌入式养老机构建设都是需要加强努力细化完善的政策方向。

四、服务提供

在养老服务提供方面，按照国家基本养老服务清单，主要包括物质帮助、照护服务和关爱服务三大方面，京津冀三地各自在相应政策文件中对“对谁服务，服务什么，由谁负责”进行了规定。京津冀居家和社区养老服务的服务对象、服务内容及责任主体分别见表4.11、表4.12、表4.13。其中表4.11是在《北京市基本养老服务清单（2022年版）》（京民养老发〔2022〕368号）的基础上结合北京市颁布的其他文件整理而成的，表4.12和表4.13分别是根据天津市和河北省各自颁布的系列文件整理而成的。

表 4.11 北京市居家和社区养老主要服务项目（2022 年）

序号	服务对象	服务类型	服务项目	服务内容及保障标准	责任主体	政策依据
1	达到待遇享受年龄的老年人	物质帮助	职工基本养老保险	为符合条件的参保老年人按时足额发放基本养老金	各区人力资源社会保障局	《中华人民共和国社会保险法》
2			城乡居民基本养老保险	为符合条件的参保老年人发放基础养老金和个人账户养老金	各区人力资源社会保障局	《国务院关于建立统一的城乡居民基本养老保险制度的意见》（国发〔2014〕8 号）
3			福利养老金	对于符合条件的城乡无保障老年人，给予每人每月 802 元福利养老金	各区人力资源社会保障局	《北京市城乡无社会保障老年居民养老保障办法》（京劳社养发〔2008〕16 号）
4			高龄老年人津贴	对 80 岁以上老年人给予高龄老年人津贴： （1）80 周岁至 89 周岁的老年人，每人每月 100 元 （2）90 周岁至 99 周岁的老年人，每人每月 500 元 （3）100 周岁及以上的老年人，每人每月 800 元	各区民政局、财政局、人力资源社会保障局、卫生健康委、退役军人事务局、医保局、残联	《北京市老年人养老服务补贴津贴管理实施办法》（京民养老发〔2019〕160 号）
5		关爱服务	基本公共卫生服务	（1）为 65 岁及以上老年人提供城乡社区规范健康管理服务，建立健康档案、接受健康体检，健康指导、健康体检表填写完整 （2）为 65 岁及以上老年人提供医养结合服务。每年对辖区内 65 岁及以上居家养老的老年人进行两次医养结合服务，内容包含血压测量、末梢血血糖检测、康复指导、护理技能指导、保健咨询、营养改善指导 6 个方面。对高龄、失能、行动不便的老年人上门进行服务 （3）为 65 岁及以上失能老年人提供健康评估与健康服务。每年对辖区内提出申请的 65 岁及以上失能老年人上门进行健康评估，针对评估结果对符合条件的失能老年人及照护者年内提供至少 1 次的健康服务工作，健康服务的具体内容包括康复护理指导、心理支持等	各区卫生健康委	《国家基本公共卫生服务规范（第三版）》、《新划入基本公共卫生服务相关工作规范（2019 年版）》、《关于做好北京市 2021 年基本公共卫生服务项目工作的通知》（京卫基层〔2021〕21 号）、《关于做好北京市 2021 年老年人基本公共卫生服务项目工作的通知》（京卫老龄〔2021〕14 号）
6			老年优待服务	60 周岁及以上的本市户籍老年人和常住外埠老年人持北京通—养老助残卡可享受政务服务、卫生保健、交通出行、商业服务、文体休闲、维权服务等相应的优待政策	各区民政局、交通委、卫生健康委、公园管理中心等部门	《关于进一步加强北京市老年人优待服务工作的意见》（京民老龄发〔2015〕289 号）

（续表）

序号	服务对象	服务类型	服务项目	服务内容及保障标准	责任主体	政策依据
7	达到待遇享受年龄的老年人	照护服务	老年人能力评估	为60周岁及以上老年人提供能力评估，评估结论作为辖区失能老年人发放失能老年人护理补贴、安排居家养老照护服务、轮候入住公办养老机构、配置康复辅助器具、提供康复护理服务，为养老服务机构发放运营补贴、实施政府购买服务项目的依据	各区民政局、财政局、人力资源社会保障局、卫生健康委、医保局	《北京市老年人能力评估实施办法（试行）》（京民养老发〔2022〕214号）
8	城乡特困老年人，低保或低收入家庭失能、失智、高龄老年人，失能、失智、重度残疾、计划生育特殊家庭老年人等保障群体	物质帮助	困境家庭服务对象入住养老机构补贴	符合条件的城乡特困、低保、低收入、计划生育特殊、重度残疾等家庭服务对象入住养老机构的，可享受每月1 200～3 600元入住养老机构补贴	各区民政局、财政局、卫生健康委、医保局、残联	《北京市困境家庭服务对象入住养老机构补助实施办法》（京民养老发〔2020〕132号）
9			养老助餐服务	全面实施基本养老服务对象助餐补贴制度。对居家养老基本养老服务对象在养老助餐点购买午餐或晚餐的，每人每天给予5元助餐补贴。助餐补贴在老年人给付就餐费用时自动扣减	各区民政局、财政局、商务局、市场监管局	《关于提升北京市养老助餐服务管理水平的实施意见》（京民养老发〔2022〕69号）
10			驿站基本养老服务	（1）巡视探访服务：提供关怀访视、生活陪伴、心理咨询、不良情绪干预、精神慰藉服务和服务需求调查服务。每周入户探访1次（每次入户探访原则不少于20分钟） （2）个人清洁服务：每月安排免费理发1次 （3）养老顾问服务：提供养老服务政策咨询服务、代缴咨询、供需对接服务，实现基本养老服务对象养老服务困难和需求及时响应 （4）呼叫服务：对老年人紧急情况下的应急呼叫及通过智能设备获取的老年人异常情况第一时间响应；可为行动不便、家中确实无人取餐的基本养老对象家庭提供免费代为取餐服务	各区民政局、发展改革委、财政局、卫生健康委、市场监管局、医保局	《北京市社区养老服务驿站运营扶持办法》（京民养老发〔2021〕154号）
11		关爱服务	意外伤害保险	本市户籍60周岁及以上城乡特困人员、城乡最低生活保障待遇人员及该群体中无赡养人（或赡养人无赡养能力）的独居老年人等，在本市行政区域内发生的意外伤害、附加意外伤害医疗及附加意外住院津贴事故，均在保障范围，包含意外伤害身故、残疾、烧烫伤保险责任，意外伤害医疗保险责任，意外伤害住院津贴保险责任	各区民政局、财政局	《北京市老年人意外伤害保险暂行办法》（京民老龄发〔2012〕415号）

（续表）

序号	服务对象	服务类型	服务项目	服务内容及保障标准	责任主体	政策依据
12	有本市户籍，经乡镇人民政府（街道办事处）审核认定的无劳动能力；无生活来源；无法定赡养、抚养、扶养义务人或者其法定义务人无履行义务能力老年人	物质帮助	基本救助和供养保障	基本生活标准不低于本市最低生活保障标准的 1.5 倍；照料护理标准按照具有生活自理能力、部分丧失生活自理能力、完全丧失生活自理能力分档制定，分别不低于本市当年最低工资标准的 20%、40% 和 60% 给予补贴	各区民政局、发展改革委、农委、卫生健康委、教委、住房城乡建设委、人力资源社会保障局、财政局、统计局	《北京市特困人员救助供养实施办法》（京民社救发〔2017〕24 号）
13		照护服务	集中供养	对需要集中供养的，由民政部门按照便于管理的原则，就近安排到相应的供养服务机构，提供基本生活条件、疾病治疗、办理丧葬事宜等，对生活不能自理的给予照料	各区民政局、发展改革委、农委、卫生健康委、教委、住房城乡建设委、人力资源社会保障局、财政局、统计局	《北京市特困人员救助供养实施办法》（京民社救发〔2017〕24 号）
14			分散供养	对选择在家供养的，由民政部门依照有关规定给予分散供养，提供基本生活条件、疾病治疗、办理丧葬手续事宜等，对生活不能自理的给予照料	各区民政局、发展改革委、农委、卫生健康委、教委、住房城乡建设委、人力资源社会保障局、财政局、统计局	《北京市特困人员救助供养实施办法》（京民社救发〔2017〕24 号）
15	低保老年人	物质帮助	最低生活保障	对获得最低生活保障金后仍有困难的老年人，采取必要措施给予生活保障	各区民政局、财政局等部门	《北京市民政局 北京市财政局关于进一步做好临时救助工作的通知》（京民社救发〔2020〕86 号）
16			困难老年人养老服务补贴	享受低保待遇的老年人（含领取北京市城市居民生活困境补助金的老年人），每人每月给予 300 元补贴	各区民政局、财政局、人力资源社会保障局、卫生健康委、退役军人事务局、医保局、残联	《北京市老年人养老服务补贴津贴管理实施办法》（京民养老发〔2019〕160 号）
17	低收入家庭老年人	物质帮助	困难老年人养老服务补贴	低收入家庭中未享受低保待遇的老年人，每人每月给予 200 元补贴	各区民政局、财政局、人力资源社会保障局、卫生健康委、退役军人事务局、医保局、残联	《北京市老年人养老服务补贴津贴管理实施办法》（京民养老发〔2019〕160 号）

（续表）

序号	服务对象	服务类型	服务项目	服务内容及保障标准	责任主体	政策依据
18	经老年人能力综合评估确定为失能、失智的老年人	物质帮助	失能老年人护理补贴	经能力综合评估为重度失能的老年人，每人每月给予600元补贴	各区民政局、财政局、人力资源社会保障局、卫生健康委、退役军人事务局、医保局、残联	《北京市老年人养老服务补贴津贴管理实施办法》（京民养老发〔2019〕160号）
19		照护服务	家庭养老照护服务	纳入养老家庭照护床位服务对象的重度失能老年人和重度残疾老年人，可纳入基层医疗卫生机构家庭医生签约范畴，享受免费建立健康档案、免费体检、预约转诊、开具长处方等服务；符合家庭病床条件的可申请开设家庭病床，医保定点医疗机构按照家庭病床规定进行管理，提供医疗服务，发生的医疗服务费用纳入医保实时结算；同时给予提供家庭照护床位服务的养老服务机构每月500元运营补贴	各区委社会工委、区民政局、财政局、卫生健康委、医保局、残联	《北京市养老家庭照护床位建设管理办法（试行）》（京民养老发〔2021〕47号）
20	计划生育特殊家庭老年人	物质帮助	计划生育特殊困难家庭扶助	（1）为全市符合条件的独生子女伤残、死亡家庭的老年人发放特别扶助金。2022年7月1日开始，扶助金标准提高到每人每月740、900元，并随经济、社会发展动态调整。特殊困难家庭女方年满55周岁，男方年满60周岁的，所在区人民政府应当给予每人不少于一万元的一次性经济帮助 （2）鼓励所有医疗机构为计划生育特殊困难家庭的老年人设立就医转诊绿色通道。社区卫生服务机构优先签约计划生育特殊困难家庭的老年人，提供家庭医生式服务，免费提供基本公共卫生服务项目	各区卫生健康委、民政局、财政局、人力资源社会保障局、住房城乡建设委	《北京市计划生育特殊困难家庭扶助工作实施细则》（京卫家庭字〔2015〕8号）
21			困难老年人养老服务补贴	属于本市计划生育特殊家庭且不符合低保低收入的，按照每人每月100元给予补贴	各区民政局、财政局、人力资源社会保障局、卫生健康委、退役军人事务局、医保局、残联	《北京市老年人养老服务补贴津贴管理实施办法》（京民养老发〔2019〕160号）

（续表）

序号	服务对象	服务类型	服务项目	服务内容及保障标准	责任主体	政策依据
22	经认定符合条件的残疾老年人	物质帮助	重度残疾人护理补贴	（1）残疾等级为一级的视力、肢体、智力、精神残疾人和残疾等级为二级的智力、精神残疾人中的多重残疾人，每人每月补贴300元 （2）残疾等级为二级的视力、肢体残疾人，残疾等级为二、三级的智力、精神残疾人和残疾等级为一、二级的听力、言语残疾人，每人每月补贴100元 （本服务内容与《北京市老年人养老服务补贴津贴管理实施办法》“失能老年人护理补贴”不重复享受，符合条件的老年人可自主选择申请其中一种）	各区民政局、发展改革委、财政局、人力资源社会保障局、残联	《北京市困难残疾人生活补贴和重度残疾人护理补贴制度实施办法》（京民福发〔2016〕434号）
23			失能老年人护理补贴	残疾等级为一级的视力、肢体、智力、精神残疾老年人，残疾等级为二级的智力、精神残疾老年人中的多重残疾老年人，每人每月给予600元补贴；残疾等级为二级的视力、肢体残疾老年人，残疾等级为二级、三级的智力、精神残疾老年人，每人每月给予400元补贴；残疾等级为一级、二级的听力、言语残疾老年人，每人每月给予200元补贴	各区民政局、财政局、人力资源社会保障局、卫生健康委、退役军人事务局、医保局、残联	《北京市老年人养老服务补贴津贴管理实施办法》（京民养老发〔2019〕160号）
24			困难残疾人生活补贴	（1）享受低保待遇的残疾人中，残疾等级为一级、二级的视力、肢体残疾人和残疾等级为一级、二级、三级的智力、精神残疾人，补贴标准为每人每月400元；残疾等级为三级、四级的视力、肢体残疾人，残疾等级为四级的智力、精神残疾人和残疾等级为一级、二级、三级、四级的听力、言语残疾人，补贴标准为每人每月320元 （2）低收入家庭中未享受低保待遇的残疾人中，残疾等级为一级、二级的视力、肢体残疾人和残疾等级为一级、二级、三级的智力、精神残疾人，参照北京市低保标准按月享受生活补贴；残疾等级为三级、四级的视力、肢体残疾人，残疾等级为四级的智力、精神残疾人和残疾等级为一级、二级、三级、四级的听力、言语残疾人，补贴标准为每人每月300元 （3）属于非低收入家庭且未享受低保待遇，男年满60周岁、女年满55周岁，个人稳定性收入低于北京市低保标准的残疾人中，残疾等级为一级、二级的视力、肢体残疾人和残疾等级为一级、二级、三级的智力、精神残疾人，按月享受个人稳定性收入与北京市低保标准的差额补贴	各区民政局、发展改革委、财政局、人力资源社会保障局、残联	《北京市困难残疾人生活补贴和重度残疾人护理补贴制度实施办法》（京民福发〔2016〕434号）

（续表）

序号	服务对象	服务类型	服务项目	服务内容及保障标准	责任主体	政策依据
25	经认定符合条件的残疾老年人	物质帮助	居家环境无障碍改造	（1）属于城乡特困的，其中：肢体一、二级残疾人（含有“肢体一、二级”的多重残疾人，以下同）居家改造资金在10 000元以内部分，按照居家改造资金的100%享受补贴，超出10 000元部分自行承担；其他类（级）别残疾人，居家改造资金在5 000元（含）以内居家改造资金，按照居家改造资金的100%享受补贴，超出5 000元部分自行承担 （2）享受低保待遇或持有“低收入家庭证明”的，其中：肢体一、二级残疾人，居家改造资金5 000元（含）以内部分，按照居家改造资金的100%享受补贴，超出5 000元且不满10 000元部分，按照居家改造资金的90%享受补贴，超出10 000元部分自行承担；其他类（级）别残疾人，居家改造资金3 000元（含）以内部分，按照居家改造资金的100%享受补贴，超出3 000元且不满5 000元（含）的部分，按照居家改造资金的90%享受补贴，超出5 000元部分自行承担 （3）不属于上述第1、2条范围的，肢体一、二级残疾人，居家改造资金10 000元（含）以内部分，按照居家改造资金的90%享受补贴，超出10 000元部分自行承担；其他类（级）别残疾人，居家改造资金5 000元（含）以内部分，按照居家改造资金的90%享受补贴，超出5 000元部分自行承担	各区残联、财政局	《北京市残疾人居家环境无障碍改造服务管理暂行办法》（京残发〔2020〕15号）
26			残疾人康复服务补贴	（1）申请《基本康复目录》内的服务项目，按对应标准60%予以补贴 （2）享受低保待遇（含享受城市重残人生活补助）或持有“低收入家庭救助证”，申请《基本康复目录》内的康复项目，按对应补贴标准的90%予以补贴	各区残联、财政局、卫生健康委	《北京市残疾人康复服务办法（试行）》（京残发〔2018〕27号）

（续表）

序号	服务对象	服务类型	服务项目	服务内容及保障标准	责任主体	政策依据
27	经认定符合条件的残疾老年人	物质帮助	康复辅助器具购买（租赁）补贴	（1）购买（租赁）相应《补贴目录》内的辅助器具，按所购买（租赁）辅助器具对应补贴标准的50%给予补贴，所购辅助器具价格低于补贴标准50%的，按实际价格给予100%补贴 （2）享受低保待遇（含享受城市重残人生活补助）或持有“低收入家庭救助证”，购买（租赁）相应《补贴目录》内的辅助器具，按所购买（租赁）辅助器具对应补贴标准的100%给予补贴，所购辅助器具价格低于补贴标准的，按实际价格给予100%补贴	各区残联、财政局、卫生健康委	《北京市残疾人辅助器具服务管理办法》（京残发〔2016〕57号）、《〈北京市残疾人辅助器具服务管理办法（试行）〉实施细则》（京残发〔2016〕60号）
28	经认定特殊困难老年人	关爱服务	探访服务	面向独居、空巢、留守、失能、重残、计划生育特殊家庭等老年人提供探访关爱服务	各区民政局、财政局	《中共中央办公厅 国务院办公厅关于推进基本养老服务体系建设的意见》（中办发〔2022〕42号）、《北京市人民政府办公厅印发〈关于完善北京市养老服务体系的实施意见〉的通知》（京政办发〔2023〕25号）
29	对国家和社会作出特殊贡献的老年人	照护服务	集中供养	老年烈士遗属、因公牺牲军人遗属、病故军人遗属和进入老年的残疾军人、复员军人、退伍军人，无法定赡养人、扶养人或法定赡养人、扶养人无赡养能力、扶养能力且享受国家定期抚恤补助待遇，提供集中供养、医疗等保障	各区民政局、卫生健康委、退役军人事务局	《中共中央办公厅 国务院办公厅关于推进基本养老服务体系建设的意见》（中办发〔2022〕42号）
30		关爱服务	意外伤害保险	本市户籍60周岁及以上优抚对象等参保人员，在北京市行政区域内发生的意外伤害、附加意外伤害医疗及附加意外住院津贴事故，均在保障范围内。保障责任含：意外伤害身故、残疾、烧烫伤保险责任，意外伤害医疗保险责任，意外伤害住院津贴保险责任	各区民政局、财政局	《北京市老年人意外伤害保险暂行办法》（京民老龄发〔2012〕415号）

（续表）

序号	服务对象	服务类型	服务项目	服务内容及保障标准	责任主体	政策依据
31	60周岁及以上的京籍老年人和持我市有效居住证的常住外埠老年人	关爱服务	一卡通服务	给老人发放具备多种功能的一卡通	北京市民政局 北京市经济和信息化局、北京市交通委员会 北京市文化和旅游局、北京市园林绿化局 北京市公园管理中心	《关于印发〈北京通—养老助残卡管理办法〉的通知》（京民老龄发〔2018〕418号）
32	符合相关条件的老年人	综合服务	综合规定	建立居家养老巡视探访服务制度；推进适老化宜居环境建设；建立老年人监护服务制度；加强养老大数据服务工作；探索建立家庭护理假制度等32项服务	各相关部门	《关于加强老年人照顾服务完善养老体系的实施意见》（京政办发〔2018〕41号）
33				探索实行“物业服务＋养老服务”，推进居家社区适老化改造；加强老年助餐体系建设；补齐农村养老服务短板；试点建设家庭照护床位，牵头组建街道（乡镇）养老服务联合体；扩大集中式居家养老机构试点	各相关部门	《关于加快推进养老服务发展的实施方案》（京政办发〔2020〕17号）
34				提升老年人健康素养、构建老年健康教育网络、开展疾病早期筛查与干预、落实国家基本公共卫生服务、重视老年人精神和心理健康、完善突发公共卫生事件应急防控机制、构建老年医疗服务网络、加大家庭病床及巡诊服务供给、推进老年友善医疗机构建设、完善康复医疗服务体系建设、大力发展老年护理服务、补齐长期照护短板大力发展社区嵌入式长期照护服务、完善多层次长期照护保障制度、扩大安宁疗护服务供给、完善安宁疗护价格政策	各相关部门	《北京市建立完善老年健康服务体系的实施方案的通知》（京卫老龄〔2020〕13号）
35				在全市社区卫生服务中心规范开展包括老年健康教育、预防保健、疾病诊治、康复护理、长期照护、安宁疗护等老年健康服务	各区卫生健康委、市区两级老年健康和医养结合服务指导中心、各社区卫生服务中心	《关于开展北京市社区老年健康服务规范化建设工作的通知》（北京市卫生健康委员会2021年）、《北京市卫生健康委员会关于印发北京市社区老年健康服务规范（2023年版）的通知》

（续表）

序号	服务对象	服务类型	服务项目	服务内容及保障标准	责任主体	政策依据
36	符合相关条件的老年人	关爱服务	互助服务	构建市、区、街道（乡镇）三级养老服务时间银行管理体系、明确服务主体与服务内容、以非专业性、非家政类且风险可控的服务内容为主，完善养老志愿服务实施流程、规范养老服务时间记录管理、搭建养老服务时间银行信息管理系统。包括情感慰藉、协助服务、出行陪伴、文体活动、健康科普、法律援助、培训讲座、指导防范金融和网络风险、其他服务	各区县民政局、街道（乡镇）居委会、养老志愿服务组织	《北京市养老服务时间银行实施方案（试行）》（京民养老发〔2021〕206号）
37	老旧小区老年人	综合服务	无障碍和适老化改造	老旧小区适老化改造和无障碍环境建设，包括通行无障碍改造、公共空间适老化改造、完善适老化公共服务设施、增加居家养老服务有效供给等方面，具体改造内容分为基础类（必须改造）、完善类和提升类（自愿改造）	市住房城乡建设委、市规划自然资源委、市委社会工委、市民政局、市卫生健康委、市残联、市体育局、各区政府	《关于老旧小区综合整治实施适老化改造和无障碍环境建设的指导意见》（北京市住房和城乡建设委员会2021年）
38	城六区人口密集的老旧小区、新建小区、街巷物业等区域	综合服务	物业服务＋养老服务	试点内容包括支持上门提供居家养老服务（上门入户为其物业服务区域内的经济困难、失能、失智、失独、重度残疾等基本养老服务对象和高龄、独居等老年人提供巡视探访、助洁、助行、助医、助急、家电维修、代买代购等居家养老服务）、支持连锁品牌运营、组建专业化养老服务队伍、发展智慧居家养老服务	各区民政局、住房城乡建设委、财政局、卫生健康委、市场监管局、消防救援支队，各相关试点单位	《关于支持开展“物业服务＋养老服务”试点工作的通知》（京民养老发〔2022〕6号）

（续表）

序号	服务对象	服务类型	服务项目	服务内容及保障标准	责任主体	政策依据
39	诊断明确、病情稳定、并经派出医疗机构评估适合在居家条件下进行检查、治疗、康复、护理以及安宁疗护的患者。重点是有居家医疗服务需求且行动不便的高龄或失能老年人，慢性病、疾病康复期或终末期患者	综合服务	居家医疗服务	（1）诊疗服务：包括健康评估、体格检查、药物治疗、诊疗操作等 （2）检验检查服务：包括血常规、尿常规、便常规、肝肾功能、血生化等常规检验项目的采样送检及心电图、常规B超、血糖监测等床旁检查 （3）医疗护理服务：包括基础护理、专项护理、康复护理、心理护理等 （4）康复治疗服务：包括康复评定、康复治疗、康复指导等 （5）药学服务：包括用药评估、用药教育等。 （6）安宁疗护服务：症状控制、舒适照护、心理支持和人文关怀（包含心理社会评估、医患沟通、帮助患者应对情绪反应、社会支持、死亡教育、哀伤辅导等）等 （7）中医服务：“包括中医辨证论治、中医技术、健康指导等”建议改为“包括中医辨证论治（体质辨识、开具中药处方、调整中药处方）、中医技术、健康指导等”	二级及以下医院、基层医疗卫生机构、医务人员	《关于印发北京市加强老年人居家医疗服务工作实施方案的通知》

表 4.12 天津市居家和社区养老主要服务项目（2023 年）

序号	服务对象	服务类型	服务项目	服务内容及保障标准	责任主体	政策依据
1	达到待遇享受年龄的老年人	物质帮助	职工基本养老保险	为符合条件的参保老年人按时足额发放基本养老金	各区人力资源社会保障局	《中华人民共和国社会保险法》
2			城乡居民基本养老保险	为符合条件的参保老年人发放基础养老金和个人账户养老金	各区人力资源社会保障局	《国务院关于建立统一的城乡居民基本养老保险制度的意见》（国发〔2014〕8 号）
3		照护服务	老年人能力评估	通过政府购买服务等方式，统筹开展老年人能力综合评估	各区县民政局、街道（乡镇）居委会	《天津市“十四五”养老服务体系发展规划和二〇三五年远景目标纲要》（津民发〔2022〕25 号）
4			助浴助洁服务	支持社区助浴点、流动助浴车、入户助浴等多种业态发展，培育一批专业化连锁化助浴机构，鼓励养老服务机构安排护理员入户开展助浴服务	相关部门	
5		关爱服务	养老顾问服务	试点推动“两站合一”（日间照料站、社工站），培训具备资质的工作人员和志愿者，面对面与老年人沟通	日间照料站、社工站	
6			志愿助老	常态化开展“寸草心”“手足情”志愿助老专项行动，实施“时间银行”公益平台行动	社区、志愿服务者	
7			应急服务	协调建立市级和区级养老应急救援指导中心	市民政局	《关于印发天津市进一步推进老龄事业发展和养老服务体系建设具体措施的通知》（津政办发〔2022〕39 号）
8			老年教育	健全“市老年大学一区老年大学一乡镇（街道）老年学校一村（居）民委员会老年教育学习中心”老年教育四级办学体系	市教委、市民政局	
9			就业咨询	为有劳动意愿和劳动能力的低龄老年人免费提供就业政策咨询、就业信息等公共就业服务	市人社局、市委组织部、市委老干部局、市民政局、市总工会	
10			文化活动	在社区健身园、乡镇（街道）健身中心配备老年人健身设施	市文化和旅游局、市体育局、市卫生健康委	
11			助餐服务	每个街道（乡镇）至少开设 1 家一级老人家食堂，每个居（村）委会开设 1 家老人家食堂	各区人民政府，各委、局，各直属单位	《天津市人民政府办公厅印发关于推进老年人助餐服务工作试行办法的通知》（津政办发〔2019〕30 号）

（续表）

序号	服务对象	服务类型	服务项目	服务内容及保障标准	责任主体	政策依据
12	达到待遇享受年龄的老年人	关爱服务	基本公共卫生服务	（1）为老年人提供城乡社区规范健康管理服务，建立健康档案、接受健康体检，健康指导、健康体检表填写完整 （2）为老年人进行健康管理服务和中医药健康服务	市卫生健康委 市财政局 市残联	《国家基本公共卫生服务规范（第三版）》《新划入基本公共卫生服务相关工作规范（2019 年版）》《关于做好天津市 2023 年基本公共卫生服务项目工作的通知》（津卫基层〔2023〕411 号）
13			老年优待服务	60～69 周岁及以上的本市户籍老年人和常住外埠老年人可享受政务服务、卫生保健、交通出行、商业服务、文体休闲、维权服务等 13 项优待政策。70 周岁以上老年人享受游览公园免收门票费等 14 项优待政策	各区民政局、交通委、卫生健康委、公园管理中心等部门	《关于调整我市老年人优待服务政策的意见》（2005 年）
14	特殊困难老年人家庭	物质帮助	居家适老化改造	参照《老年人居家适老化改造项目和老年用品配置推荐清单》执行，清单所列项目分为基础类和可选类。政府对特殊困难老年人家庭适老化改造的基础类项目予以补助。2020 年，市财政按照户均 3 500 元标准，给予各区适老化改造转移支付补助，统筹用于地面、卧室、如厕洗浴设备等基础类改造项目；老年用品配置基础类改造、评估和验收等相关费用由各区统筹预算资金、慈善、基金会赞助等资金解决。2021 年及以后年度，结合改造对象范围、需求、财力等情况，市财政统筹中央补助资金，给予各区适当转移支付补助。每个特殊困难老年人家庭只享受一次适老化改造补贴	市民政局、市财政局、各区民政局、财政局	《关于天津市老年人居家适老化改造实施方案的通知》（津民规〔2020〕8 号）、《关于做好 2021 年度特殊困难老年人家庭居家适老化改造工作的通知》（津民发〔2021〕11 号）

（续表）

序号	服务对象	服务类型	服务项目	服务内容及保障标准	责任主体	政策依据
15	具有本市户籍、享受城市最低生活保障待遇、特困救助和抚恤补助的优抚对象中60周岁以上需要生活照料的老年人；80岁以上独生子女父母、市级劳动模范、失能老人和空巢老人且家庭人均收入低于我市最低工资标准，需要生活照料的老年人	物质帮助	居家养老护理补贴	轻度每人每月100元，护理服务时间5小时 中度每人每月200元，护理服务时间10小时 重度每人每月300元，护理服务时间15小时	各区民政局、财政局、人力资源社会保障局、卫生健康委、退役军人事务局、医保局、残联	《关于明确我市居家养老服务（护理）补贴有关事项的通知》（津民发〔2019〕41号）
16			居家养老服务补贴	轻度每人每月100元 中度每人每月200元 重度每人每月300元		
17	具有天津市户籍的经认定的农村困难老年人	物质帮助	居家养老（护理）补贴	根据补贴对象所需的照料程度确定，按照照料等级评估确定的轻、中、重照料等级，分别给予每人每月200元、400元、600元的居家养老服务（护理）补贴	各有农业的区民政局、区退役军人事务局、区财政局	《关于在农村地区全面施行居家养老服务（护理）补贴的通知》（津民发〔2019〕46号）
18	对国家和社会作出特殊贡献的老年人	照护服务	集中供养	老年烈士遗属、因公牺牲军人遗属、病故军人遗属和进入老年的残疾军人、复员军人、退伍军人，无法定赡养人、扶养人或法定赡养人、扶养人无赡养能力、扶养能力且享受国家定期抚恤补助待遇，提供集中供养、医疗等保障	各区民政局、卫生健康委、退役军人事务局	《中共中央办公厅 国务院办公厅关于推进基本养老服务体系建设的意见》（中办发〔2022〕42号）

（续表）

序号	服务对象	服务类型	服务项目	服务内容及保障标准	责任主体	政策依据
19	失能、高龄、残疾、计划生育特殊家庭、空巢老人	关爱服务	综合规定	（1）家庭医生签约服务重点人群 （2）探访服务	各区卫生健康委、市区两级老年健康和医养结合服务指导中心、各社区卫生服务中心	《关于印发天津市进一步推进老龄事业发展和养老服务体系建设具体措施的通知》（津政办发〔2022〕39 号） 《中共中央办公厅 国务院办公厅关于推进基本养老服务体系建设的意见》（中办发〔2022〕42 号）
20	城乡特困人员	照护服务	集中供养	有集中供养意愿的城乡特困人员全部实现集中供养	市民政局	
21		关爱服务	探访服务	建立居家社区探访制度，特殊困难老年人月探访率达到 100%	市民政局	
22	失能失智老年人	照护服务	喘息服务	（1）失能失智老年人家庭照护者“喘息服务” （2）为失能老年人上门开展健康评估，并对符合条件的失能老年人及其照护者每年提供至少 1 次健康服务	市民政局	
23	本市户籍 80 岁以上的老年人；本市户籍 60 岁以上低保、低收入且照料等级为重度的老年人	物质帮助	助餐补贴	在自愿申请的前提下，每天享受 1 次，限午餐或晚餐；按自然周（周一开始到周日结束）计算，每周不超过 5 次，助餐价格优惠的方式体现，为老年人每发放 1 次助餐补贴，给予老人家食堂 2 元的运营补贴	各区人民政府，各委、局，各直属单位	《关于印发天津市进一步推进老龄事业发展和养老服务体系建设具体措施的通知》（津政办发〔2022〕39 号）、《天津市人民政府办公厅印发关于推进老年人助餐服务工作试行办法的通知》（津政办发〔2019〕30 号）

（续表）

序号	服务对象	服务类型	服务项目	服务内容及保障标准	责任主体	政策依据
24	符合相关条件的老年人	关爱服务	综合服务	（1）“入托”服务。为老年人提供全日集中住宿和照料护理服务的短期托养服务 （2）“入照”服务。为周边老年人提供日间休息、生活照料、推介转送及其他护理服务的社区养老服务 （3）“入户”服务。为本社区或周边老年人提供助浴、助急、助医、助行、助洁等居家养老服务 （4）“嵌餐”服务。具备一级老人家食堂资质和能力，为周边老年人提供就、配、送等助餐服务 （5）“嵌智”服务。依托或建设智能养老服务平台，引入智能穿戴设备，对老年人日常行动状态进行监测、预警和远程照护，提供线上线下相结合的“点菜式”智能养老服务 （6）“嵌康”服务。设置“健康驿站”，为老年人提供健康指导和代取药等医养康养服务 （7）“嵌护”服务。同时具备定点护理机构的资质，为老年人提供长期护理服务 （8）发展家庭养老床位。可开设家庭养老床位进行入户服务。能够开展智能化监测、标准化管理、个性化服务；兼容长期护理保险服务，为照护者提供照护培训、“喘息服务”功能	各相关部门	《关于推进社区嵌入式养老服务机构发展的指导意见》（津民发〔2021〕29 号）、《关于推进社区嵌入式养老服务机构发展的指导意见》（津民发〔2021〕29 号）

表 4.13 河北省居家和社区养老主要服务项目（2023 年）

序号	服务对象	服务类型	服务项目	服务内容及保障标准	责任主体	政策依据
1	达到待遇享受年龄的老年人	物质帮助	职工基本养老保险	为符合条件的参保老年人按时足额发放基本养老金	各区人力资源社会保障局	《中华人民共和国社会保险法》
2			城乡居民基本养老保险	为符合条件的参保老年人发放基础养老金和个人账户养老金	各区人力资源社会保障局	《国务院关于建立统一的城乡居民基本养老保险制度的意见》（国发〔2014〕8 号）
3			高龄老人津贴	设区的市、县（市、区）人民政府按照国家和本省有关规定，并根据本地实际，对 80 周岁以上老年人发放高龄津贴。其中，百岁以上老年人的高龄津贴每人每月不少于 300 元	设区的市、县（市、区）人民政府	《河北省老年人优待办法》（河北省人民政府令〔2014〕7 号）
4		照护服务	老年人能力评估	通过政府购买服务等方式，统筹开展老年人能力综合评估	各区县民政局、街道（乡镇）居委会	《河北省养老服务条例》、《关于加快推进养老服务体系建设的实施意见》（冀政办字〔2019〕48 号）、《河北省加快推进养老服务体系建设三年行动方案（2020—2022 年）》（冀民〔2019〕91 号）、《河北省养老服务体系建设“十四五”规划》、《关于推进老年人助餐服务工作的指导意见》（冀民〔2019〕95 号）、《河北省加强老年人居家医疗服务工作实施方案》（冀卫发〔2021〕2 号）、《关于推进养老助餐服务体系建设的实施意见》（冀民〔2022〕25 号）、《河北省民政厅关于推进农村孝老食堂建设的通知》（冀民〔2023〕40 号）、《加快建设京畿福地、老有颐养的乐享河北行动方案（2023—2027 年）》、《河北省人民政府关于印发〈河北省人口发展规划（2018—2035 年）〉的通知》
5			医疗照护	推进基层医疗卫生机构和医务人员与老年人家庭建立签约服务关系，为老年人提供健康体检、家庭病床、医疗康复和护理等医疗卫生服务，提升中医保健、体检体测、体育健身等健康管理水平	各相关部门	
6		关爱服务	生活照料	为老年人提供生活照料、餐饮配送、保洁、助浴、辅助出行等家政服务，推进社区嵌入式养老服务机构建设，将失能老年人家庭成员照护培训纳入政府购买养老服务目录，组织开展养老照护、应急救护技能培训，支持物业服务企业开展老年供餐、定期巡访等养老服务；打造社区、社会组织、社工联动机制，支持志愿养老服务，探索互助养老服务和“学生社区志愿服务计学分”“时间银行”等做法。2020 年以市为单位，选择条件合适的县（市）、区各 1 个，开展养老助餐服务。到 2023 年底，力争在全省 50% 以上的乡镇建设一批各具特色的孝老食堂（约 1 000 个），到 2025 年底，80% 以上的乡镇建有农村孝老食堂，服务覆盖 60% 以上行政村	照料站、社工站	
7			精神关怀	为老年人提供关怀访视、生活陪伴、心理咨询、情绪疏解、危机干预、临终关怀等精神慰藉服务	各相关部门	
8			应急服务	为老年人提供防诈骗宣传、安全指导、紧急救援服务	各相关部门	
9			法律服务	为老年人提供纠纷调解、法律咨询和法律服务	各相关部门	
10			文体活动	为老年人组织开展有益于身心健康的文化娱乐、体育健身、休闲养生等活动	各相关部门	
11			无障碍改造	提升社区适老化水平，推动公共场所适老化	各相关部门	
12			老年教育	到 2025 年全省县级以上城市至少各建有 1 所老年大学，到 2027 年全省 50% 以上的乡镇（街道）至少各建有 1 所老年大学分校（老年学校）	各相关部门	

（续表）

序号	服务对象	服务类型	服务项目	服务内容及保障标准	责任主体	政策依据
13	达到待遇享受年龄的老年人	关爱服务	基本公共卫生服务	（1）为老年人提供城乡社区规范健康管理服务，建立健康档案、接受健康体检，健康指导、健康体检表填写完整 （2）为老年人进行健康管理服务和中医药健康服务	市卫生健康委 市财政局 市残联	《国家基本公共卫生服务规范（第三版）》《新划入基本公共卫生服务相关工作规范（2019年版）》《健康河北建设行动方案（2023—2027年）》（冀卫发〔2023〕5号）
14			老年优待服务	在政务服务、医疗服务、城市公共交通、文化娱乐设施、法律援助等方面提供老年优待	各区民政局、交通委、卫生健康委、公园管理中心等部门	《河北省老年人权益保障条例》（2018年）
15	60周岁以上农村老年人	照护服务	互助服务	60周岁以上、生活能够自理、有入住意愿的农村老年人可以申请入住农村幸福院，散居特困人员、低保户、计生特殊家庭、空巢独居老人优先	各市（含定州、辛集市）民政局、雄安新区管委会公共服务局	《河北省农村互助养老幸福院管理办法（试行）》（冀民规〔2018〕1号）
16	农村留守老年人	关爱服务	定期探访	建立留守老年人信息台账，建立农村留守老年人定期探访制度	各市（含定州、辛集市）民政局、公安局、司法局、财政局、人力资源和社会保障局、文广新局、卫生计生委、扶贫开办、老龄办	《河北省加强农村留守老年人关爱服务工作实施方案》（冀民〔2018〕84号）、《转发民政部办公厅〈关于进一步做好贫困地区农村留守老年人关爱服务工作的通知〉》（冀民办〔2019〕51号）
17			救助服务	对独居、失能、贫困、高龄等特殊困难留守老年人要随时跟踪掌握情况并及时实施关爱救助，发现留守老年人外出流浪乞讨、遭受非法侵害、发生危重病情、患有严重精神疾病、面临重大困境等情况时，要及时向村（居）委会、乡（镇）人民政府或民政部门报告，紧急处置后，由乡镇人民政府依据有关要求和分工实施关爱救助。一般对象应至少每月巡访一次，重点对象适当缩短巡访时间间隔。有针对性地提供生活照料、精神慰藉、安全监护、权益维护等基本服务		
18	失能老年人	照护服务	综合服务	深化敬老月活动，继续放宽老年人申请法律援助的经济困难标准。加大推进医养结合力度，鼓励有条件的医院为社区失能老年人提供巡回医疗、上门诊疗或设立家庭病床等服务	各相关部门	《河北省人民政府办公厅关于老年人照顾服务项目的实施意见》（冀政办字〔2018〕15号）

（续表）

序号	服务对象	服务类型	服务项目	服务内容及保障标准	责任主体	政策依据
19	困难残疾老年人、重度残疾老年人	物质帮助	资金补贴	困难残疾人生活补贴制度和重度残疾人护理补贴制度，建立与经济社会发展相适应的补贴标准动态调整机制。有条件的地方对残疾人基本型康复辅助器具配置和家庭无障碍改造给予补贴	各相关部门	《河北省人民政府关于印发〈河北省人口发展规划（2018—2035年）〉的通知》
20	特困老年人	照护服务	护理床位建设	重点支持特困人员供养服务设施（敬老院）建设，改造升级护理型床位，开辟失能老年人照护单元	各相关部门	《2019年养老院服务质量建设专项行动实施方案》（冀民〔2019〕39号）
21		物质帮助	基本生活标准和护理标准	从2017年1月1日起，特困人员基本生活标准原则上不低于当地低保标准的1.3倍。部分或完全丧失生活自理能力的特困人员月照料护理标准，以不低于所在设区市、县（市、区）月最低工资标准的10%确定	各相关部门	《关于调整特困人员救助供养指导标准的意见》（冀民〔2016〕106号）
22	农村贫困失能半失能人员	照护服务	各种照护服务	按照农村贫困失能半失能人员个人意愿，分类落实家庭照护、邻里照护、集中照护、社会服务等照护服务	省民政厅、扶贫开发办公室、财政厅	《河北省农村贫困失能半失能人员照护服务工作方案》（冀民〔2020〕88号）、《关于开展特殊困难老年人探访关爱服务实施方案的通知》（冀民〔2023〕14号）
23		物质帮助	经费支持	及时足额支付失能半失能特困供养人员照护费用，依规落实特困人员供养服务机构（敬老院）正常运维经费。全面落实农村低保、临时救助等救助帮扶政策	省财政厅、省卫生健康委，各市、县政府	
24		关爱服务	定期探访	全面落实定期探访制度，也包括其他特殊困难老年人	省扶贫办、省医疗保障局、省残联，各市、县政府	
25	达到法定退休年龄但尚未按月领取基本养老金的求职老年人	物质帮助	培训补贴和生活费补贴	对确有就业能力和培训需求，达到法定退休年龄但尚未按月领取基本养老金的，按规定纳入职业培训补贴和生活费补贴范围	各相关部门	《关于推动老有所为同老有所养相结合的指导意见（试行）》（冀民〔2021〕76号）
26	特殊困难老年人家庭	物质帮助	居家适老化改造	采取政府补贴等方式，对纳入分散特困供养的失能、高龄、残疾老年人家庭，实施居家适老化改造。2023年支持4万户特殊困难老年人家庭进行居家适老化改造	省民政厅、省财政厅、省残联按职责分工负责	《加快建设京畿福地、老有颐养的乐享河北行动方案（2023—2027年）》《河北省2023年民生工程实施方案》

（续表）

序号	服务对象	服务类型	服务项目	服务内容及保障标准	责任主体	政策依据
27	困难残疾人生活补贴对象为具有河北省户籍，最低生活保障家庭中持有第二代《中华人民共和国残疾人证》（以下简称残疾人证）的残疾人。有条件的地方可逐步扩大到低收入残疾人及其他困难残疾人。重度残疾人护理补贴对象为具有河北省户籍，持有第二代残疾人证，残疾等级被评定为一级、二级且需要长期照护的残疾人	物质帮助	困难残疾人生活补贴 重度残疾人护理补贴	（1）困难残疾人生活补贴。符合条件的困难残疾人按照每人每月不低于55元的标准发放生活补贴。 （2）重度残疾人护理补贴。符合重度残疾人护理补贴对象条件的，按照每人每月不低于50元的标准发放护理补贴。护理补贴覆盖范围可向三、四级智力、精神残疾人或其他残疾人延伸	各相关部门	《关于全面建立困难残疾人生活补贴和重度 残疾人护理补贴制度的实施意见》（冀政字〔2015〕74号）、《关于进一步完善困难残疾人生活补贴和重度残疾人护理补贴制度的实施意见》（冀民〔2021〕87号）
28	对国家和社会作出特殊贡献的老年人	照护服务	集中供养	老年烈士遗属、因公牺牲军人遗属、病故军人遗属和进入老年的残疾军人、复员军人、退伍军人，无法定赡养人、扶养人或法定赡养人、扶养人无赡养能力、扶养能力且享受国家定期抚恤补助待遇，提供集中供养、医疗等保障	各区民政局、卫生健康委、退役军人事务局	《中共中央办公厅 国务院办公厅关于推进基本养老服务体系建设的意见》（中办发〔2022〕42号）

经过资料整理发现，北京市养老服务内容主要包括：居家养老巡视探访服务、养老助餐服务、适老化改造服务、老年人监护服务、养老大数据信息服务、家庭护理假、康复护理服务、养老服务时间银行管理、家庭照护床位服务、驿站基本服务（针对一般老年人，驿站基本服务包括健康检测、方便服务、解难服务、文化娱乐、基本公共卫生服务；针对特困老年人，驿站基本养老服务包括：巡视探访服务、个人清洁服务、养老顾问服务、呼叫服务、养老家庭照护服务、意外伤害保险、居家无障碍改造等）。

天津市养老服务内容主要包括：老年供餐、定期巡访居家探访、适老化改造、“喘息服务”、助浴助洁服务等。

河北省养老服务内容主要包括：巡回医疗、上门诊疗或设立家庭病床、特殊老人居家适老化改造、时间银行、医养结合、老年供餐、定期探访等，社区日间照料机构提供的服务项目包括生活照料、助餐服务、文化娱乐、健康指导、心理慰藉、上门服务、全日托养等。

在养老服务提供项目上，相较于北京市和天津市，河北省服务项目整体比较齐全，说明河北省在京津冀养老服务协同发展中具有承担“京畿福地 乐享河北”政策的基础准备和角色担当，能够为京津老人提供较为健全的系列养老服务。但由于财政实力掣肘，目前也还缺乏明确的老年人助餐补贴、残疾人康复服务补贴等物质帮助项目以及“喘息服务”等正式照护项目。

在养老服务对象划分上，对照国家基本养老服务清单，河北省对特殊老年人的种类还有待进一步厘清，以能将各种特殊老年人与其能享受的各种特殊服务项目更好地匹配起来。

五、监督管理

在养老服务监督管理方面，京津冀三地近年相关政策规定如表 4.14 所示。

表 4.14 近年京津冀养老服务监督管理相关政策列表

	政策文件	主要内容
北京市	《北京市养老服务机构监管办法（试行）》（京民福发〔2018〕412号）	强调加强对养老服务机构的监督管理
	《北京市社区养老服务驿站服务质量星级评定管理办法（试行）》（京民养老发〔2022〕249 号）	通过逐步规范养老服务驿站服务质量星级评定工作，监管促进养老服务质量
	《北京市养老服务质量和安全重点监测点实施办法》（京民养老发〔2023〕247 号）	将问题多发频发、服务管理风险隐患突出、投诉举报集中的养老服务机构，有针对性地设置为重点监管对象，加强常态化监管的工作机制

（续表）

	政策文件	主要内容
天津市	《关于加强我市养老服务评估工作的意见》（津民发〔2018〕52号）	市区两级民政部门分别建立养老服务工作评估机制，通过政府购买服务方式，向依法登记的养老服务评估组织购买评估服务
	《关于进一步加强养老机构监管工作的通知》（津民规〔2020〕7号）	完善养老机构备案审查，及时查处养老机构违规问题，加强养老机构备案管理，要求主动公开养老机构信息，推动养老机构服务信息公开，拓宽养老机构监督渠道，妥善应对舆论监督，建立区域性养老机构综合监管制度，建立养老机构联合巡查制度
	《关于建立健全天津市养老服务综合监管制度促进养老服务高质量发展的实施意见》（津民发〔2021〕10号）	明确重点监管内容、落实监管责任、完善监管制度体系、落实监管保障措施
河北省	《2019年养老院服务质量建设专项行动实施方案》（冀民〔2019〕39号）	全面加强养老机构综合监管
	《养老服务领域非法集资风险专项排查整治工作方案》（冀民〔2020〕96号）	明确养老服务领域非法集资风险专项排查对象、排查内容、实施步骤和工作要求
	《关于建立健全养老服务综合监管制度 促进养老服务高质量发展若干措施的通知》（冀政办字〔2021〕25号）	突出监管重点，强化全程监管，2021年前，建立养老服务机构备案信用承诺制度，加强质量安全监管，加强从业人员监管，加强涉及资金监管，加强运营秩序监管，加强应急处置监管，加强服务退出监管，强化政府主导责任，压实机构主体责任，发挥行业自律作用，营造社会监督环境，推行“互联网＋监管”等。从政府、机构、行业、社会等4个方面，构建政府主导、机构自治、行业自律、社会监督“四位一体”的齐抓共管、整体推进监管格局

由表4.14可知，在监督管理方面，京津冀三地都专门出台了有关加强监督管理的政策，除此之外，在其他相关文件中也附有专项监督条款。监管机构以民政部门为主体，卫生健康委员会、住房和城乡建设委员会、银行保险监管委员等多部门参与，监管措施上，推行“互联网＋监管”等综合监管措施，制度制定较为全面，但在实践中，需要注意执行和落实。

第五章　京津冀协同发展下河北省居家和社区养老服务政策实践分析

自2000年以来，京津冀针对养老服务制定和颁布了诸多政策文件，但政策实施后具体情况如何？是否能有效解决居家和社区养老服务现实问题？政策制度的生命在于执行落实。为此，还需要了解和分析居家和社区养老服务政策实践问题，如养老服务供需状况、居民满意度等问题。

在京津冀养老服务协同发展战略背景下，河北省应充分认识到协同过程中存在的潜在机遇，充分发掘和发挥自己的优势，取长补短，居安思危，探索出一条具有河北省特色的可持续发展道路。为此，一是需要对河北省居家社区养老服务业在京津冀养老服务协同发展背景下进行环境态势分析，二是需要对京津居家和社区养老服务供需状况及满意度进行了解。

由于京津冀居家和社区养老服务供给在本书第三章已作阐述，故本章不再赘述，本章主要包括河北省居家和社区养老服务的SWOT分析、京津冀居家和社区养老服务需求分析、满意度分析、供需适配性分析。另外，针对居家和社区养老服务中的相关专项服务如老年助餐、长期护理保险、时间银行等项目进行了专项调研。

第一节　京津冀协同发展下河北省居家和社区养老服务实践环境态势分析

河北省发展居家和社区养老服务，需要明确实践环境态势，本书通过SWOT分析法来进行分析。SWOT分析法是指根据组织内外部各种资源和条件，确定组织的相对优势（strengths）、相对劣势（weaknesses）、面临的机会（opportunities）和威胁

（threats），从而为组织发展提供决策依据。

一、相对优势

（一）人力资源丰富

根据2022年的数据，从总量上看，河北省人口总量居全国第六位，人口绝对数量是北京市的3.4倍，是天津市的5.4倍，在京津冀总人口中占比67.66%；在城镇人口方面，河北省是北京市的2.39倍，是天津市的3.94倍；在就业人口方面，河北省就业人员为3 580万人，占京津冀就业人口的67.13%。（见表5.1）可见，河北省具有相对充足的人力资源总基础。

表5.1 京津冀三地人口数量（2022年）①

	北京市	天津市	河北省
人口总量／万人	2 184	1 363	7 420
城镇人口／万人	1 912	1 160	4 574
就业人口／万人	1 132	621	3 580

大中专学生是人力资源的重要后备来源和力量，大中专毕业生拥有扎实的专业知识，学习能力强，年轻、富有活力，可以将其中有志于从事养老或康养事业的学生培养成为优秀的养老服务人员或管理人员。2022年，河北省在普通、职业本专科以及中等职业教育的招生数、在校生数和毕业生数等方面在京津冀地区中均居首位，远远超过北京市和天津市（见表5.2），截至2022年，河北省普通高等学校毕业生近五年毕业人数稳定在36.4万人，中等职业学校毕业生近五年稳定在24万人，可见，河北省能为本省乃至京津冀地区康养事业提供相对充裕的中高端人才储备基础。

表5.2 京津冀三地普通、职业本专科学生、中等职业教育情况表（2022年）②

	北京市	天津市	河北省
普通、职业本专科招生数／人	162 631	161 448	502 184
普通、职业本专科在校生数／人	626 590	594 505	1 773 693
普通、职业本专科毕业生数／人	158 466	155 972	488 044
中等职业教育招生数／人	19 571	27 386	326 559
中等职业教育在校生数／人	54 596	82 867	922 712
中等职业教育毕业生数／人	12 515	24 853	287 782

① 数据来源：《中国统计年鉴（2023）》。
② 数据来源：《中国统计年鉴（2023）》。

（二）区域地理位置独特

从地理位置关系上讲，河北省环抱首都北京，东与天津市毗连并紧傍渤海，东南部、南部衔山东、河南两省，西倚太行山，与山西省为邻，西北部、北部与内蒙古自治区交界，东北部与辽宁省接壤。京津冀三地交通便利，河北省具有承接京津发展溢出效应的得天独厚的地理条件，同时，又与山东省、河南省、山西省等地接壤，具有加强合作交流的可能与机会。独特的地理位置，决定了河北省成为与京津协同合作、承接其养老服务需求的最佳可能。

（三）自然和人文景观优美

河北省地处华北平原，东临渤海，内环京津，西为太行山，北为燕山，是中国唯一兼有高原、山地、丘陵、盆地、平原、草原和海滨的省份，属温带季风气候。另外，河北省植被覆盖率较高，其中园地占地面积是 83.23 万公顷，林地占地面积是 459.64 万公顷，牧草地占地面积是 40.10 万公顷。河北省位于环渤海核心地带，海洋区位条件独特，现有 3 个沿海市和 11 个沿海县（市、区）、7 个经济开发区。全省大陆海岸线长 487 千米，管辖海域 7 200 多平方千米，分别约占全国的 3% 和 2%。[①] 河北省海岸线类型齐全，风景优美，海洋资源丰富，人文景观独特，拥有丰富独特的海洋旅游资源，可以吸纳广大游客。

河北省自然资源丰富、自然景观优美、人文景观独特，可以结合不同地区的环境优势打造出不同类型风格特点的养老特色地点。

（四）养老综合成本低

相对于北京市和天津市两个直辖市地区，河北省人口密度低，商品房单价低，员工工资低，这会使得河北省的养老综合成本相对较低（见表 5.3），而且河北省日间照料服务设施已达到全覆盖。[②] 在河北省养老，可以达到“离家近，品质高，成本低”的效果。

表 5.3 京津冀三地商品房平均销售价格及居民工资收入对比（2022 年）[③]

	北京市	天津市	河北省
商品房平均销售价格 /（元 / 平方米）	38 240	15 572	8 021
居民人均工资性收入 / 元	47 758.0	31 026.1	18 129.6
城镇居民人均工资性收入 / 元	51 294.5	34 001.8	25 389.8

① 河北省海域资源概况 . 河北省自然资源厅官网 [EB/OL].（2018-11-08）[2023-12-17].https://zrzy.hebei.gov.cn/heb/gongk/gkml/tjxx/zygk/hygk/101508764140678.html.

② 赵泽众 . 河北实现城镇社区日间照料机构全覆盖 [N]. 河北日报，2022-08-14（1）.

③ 数据来源：《中国统计年鉴（2023）》。

二、相对劣势

（一）经济实力弱

养老服务事业属于民生保障公共服务事业，很多方面离不开财政扶持，而财政扶持力度直接受经济实力的影响。相对于北京市和天津市，在京津冀总量中，河北省在地区生产总值占比（42.25%）、一般公共预算收入占比（34.92%）等方面都不足以与人口数量占比（67.66%）相匹配，这就说明河北省人均地区生产总值少，远远落后于京津地区，经济实力弱。经济实力弱一方面会进一步制约公共财政预算支出，从而容易使得养老服务等公共事业财政扶持受到制约和影响，另一方面还会导致居民低水平工资收入，这会加重京津地区的人才“虹吸”效应。

表 5.4 京津冀地区生产总值、一般公共预算收入对比（2022 年）①

	北京市	天津市	河北省	河北省占比
地区生产总值 / 亿元	41 610.9	16 311.3	42 370.4	42.25%
一般公共预算收入 / 亿元	5 714.36	1 846.69	4 056.30	34.92%

（二）农村人口数量多

农村地区由于居民居住分散，基础设施难以做到集约低成本大规模建设，再加上大多数年轻人进城打工，导致农村地区空巢老人偏多，农村居民收入水平低，所以农村地区养老压力比城镇地区更大更难缓解。在京津冀地区中，河北省的农村居民绝对数量和相对数量都是最高的（见表 5.5），这就使得本不富裕的河北省在承担养老服务财政支出中压力更大。

表 5.5 京津冀农村人口数量及收入水平对比（2022 年）②

	北京市	天津市	河北省
乡村人口数量 / 万人	271	203	2 846
乡村人口占比 /%	12.43	14.89	38.35
农村居民人均可支配收入 / 元	34 753.8	29 017.8	19 364.2

（三）科技力量薄弱

养老服务尤其是护理服务方面，既需要人力也需要科技融入，智慧养老能逐步将人从繁重的养老照护中解放出来，能使老人得到更好的养老体验。在经济发展中，科技创新也是非常重要的推动力量。截至 2022 年底，河北省在规模以上工业企业新产品

① 数据来源：《中国统计年鉴（2023）》。
② 数据来源：《中国统计年鉴（2023）》。

开发经费支出、新产品销售收入、R & D 人员全时当量、有效发明专利数等系列指标上，相对于人口基数的倍数关系均不占优势（见表 5.6），河北省在科技创新数量、效率、质量等方面都有待加强，这会使得河北省经济持续快速增长潜在乏力，在智慧养老等养老产业赛道上居于劣势地位。

表 5.6 京津冀科技创新相关指标对比（2022 年）[①]

	北京市	天津市	河北省
规模以上工业企业新产品开发经费支出 / 万元	6 503 315	3 173 750	8 594 266
规模以上工业企业新产品销售收入 / 万元	56 037 315	48 684 233	94 746 340
R & D 人员全时当量 / 人年	53 459	51 110	111 333
有效发明专利数 / 件	77 167	28 517	38 203
三种专利授权数 / 件	202 722	71 545	115 314
技术市场成交额 / 万元	79 475 111	16 508 667	10 038 253
产品质量合格率 /%	96.87	95.46	92.49

三、面临的机会

（一）京津冀协同发展的国家战略支持

自京津冀区域协同发展国家战略确立后，河北省与京津的合作和沟通就得到了进一步重视和强化，在养老服务领域的协同发展也更顺理成章。在京津冀协同发展历史机遇下，雄安新区得到设立，京津冀针对养老服务颁布了系列支持政策，签订了系列框架合作协议。在此过程中，河北省可以“走出去、引进来”，可以将人力资源、特色养老服务输出到京津及其他地区，也可以将京津及其他地区老人吸引到河北省养老。

（二）养老服务需求不断增长

京津冀三地人口老龄化程度都高于全国平均水平，而且在不断加深，这就表明，三地养老服务需求会越来越强劲，尤其是居家社区养老缺口巨大，可作为空间很大。据预测，从 2014 年到 2050 年间，中国老年人口的消费潜力将从 4 万亿元左右增长到 106 万亿元左右，[②]河北省在分清政府与市场社会各自职责分工基础上，抓住京津冀主要养老需求及未被满足的需求、满意度不高的服务项目，可以转老龄化的“危”为养老产业的“机”，变老龄“夕阳”为经济“朝阳”。

① 数据来源：《中国统计年鉴（2023）》。

② 陈郁 .2050 年我国老年人口消费潜力将达 106 万亿元左右 [EB/OL].（2014-12-03）[2023-12-17]. http://politics.people.com.cn/n/2014/1203/c70731-26137323.html.

（三）产业就业结构转型

目前，相比京津两地，河北省三次产业就业人员比例中，第一产业就业比例过大，第三产业就业比例过小（见表 5.7），而且相比 2021 年，还有所下降，需要进行结构调整，并提高整体就业率；而养老服务业，目前需要大量人力资源投入，提供了吸纳就业人口、调整产业就业结构的机会。

表 5.7 京津冀产业结构、就业结构对比（2022 年）①

	北京市	天津市	河北省
第一产业就业人数占比 /%	2.21	5.31	22.91
第三产业就业人数占比 /%	81.36	60.23	45.78

（四）养老产业处于探索开拓阶段

目前我国养老产业发展前景广阔，将会成为未来我国经济的一个重要增长点。据中国老龄科学研究中心提供的数据显示，自 2013 年以来，国家引入养老产业领域资本总量超过了 2 000 亿元，美国 IDG 资本、红杉资本联合国内的投资基金云峰基金以及其他企业已进行了相关投资布局，② 目前我国养老产业仍属于新兴朝阳产业，整体处于探索开拓阶段，还有大量机会等待发掘。

四、面临的威胁

（一）传统养老观念局限

传统养老观念，一是抱着养儿防老的观念，认为养老是子女应尽的义务，是家庭成员内部的事情，养老护理必须由子女来完成才算子女尽孝了，认识不到社会养老的作用。这样一方面会造成子女分身乏术，身心俱疲，养老压力巨大；另一方面会使得社会养老服务难以开展。二是固守在家养老的观念，即便有条件合适的本地或外地养老院或养老社区，也不想离开家，怕适应不了新的养老环境。目前京津不少老人正是因为固守在家养老的观念而放弃到河北省养老，但这也彰显了发展居家和社区养老的重要性。三是部分老年人秉承能省就省的节俭养老观念，觉得接受一些付费养老服务不划算或承受不起，这也导致目前不少社会养老服务项目除去财政扶持后难以盈利，无法实现可持续发展。

① 根据《中国统计年鉴（2023）》计算得出。

② 前瞻产业研究院 . 养老产业成资本蓝海市场行业繁荣背后乱象丛生 [EB/OL].（2016-07-21）[2023-12-17].https://bg.qianzhan.com/report/detail/458/160721-08520a7a.html.

（二）环境污染阻碍

河北省第二产业比重较高，在发展过程中疏于环境保护，导致环境质量下降，尤其是雾霾污染严重，空气质量低下，这对于养老服务业来说是较大的威胁因素。河北省近年不断加大环境整治力度，对环境污染问题严加监控，关闭了许多不设置废气废物净化处理的工厂，环境问题逐步得到控制，雾霾现象有所减少。

（三）气候条件限制

京津冀地处华北地区，到了冬季气候相对寒冷，很多老人由于有一些基础疾病，认为自己到秋冬季更适合到南方进行“候鸟”型养老，这样一来，就会影响到河北省进行养老的老年客流。

（四）外部竞争力量制衡

目前，布局养老产业的市场机构和资本逐步增加，相互之间既有合作，也存在激烈竞争。在服务的性价比、满足不同老人的不同需求以及成本控制上谁做得更好，谁就会有更大的发展潜力，河北省养老服务企业要想在服务好本地老人的基础上走出去，还需要学习先进技术，不断创新，提升实力，形成品牌效应。

综上，河北省居家和社区养老服务应充分发挥人力资源丰富、养老服务性价比高的有利条件，深入了解京津冀老年人居家养老服务需求和满意度，搞好养老服务供需适配，形成品牌口碑效应，吸引京津及其他省份老人入冀养老，或将居家和社区养老服务输出扩展到京津，与京津互利共赢，共建共享，促进京津冀养老服务协同发展。

第二节　调查问卷设计及调研基本情况

一、问卷设计

要想开展好居家和社区养老服务，需要掌握老年人的服务需求以做到有的放矢，了解老年人对相关服务项目的满意度情况以利于改进工作，掌握居家和社区养老服务供需适配性状况以利于分析问题完善工作。故调研问卷内容包括四部分内容。第一部分为老年人基本情况模块，包括居住区域、年龄、性别、居住地、是否单独居住、照顾来源、文化程度、身体状况、收入来源、收入水平、对居家养老的认知。第二部分为居家和社区养老服务需求调研模块，按照第二章所述，将老年人的养老服务需求分为生活照料类服务需求、医疗卫生类服务需求、紧急救援类服务需求、情感慰藉类服务需求、文娱休闲类服务需求。再结合京津冀政策文件中的具体服务内容阐述及相关文献资料，①②③确定各类服务需求具体项目，如表 5.8 所示。需求等级划分为完全不需要、不太需要、一般、比较需要、非常需要 5 个等级，从低到高分别赋值为 1 ～ 5 分，其中生活照料类服务需求、医疗卫生类服务需求、紧急救援类服务需求、情感慰藉类服务需求、文娱休闲类服务需求分值分别为 30 分、20 分、20 分、20 分、20 分，总分 110 分。第三部分为对居家和社区养老服务各个项目的满意程度调研模块，在调研对象选择对所评价项目熟悉或接受过相关服务后，再进行满意度评价。满意度分为非常不满意、不太满意、一般、比较满意、非常满意 5 个等级，从低到高分别赋值为 1 ～ 5 分。第四部分为居家和社区养老服务供需适配性调研模块（具体见本章第四节）。评价量表采用李克特五级评分形式，分别记为 1、2、3、4、5 分，调研问卷详见附录 A。

表 5.8 各类服务需求项目

服务类型	具体项目
生活照料类	配餐助餐、保洁家政、助浴、日间托养、辅助出行（陪诊、散步）、适老化改造
医疗卫生类	健康体检、家庭病床、医疗康复器具租赁、康复护理
情感慰藉类	居家探访、节日慰问、心理咨询、临终关怀
紧急救援类	安全宣传、法律咨询、紧急呼叫及救援、用水用电智能监测
文娱休闲类	文化娱乐、体育健身、休闲养生、老年教育

针对养老服务需求模块，拟通过统计分析了解京津冀三地居家和社区养老服务需求状况及主要影响因素；针对满意度模块，只有自己或亲属接受过相应服务的居家老人才可以进行量表评价，故拟通过模糊综合评价法来了解京津冀三地居家和社区养老服务满意度情况；针对供需适配模块，通过验证性因子分析揭示影响居家和社区养老服务供需适配的相关因素，相关统计分析过程通过 SPSS 24.0 和 SMARTPLS 4 软件来实现。

二、预调研

在正式调研之前，先进行预调研，预调研对象为京津冀三地居家老人，采用判断

① 刘银晴，陈紫娟，李玲 . 城市社区老年人居家养老服务需求及影响因素研究 [J]. 中国老年保健医学，2023（4）：99-104.

② 邓传瑶，侯利莎，刘爽，等 . 成都市社区高龄老人居家养老服务现况及其影响因素 [J]. 实用老年医学，2023（6）：555-559.

③ 董睿 . 城市居家养老服务供需适配研究 [D]. 西安：西安建筑科技大学，2023.

抽样法，共抽取180名居家老人进行预调研，以检验问卷的设计质量。180名老人中，京津冀各60名。其中，男性78人，女性102人；居住在城郊区22人，农村55人，城区103人；44人独居。样本基本符合居家老人常态分布。

（一）信度检验

信度分析指的是测量问卷结果的可信程度，即测量结果的一致性或稳定性，常用指标为克朗巴哈系数（Cronbach's α）。$\alpha > 0.7$，表明信度较好，问卷具有使用价值，其值越大，信度越好，问卷的内在一致性越高，问卷结果可信度越优。需求模块信度系数为0.953，供需适配性模块信度系数为0.997，问卷整体信度系数为0.993，表明问卷内在一致性较高。

（二）效度检验

效度是指测量的有效度或准确度，即测量工具能准确地度量所测变量的程度，对于量表，就是检测量表指标是否能够准确反映研究目的与要求。本书采用探索性因子分析方法对问卷的结构效度进行检测，结果显示，问卷中需求模块的KMO值为0.925，显著性水平sig.为0.000，小于0.05；供需适配性模块的KMO值为0.944，显著性水平sig.为0.000，小于0.05；问卷整体KMO值为0.931，显著性水平sig.为0.000，小于0.05，表明问卷具有一定的效度。

综上可见，问卷所有题项均可保留用于正式调研。

三、正式调研

正式调研于2023年10—12月间进行，采用判断抽样和滚雪球抽样法，年龄较大的老人由其子女或亲属代为填写问卷，共收集问卷386份，其中无效问卷20份，加上预调研阶段收集问卷180份，有效问卷共546份。

（一）信效度检验

正式回收问卷中，需求模块信度系数为0.962，供需适配性模块信度系数为0.996，问卷整体信度系数为0.993。问卷中需求模块的KMO值为0.953，显著性水平sig.为0.000，小于0.05；供需适配性模块的KMO值为0.986，显著性水平sig.为0.000，小于0.05；问卷整体KMO值为0.982，显著性水平sig.为0.000，小于0.05。以上表明，正式调研所获得的数据质量较好，可用于后续相关统计分析。

（二）调研样本基本情况

正式调研中，调研对象个体基本情况如表5.9所示。由此表可见，样本分布比较均匀，具有较好代表性，但也还存在调研对象年龄结构稍偏小（50～59岁年龄段占50.73%）、对居家和社区养老服务不了解的人数占比（37.18%）稍高的瑕疵。对于调研对象年龄结构稍偏小的情况，恰可认为其养老服务需求具有较强趋势预测性，从而有利于养老服务业的发展；对于不了解居家和社区养老服务的人数占比较高情况，从侧面说明目前居家和社区养老服务需加大宣传，扩大覆盖面。调研结果显示，能自理的老人比例为95.79%，参考2020年我国老年人失能率总计失能率水平（2.34%）[①]可以得知，本次调研对象中的失能率（4.21%）稍高于全国平均水平，这一方面说明京津冀人口老龄化水平高于全国平均水平，另一方面也说明本次调研对象分布符合常态。

表5.9 调研对象个体基本情况

题项	具体选项	人数	占比
题项1：您的居住地属于？	北京市	158	28.94%
	天津市	172	31.5%
	河北省	216	39.56%
题项2：您的年龄？	50～59周岁	277	50.73%
	60～69周岁	162	29.67%
	70～79周岁	68	12.45%
	80周岁以上	39	7.14%
题项3：您的性别？	男	224	41.03%
	女	322	58.97%
题项4：您居住在？	城区	306	56.04%
	城郊区	112	20.51%
	农村	128	23.44%
题项5：您是否单独居住？	是	133	24.36%
	否	413	75.64%
题项6：您主要由谁照顾自己的日常生活？	子女	110	20.15%
	配偶	168	30.77%
	自己	262	47.99%
	其他人	6	1.10%

① 杨垚，杨鑫，罗霞.居家失能老人社区养老服务供需匹配研究：基于CLHLS数据的实证[J].保险职业学院学报，2023（5）：77-86.

（续表）

题项	具体选项	人数	占比
题项7：您的文化程度？	初中及以下	192	35.16%
	高中	169	30.95%
	大学	161	29.49%
	硕士及以上	24	4.4%
题项8：您身体状况？	能自理	523	95.79%
	半自理	21	3.85%
	不能自理	2	0.37%
题项9：您的收入主要渠道是？	退休金，养老金	303	55.49%
	工作收入	145	26.56%
	子女提供	54	9.89%
	其他	44	8.06%
题项10：您平均每月总的收入（包括养老金及子女赡养费等）？	500元以下	42	7.69%
	501～1 500元	82	15.02%
	1 501～3 000元	148	27.11%
	3 001～5 000元	119	21.79%
	5 001元以上	155	28.39%
题项11：您对居家和社区养老的了解程度？	完全不了解	203	37.18%
	了解一点	318	58.24%
	非常了解	25	4.58%
题项12：如果您在社区享受一些养老服务项目，哪个消费水准您能接受？	500元以下/月	234	42.86%
	500～1 000元/月	155	28.39%
	1 000～1 500元/月	75	13.74%
	1 500～2 000元/月	51	9.34%
	2 000元以上/月	31	5.68%

第三节　京津冀老年人居家和社区养老服务需求调研及影响因素分析

一、京津冀老年人居家和社区养老服务需求现状

根据正式调研结果，各项服务需求水平及各类服务需求水平见表5.10，调查结果显示，京津冀三地调研对象总需求水平为65.12（总分110分），三地各自的需求水平分别为62.30、65.39、67.02，整体需求水平居于一般。五类服务中，需求水平最高的

是文娱休闲类，次之是紧急救援类，再次之是医疗卫生类、情感慰藉类、生活照料类。说明京津冀地区居民一般养老需求已得到较好满足，人们已经转向对较高层级生活的服务需求，即文娱休闲类服务需求。考虑到本次调研对象中 50 ～ 59 岁年龄段占比为 50.73%，可以认为本次调研需求具有较强的趋势预测性。

从各项具体服务来看，将需求平均水平超过“3”的作为超过“一般”需求水平的服务项目，可以看到，对于北京市，整体需求水平最低，说明居民基本养老服务需求已得到较大程度满足，平均需求水平超过“3”的需求程度由高到低的具体项目依次为：健康体检（3.64）、休闲养生（3.55）、体育健身（3.44）、文化娱乐（3.36）、紧急呼叫及救援（3.25）、老年教育（3.22）、用水用电智能监测（3.19）、安全宣传（3.09）、法律咨询（3.09）；对于天津市，平均需求水平超过“3”的需求程度由高到低的具体项目依次为：健康体检（3.98）、休闲养生（3.81）、体育健身（3.70）、文化娱乐（3.67）、紧急呼叫及救援（3.60）、用水用电智能监测（3.52）、老年教育（3.41）、安全宣传（3.32）、法律咨询（3.25）、节日慰问（3.01）；对于河北省，平均需求水平超过“3”的需求程度由高到低的具体项目依次为：健康体检（4.06）、休闲养生（3.76）、紧急呼叫及救援（3.69）、体育健身（3.60）、用水用电智能监测（3.59）、文化娱乐（3.58）、安全宣传（3.41）、老年教育（3.35）、法律咨询（3.15）、节日慰问（3.01）。

对于样本整体，平均需求水平超过“3”的需求程度由高到低的具体项目依次为：健康体检（3.91）、休闲养生（3.72）、体育健身（3.58）、文化娱乐（3.55）、紧急呼叫及救援（3.53）、用水用电智能监测（3.45）、老年教育（3.33）、安全宣传（3.29）、法律咨询（3.16）。

表 5.10 京津冀居家和社区养老服务各项需求得分 **单位：分**

需求类型	项目	京津冀	北京市	天津市	河北省
生活照料类	配餐助餐	2.80	2.82	2.77	2.82
	保洁家政	2.85	2.78	2.83	2.90
	助浴	2.12	2.07	2.06	2.20
	日间托养	2.14	2.09	2.13	2.17
	辅助出行	2.35	2.28	2.33	2.43
	适老化改造	2.79	2.72	2.72	2.89
	总计	15.05	14.76	14.84	15.41
医疗卫生类	健康体检	3.91	3.64	3.98	4.06
	家庭病床	2.58	2.51	2.45	2.74
	医疗康复器具租赁	2.54	2.44	2.44	2.69
	康复护理	2.61	2.42	2.58	2.76
	总计	11.64	11.01	11.45	12.25

（续表）

需求类型	项目	京津冀	北京市	天津市	河北省
情感慰藉类	居家探访	2.62	2.49	2.66	2.69
	节日慰问	2.95	2.79	3.01	3.01
	心理咨询	2.69	2.52	2.68	2.81
	临终关怀	2.56	2.44	2.47	2.72
	总计	10.82	10.24	10.82	11.23
紧急救援类	安全宣传	3.29	3.09	3.32	3.41
	法律咨询	3.16	3.09	3.25	3.15
	紧急呼叫及救援	3.53	3.25	3.60	3.69
	用水用电智能监测	3.45	3.19	3.52	3.59
	总计	13.43	12.62	13.69	13.84
文娱休闲类	文化娱乐	3.55	3.36	3.67	3.58
	体育健身	3.58	3.44	3.70	3.60
	休闲养生	3.72	3.55	3.81	3.76
	老年教育	3.33	3.22	3.41	3.35
	总计	14.18	13.57	14.59	14.29
总体		65.12	62.30	65.39	67.02

二、社区老年人居家和社区服务需求影响因素

（一）样本数据正态性分布检验

首先对样本数据进行正态性分布检验，经 Kolmogorov-Smirnov 检验，发现生活照料类服务需求、医疗卫生类服务需求、情感慰藉类服务需求、紧急救援类服务需求、文娱休闲类服务需求分布呈非正态分布（$p < 0.05$），总体需求分布呈正态分布（$p > 0.05$）。因此，针对五类服务需求的影响因素，需通过非参数检验中的两独立样本的非参数检验（Mann-Whitney U 检验，Z 值）、多独立样本方差检验（Kruskal-Wallis 秩和检验，H 值）进行检验。针对总体需求分布，可通过独立样本 t 检验（T 值）和单因素方差分析（F 值）进行。

表 5.11 京津冀各类居家和社区养老服务需求正态性检验

各类需求	样本量	均值	标准差	偏度	峰度	K-S 检验	p 值
生活照料类	546	15.048	6.864	0.447	− 0.539	0.094	< 0.001
医疗卫生类	546	11.637	4.616	0.178	− 0.900	0.109	< 0.001
情感慰藉类	546	10.815	4.914	0.240	− 0.858	0.097	< 0.001
紧急救援类	546	13.440	4.598	− 0.466	− 0.486	0.104	< 0.001
文娱休闲类	546	14.176	4.279	− 0.604	0.029	0.100	< 0.001
总体需求	546	65.115	21.637	0.101	− 0.396	0.037	0.075

（二）养老服务需求影响因素分析

通过两独立样本的非参数检验和多独立样本方差检验方法进行分析（Kruskal-Wallis 秩和检验），具体结果如表 5.12 所示。

表 5.12 不同特征老年人居家和社区养老服务各类需求得分比较 单位：分

	特征	例数	生活照料类	医疗卫生类	情感慰藉类	紧急救援类	文娱休闲类	总体需求
所属区域	北京市	158	14.760±5.722	11.019±4.680	10.234±4.907	12.620±4.853	13.576±4.625	62.209±22.280
	天津市	172	14.843±7.272	11.442±4.590	10.814±5.013	13.686±4.671	14.593±4.114	65.378±22.256
	河北省	216	15.421±6.551	12.245±4.536	11.241±4.817	13.843±4.281	14.282±4.112	67.032±20.503
	H 值 /*F* 值		1.996	7.225	4.198	6.727	5.316	2.297
	p 值		0.369	0.027	0.123	0.035	0.07	0.531
年龄	50 ～ 59 岁	277	14.661±7.012	11.307±4.811	10.729±5.003	13.422±4.644	14.372±4.371	64.491±22.166
	60 ～ 69 岁	162	14.525±6.413	11.475±4.319	10.648±4.667	13.438±4.613	13.994±4.377	64.080±20.582
	70 ～ 79 岁	68	15.824±6.762	12.279±4.725	10.368±4.800	13.044±4.566	13.735±3.772	65.250±21.465
	80 岁以上	39	18.615±6.885	13.539±3.712	12.897±5.159	14.256±4.315	14.308±4.092	73.615±21.382
	H 值 /*F* 值		12.331	10.802	6.678	1.360	3.410	2.222
	p 值		0.006	0.013	0.083	0.715	0.333	0.085
性别	男	224	14.902±7.264	11.692±4.734	10.959±5.136	13.505±4.738	14.156±4.354	65.214±22.855
	女	322	15.149±6.582	11.599±4.539	10.714±4.759	13.394±4.504	14.189±4.232	65.047±20.784
	Z 值 /*T* 值		－0.909	－0.133	－0.295	－0.568	－0.007	0.089
	p 值		0.363	0.895	0.768	0.570	0.995	0.929
居住地	城区	306	15.199±7.068	11.608±4.548	10.915±4.915	13.634±4.574	14.464±4.150	65.820±21.785
	城郊区	112	14.857±6.341	11.366±4.649	10.482±4.804	12.607±4.475	13.821±4.298	63.134±21.394
	农村	128	14.852±6.852	11.945±4.764	10.867±5.031	13.703±4.711	13.797±4.537	65.164±21.555
	H 值 /*F* 值		0.120	0.966	0.405	4.894	2.693	0.631
	p 值		0.942	0.617	0.817	0.087	0.260	0.532
是否独居	是	133	16.030±7.260	11.707±4.819	11.579±5.313	13.722±4.910	14.241±4.731	67.278±23.808
	否	413	14.731±6.710	11.615±4.554	10.569±4.759	13.349±4.495	14.155±4.128	64.419±20.873
	Z 值 /*T* 值		－1.761	－0.205	－2.034	－1.102	－0.604	1.326
	p 值		0.078	0.838	0.042	0.271	0.546	0.185
照顾来源	子女	110	16.336±6.984	12.736±4.589	11.773±4.870	13.618±4.435	14.046±4.269	68.509±21.924
	配偶	168	15.887±6.861	12.149±4.501	11.077±4.892	13.982±4.622	14.303±4.358	67.399±21.494
	自己	262	13.867±6.619	10.779±4.571	10.172±4.848	12.969±4.630	14.095±4.262	61.832±21.196
	其他人	6	21.667±4.546	14.667±3.327	14.000±5.692	15.500±3.937	16.500±2.811	82.333±17.918
	H 值 /*F* 值		21.467	21.459	12.215	7.876	2.501	4.906
	p 值		0.000	0.000	0.007	0.049	0.475	0.002

（续表）

	特征	例数	生活照料类	医疗卫生类	情感慰藉类	紧急救援类	文娱休闲类	总体需求
文化程度	初中及以下	192	14.688±6.936	11.849±4.739	10.719±5.077	13.365±4.705	13.839±4.374	64.458±22.059
	高中	169	14.929±6.094	11.592±4.116	10.899±4.535	13.757±4.245	14.361±3.981	65.539±19.035
	大学	161	15.006±7.390	11.199±4.851	10.435±4.998	12.969±4.818	14.199±4.349	63.808±23.061
	硕士及以上	24	19.042±6.919	13.208±5.150	13.542±5.022	14.958±4.379	15.417±4.977	76.167±23.711
	H 值 /*F* 值		7.828	4.964	8.059	4.109	4.083	2.382
	p 值		0.050	0.174	0.045	0.250	0.253	0.069
身体状况	能自理	523	14.826±6.827	11.482±4.619	10.744±4.949	13.382±4.628	14.195±4.299	64.629±21.721
	半自理	21	20.857±5.121	15.286±2.866	12.667±3.812	14.857±3.582	14.000±3.924	77.667±16.414
	不能自理	2	12.000±8.485	14.000±2.828	10.000±2.828	13.500±6.364	11.000±1.414	60.500±0.707
	H 值 /*F* 值		17.438	15.501	3.502	1.686	2.416	3.748
	p 值		0.000	0.000	0.174	0.430	0.299	0.024
收入渠道	养老金	303	15.921±6.948	12.079±4.467	11.254±4.998	13.825±4.410	14.578±4.141	67.657±21.695
	工作收入	145	13.110±6.315	10.690±4.660	9.800±4.620	12.552±4.749	13.807±4.230	59.959±20.676
	子女提供	54	15.537±6.698	11.944±4.570	11.259±4.602	13.444±4.398	14.056±4.227	66.241±20.872
	其他	44	14.818±7.134	11.341±5.180	10.591±5.280	13.705±5.307	12.773±5.103	63.227±22.782
	H 值 /*F* 值		16.740	9.868	9.850	8.046	6.127	4.379
	p 值		0.001	0.020	0.020	0.045	0.106	0.005
月收入	500 元以下	42	15.500±7.222	11.548±4.804	10.762±5.427	12.905±5.021	13.881±4.527	64.595±23.593
	501 ～ 1 500 元	82	13.110±6.315	10.690±4.660	9.800±4.620	12.552±4.749	13.8.7±4.230	59.959±20.676
	1 501 ～ 3 000 元	148	15.537±6.698	11.944±4.570	11.259±4.602	13.444±4.398	14.056±4.227	66.241±20.872
	3 001 ～ 5 000 元	119	15.681±6.750	12.294±4.217	11.118±4.973	13.958±3.965	14.630±3.730	67.681±19.936
	5 000 元以上	155	13.458±6.695	10.568±4.684	9.832±4.745	12.613±4.858	14.129±4.624	60.600±22.004
	H 值 /*F* 值		13.359	12.938	13.028	9.324	7.019	2.978
	p 值		0.004	0.012	0.011	0.053	0.135	0.019
了解程度	完全不了解	203	14.276±7.211	11.281±4.953	10.655±5.272	13.222±4.865	14.010±4.551	63.443±22.982
	了解一点	318	15.289±6.495	11.733±4.275	10.871±4.588	13.579±4.331	14.305±4.046	65.777±20.159
	非常了解	25	18.240±7.661	13.320±5.640	11.400±5.979	13.440±5.694	13.880±4.961	70.280±27.581
	H 值 /*F* 值		9.440	4.914	0.968	0.616	0.021	1.469
	p 值		0.009	0.086	0.616	0.735	0.990	0.231
消费水准	500 元以下	234	140145±6.788	11.111±4.520	10.321±4.978	13.282±4.759	13.966±4.357	62.825±21.691
	501 ～ 1 000 元	155	15.639±6.463	11.994±4.324	11.219±4.713	13.658±4.231	14.258±4.069	66.768±19.833
	1 001 ～ 1 500 元	75	15.253±5.948	11.920±4.343	10.813±4.355	13.000±4.003	13.880±3.716	64.867±19.362
	1 501~ 2 000 元	51	17.667±8.106	12.667±5.491	12.255±5.513	14.392±4.952	15.804±4.359	72.784±25.370
	2 000 元以上	31	14.097±8.125	11.452±5.549	10.161±5.298	13.032±5.759	13.387±5.352	62.129±25.885
	H 值 /*F* 值		13.049	6.375	8.129	4.808	11.041	2.666
	p 值		0.011	0.173	0.087	0.308	0.026	0.032

1. 针对各类养老服务需求的分析

不同年龄、照顾来源、身体状况、收入渠道、月收入水平、了解程度、消费水平的老年人生活照料服务需求有显著性差异（$p < 0.05$），不同区域、年龄、照顾来源、身体状况、收入渠道、收入水平的老年人医疗卫生服务需求有显著性差异（$p < 0.05$），不同居住状况、文化程度、收入渠道、收入水平的老年人情感慰藉服务需求有显著性差异（$p < 0.05$），不同区域、照顾来源、收入渠道的老年人应急救援服务需求有显著性差异（$p < 0.05$），不同消费水平老年人文娱休闲服务需求有显著性差异（$p < 0.05$），不同照顾来源、身体状况、收入渠道、收入水平、消费水平的老年人总体需求水平有显著性差异（$p < 0.05$），由此可以看出，养老服务需求主要受身体状况、家庭照顾状况、收入来源稳定性及水平、消费水平的影响。

2. 针对京津冀区域间的分析

在本次调研中，在总体需求水平上，京津冀不同区域之间养老服务需求水平差异不显著，故不单独为河北省进行影响因素的统计分析。虽然三地总体无显著性差异，但通过单因素方差分析事后多重比较可得知，北京市与河北省总体需求仍有显著性差异，北京市与天津市，天津市与河北省之间无显著性差异。说明河北省老年人已被满足的养老服务需求相对较低，导致未被满足的养老服务需求相对较高，因此河北省居家和养老服务还有较大提升空间。

表 5.13 京津冀居家和养老服务总需求事后多重比较

因变量：总需求（LSD 法）

您的居住地?		均值差	显著性
北京市	天津市	− 3.169	0.183
	河北省	− 4.824	0.033
天津市	北京市	3.169	0.183
	河北省	− 1.655	0.454
河北省	北京市	4.824	0.033
	天津市	1.655	0.454

第四节 京津冀老年人居家和社区养老服务满意度调研分析

京津冀三地在居家和社区养老服务供给上都作出了各自的努力（详见第三章），但居民满意度如何还需要通过调研来了解。每一项具体服务，由接受相关服务或对其了解的老年人来进行评价，所以每项服务的评价主体可能各不相同，针对这种情形，在对各项服务进行具体分析的基础上，采用模糊综合评价法，通过最大隶属度来得出整体满意度。

一、各项服务满意度分析

根据本次调研结果，京津冀三地各项服务的评价总人数及满意度情况按频数进行统计。

（一）北京市居家和社区养老服务满意度分析

北京市居家和社区养老服务满意度情况如表5.14所示，按照最大隶属度进行分析，可以看出，大部分居民对安全宣传、用水用电智能监测、体育健身、休闲养生、老年教育、法律咨询、医疗康复器具租赁等服务是“比较满意”的。大部分居民对辅助出行（陪诊、散步）是“不太满意”的，对其他服务项目的满意度是“一般”。“非常不满意”和“不太满意”两项之和占比相对较高（≥15%）的服务项目有：老年配餐、保洁家政、助浴、日间托养、辅助出行、家庭病床、临终关怀、休闲养生、老年教育，说明这些服务项目还需要得到完善和提升。

表5.14 北京市居家和社区养老服务满意度统计表（占比及人数）

	项目	评价人数	非常不满意	不太满意	一般	比较满意	非常满意
生活照料类	老年配餐	38	7.9%（3）	10.5%（4）	50%（19）	26.3%（10）	5.3%（2）
	保洁家政	28	7.1%（2）	10.7%（3）	46.4%（13）	28.6%（8）	7.1%（2）
	助浴	12	16.7%（2）	8.3%（1）	41.7%（5）	33.3%（4）	0%（0）
	日间托养	13	7.7%（1）	7.7%（1）	53.8%（7）	15.4%（2）	15.4%（2）
	辅助出行（陪诊、散步）	10	10%（1）	50%（5）	30%（3）	10%（1）	0%（0）
	适老化改造	17	5.9%（1）	5.9%（1）	52.9%（9）	23.5%（4）	11.8%（2）
医疗卫生类	健康体检	42	2.4%（1）	9.5%（4）	54.8%（23）	31.0%（13）	2.4%（1）
	家庭病床	13	0%（0）	15.4%（2）	46.2%（6）	38.5%（5）	0%（0）
	医疗康复器具租赁	15	0%（0）	13.3%（2）	40%（6）	40%（6）	6.7%（1）
	康复护理	14	0%（0）	7.1%（1）	64.3%（9）	21.4%（3）	7.1%（1）
情感慰藉类	居家探访	12	0%（0）	8.3%（1）	75%（9）	16.7%（2）	0%（0）
	节日慰问	24	4.2%（1）	0%（0）	50.0%（12）	12.5%（8）	12.5%（3）
	心理咨询	14	7.1%（1）	0%（0）	57.1%（8）	28.6%（4）	7.1%（1）
	临终关怀	13	0%（0）	15.4%（2）	46.2%（6）	38.5%（5）	0%（0）
应急救援类	安全宣传	36	0%（0）	8.3%（3）	41.7%（15）	44.4%（16）	5.6%（2）
	法律咨询	19	0%（0）	0%（0）	47.7%（9）	47.4%（9）	5.3%（1）
	紧急呼叫及救援	14	0%（0）	7.1%（1）	42.9%（6）	42.9%（6）	7.1%（1）
	用水用电智能监测	17	5.9%（1）	0%（0）	35.3%（6）	47.1%（8）	11.8%（2）
文娱休闲类	文化娱乐	26	7.7%（2）	0%（0）	50.0%（13）	30.8%（8）	11.5%（3）
	体育健身	19	0%（0）	5.3%（1）	42.1%（8）	47.4%（9）	5.3%（1）
	休闲养生	16	0%（0）	18.8%（3）	37.5%（6）	43.8%（7）	0%（0）
	老年教育	16	0%（0）	18.8%（3）	25.0%（4）	37.5%（6）	18.8%（3）

（二）天津市居家和社区养老服务满意度分析

天津市居家和社区养老服务满意度情况如表 5.15 所示，按照最大隶属度进行分析，可以看出，大部分居民对康复护理的满意度为“一般”，对其他服务项目的满意度为“比较满意”或“非常满意”。“非常不满意”和“不太满意”两项之和占比相对较高（≥ 15%）的服务项目有：助浴、医疗康复器具租赁、居家探访、心理咨询、临终关怀、紧急呼叫及救援，说明这些服务项目还需要得到完善和提升。

表 5.15 天津市居家和社区养老服务满意度统计表（占比及人数）

	项目	评价人数	非常不满意	不太满意	一般	比较满意	非常满意
生活照料类	老年配餐	50	4.0%（2）	10.0%（5）	34.0%（17）	40.0%（20）	12.0%（6）
	保洁家政	30	3.3%（1）	6.7%（2）	26.7%（8）	43.3%（13）	20.0%（6）
	助浴	11	9.1%（1）	9.1%（1）	18.2%（2）	18.2%（2）	45.5%（5）
	日间托养	21	4.8%（1）	0%（0）	28.6%（6）	38.1%（8）	28.6%（6）
	辅助出行（陪诊、散步）	14	7.1%（1）	7.1%（1）	14.3%（2）	21.4%（3）	50.0%（7）
	适老化改造	22	4.5%（1）	4.5%（1）	18.2%（4）	36.4%（8）	36.4%（8）
医疗卫生类	健康体检	77	1.3%（1）	3.9%（3）	40.3%（31）	40.3%（31）	14.3%（11）
	家庭病床	11	9.1%（1）	0%（0）	27.3%（3）	9.1%（1）	54.5%（6）
	医疗康复器具租赁	12	8.3%（1）	8.3%（1）	25.0%（3）	16.7%（2）	41.7%（5）
	康复护理	16	6.3%（1）	6.3%（1）	37.5%（6）	18.8%（3）	31.3%（5）
情感慰藉类	居家探访	13	7.7%（1）	7.7%（1）	23.1%（3）	30.8%（4）	30.8%（4）
	节日慰问	40	2.5%（1）	2.5%（1）	25.0%（10）	32.5%（13）	37.5%（15）
	心理咨询	19	10.5%（2）	15.8%（3）	26.3%（5）	15.8%（3）	31.6%（6）
	临终关怀	16	12.5%（2）	6.3%（1）	18.8%（3）	18.8%（3）	43.8%（7）
应急救援类	安全宣传	75	2.7%（2）	0%（0）	32.0%（24）	50.7%（38）	14.7%（11）
	法律咨询	25	4.0%（1）	0%（0）	28.0%（7）	36.0%（9）	32.0%（8）
	紧急呼叫及救援	25	8.0%（2）	8.0%（2）	24.0%（6）	28.0%（7）	32.0%（8）
	用水用电智能监测	29	3.4%（1）	10.3%（3）	17.2%（5）	41.4%（12）	27.6%（8）
文娱休闲类	文化娱乐	50	6.0%（3）	2.0%（1）	34.0%（17）	34.0%（17）	24.0%（12）
	体育健身	48	4.2%（2）	0%（0）	25.0%（12）	47.9%（23）	22.9%（11）
	休闲养生	29	6.9%（2）	0%（0）	17.2%（5）	44.8%（13）	31.0%（9）
	老年教育	35	2.9%（1）	2.9%（1）	34.3%（12）	48.6%（17）	11.4%（4）

（三）河北省居家和社区养老服务满意度分析

河北省居家和社区养老服务满意度情况如表 5.16 所示，按照最大隶属度进行分析，可以看出，大部分居民对居家探访感到“非常满意”，对保洁家政、助浴、医疗康复器具租赁、心理咨询、临终关怀、体育健身的满意程度为“一般”，对其他项目感到“比较满意”。“非常不满意”和“不太满意”两项之和占比相对较高（≥ 15%）的服务项目为家庭病床。

表 5.16 河北省居家和社区养老服务满意度统计表（占比及人数）

	项目	评价人数	非常不满意	不太满意	一般	比较满意	非常满意
生活照料类	老年配餐	32	3.1%（1）	6.3%（2）	21.9%（7）	53.1%（17）	15.6%（5）
	保洁家政	44	0%（0）	2.3%（1）	43.2%（19）	34.1%（15）	20.5%（9）
	助浴	18	%（0）	5.6%（1）	38.9%（7）	27.8%（5）	27.8%（5）
	日间托养	22	0%（0）	9.1%（2）	31.8%（7）	27.3%（6）	31.8%（7）
	辅助出行（陪诊、散步）	23	0%（0）	0%（0）	34.8%（8）	39.1%（9）	26.1%（6）
	适老化改造	34	2.9%（1）	5.9%（2）	26.5%（9）	38.2%（13）	26.5%（9）
医疗卫生类	健康体检	103	1.9%（2）	8.7%（9）	29.1%（30）	40.8%（42）	19.4%（20）
	家庭病床	15	6.7%（1）	13.3%（2）	6.7%（1）	46.7%（7）	26.7%（4）
	医疗康复器具租赁	25	0%（0）	8.0%（2）	40.0%（10）	32.0%（8）	20.0%（5）
	康复护理	37	0%（0）	5.4%（2）	35.1%（13）	35.1%（13）	24.3%（9）
情感慰藉类	居家探访	23	%（0）	4.3%（1）	34.8%（8）	21.7%（5）	39.1%（9）
	节日慰问	40	2.5%（1）	7.5%（3）	22.5%（9）	40.0%（16）	27.5%（11）
	心理咨询	22	0%（0）	4.5%（1）	36.4%（8）	31.8%（7）	27.3%（6）
	临终关怀	16	0%（0）	0%（0）	43.8%（7）	31.3%（5）	25.0%（4）
应急救援类	安全宣传	76	0%（0）	9.2%（7）	34.2%（26）	38.2%（29）	18.4%（14）
	法律咨询	38	0%（0）	2.6%（1）	31.6%（12）	34.2%（13）	31.6%（12）
	紧急呼叫及救援	37	2.7%（1）	8.1%（3）	21.6%（8）	37.8%（14）	29.7%（11）
	用水用电智能监测	35	0%（0）	2.9%（1）	37.1%（13）	37.1%（13）	22.9%（8）
文娱休闲类	文化娱乐	58	0%（0）	12.1%（7）	32.8%（19）	37.9%（22）	17.2%（10）
	体育健身	46	0%（0）	8.7%（4）	39.1%（18）	30.4%（14）	21.7%（10）
	休闲养生	39	0%（0）	5.1%（2）	23.1%（9）	43.6%（17）	28.2%（11）
	老年教育	35	0%（0）	2.9%（1）	20.0%（7）	60.0%（21）	17.1%（6）

二、综合满意度分析

（一）模糊综合评价法思路

京津冀三地各服务项目满意度状况各不相同，综合满意度可通过模糊综合评价法来综合确定。模糊综合评价法需要确定因素集、各因素权重向量 $\boldsymbol{A}$、评语集，对单因素进行模糊评价，形成模糊关系矩阵 $\boldsymbol{R}$，然后通过算子（本研究采用先相乘再相加的算子）得出综合评价集，最后根据最大隶属度确定综合满意度。

$$\boldsymbol{B}=\boldsymbol{A}\cdot\boldsymbol{R}=(a_1,a_2,\cdots,a_m)\begin{pmatrix} r_{11} & r_{12} & \cdots & r_{1n} \\ r_{21} & r_{22} & \cdots & r_{2n} \\ \vdots & \vdots & & \vdots \\ r_{m1} & r_{m2} & \cdots & r_{mn} \end{pmatrix}=(b_1,b_2,\cdots,b_n) \tag{5.1}$$

本次调研中，将22项服务作为因素集，评语集为“非常不满意，不太满意，一般，比较满意，非常满意”，各因素模糊评价分别如表5.14～5.16所示，借此形成模糊评价矩阵$\boldsymbol{R}$。

对于各因素权重向量的确定，本书认为各服务项目的权重应根据人们对其需求的水平而定，人们需求水平越高，说明其越需要得到满足，就越重要，故可以根据表5.10来确定各服务项目的权重。具体而言，就是将各服务项目需求水平n_i除以该区域总需求水平N，即可得出该服务项目在该区域的权重A_i，如公式（5.2）所示。

$$A_i=\frac{n_i}{N} \tag{5.2}$$

根据表5.10可算出京津冀三地各服务项目的权重，如表5.17所示。

表5.17 京津冀三地居家和社区养老各服务项目权重

		北京市	天津市	河北省
总体		1.00	1.00	1.00
生活照料类	老年配餐	0.045 3	0.042 4	0.042 1
	保洁家政	0.044 6	0.043 3	0.043 3
	助浴	0.033 2	0.031 5	0.032 8
	日间托养	0.035 5	0.032 6	0.032 4
	辅助出行（陪诊、散步）	0.036 6	0.035 6	0.036 3
	适老化改造	0.043 7	0.041 6	0.043 1
医疗卫生类	健康体检	0.058 4	0.060 9	0.060 6
	家庭病床	0.040 3	0.037 5	0.040 9
	医疗康复器具租赁	0.039 2	0.037 3	0.040 1
	康复护理	0.038 8	0.039 5	0.041 2
情感慰藉类	居家探访	0.040 0	0.040 7	0.040 1
	节日慰问	0.044 8	0.046 0	0.044 9
	心理咨询	0.040 4	0.041 0	0.041 9
	临终关怀	0.039 2	0.037 8	0.040 6
应急救援类	安全宣传	0.049 6	0.050 8	0.050 9
	法律咨询	0.049 6	0.049 7	0.047 0
	紧急呼叫及救援	0.052 2	0.055 1	0.055 1
	用水用电智能监测	0.051 2	0.053 8	0.053 6

（续表）

		北京市	天津市	河北省
文娱休闲类	文化娱乐	0.053 9	0.056 1	0.053 4
	体育健身	0.055 2	0.056 6	0.053 7
	休闲养生	0.057 0	0.058 3	0.056 1
	老年教育	0.051 7	0.052 1	0.049 9

（二）京津冀三地各自综合满意度

1. 北京市居家和社区养老服务综合满意度

按照模糊综合评价运算法则，通过运算，可得出如下结果，如式（5.3）所示。

$$\boldsymbol{B}=(0.045\,3 \quad \cdots \quad 0.051\,7)\begin{pmatrix} 0.079 & 0.105 & 0.500 & 0.263 & 0.053 \\ \vdots & \vdots & \vdots & \vdots & \vdots \\ 0.000 & 0.188 & 0.250 & 0.375 & 0.188 \end{pmatrix} \tag{5.3}$$
$$=(0.037\,9 \quad 0.096\,2 \quad 0.464\,5 \quad 0.330\,8 \quad 0.065\,4)$$

再经过归一化处理后，得出如下评价结果，根据最大隶属度原则可知，北京市居家和社区养老服务满意度综合评价为“一般”。

$$\begin{pmatrix} \text{非常不满意} & \text{不太满意} & \text{一般} & \text{比较满意} & \text{非常满意} \\ 0.038\,1 & 0.096\,7 & 0.466\,9 & 0.332\,5 & 0.065\,7 \end{pmatrix}$$

2. 天津市居家和社区养老服务综合满意度

按照模糊综合评价运算法则，通过运算，可得出如下结果，如式（5.4）所示。

$$\boldsymbol{B}=(0.042\,4 \quad \cdots \quad 0.052\,1)\begin{pmatrix} 0.040 & 0.100 & 0.340 & 0.400 & 0.120 \\ \vdots & \vdots & \vdots & \vdots & \vdots \\ 0.029 & 0.029 & 0.343 & 0.486 & 0.114 \end{pmatrix} \tag{5.4}$$
$$=(0.055\,9 \quad 0.048\,1 \quad 0.265\,1 \quad 0.338\,2 \quad 0.292\,9)$$

再经过归一化处理后，得出如下评价结果，根据最大隶属度原则可知，天津市居家和社区养老服务满意度综合评价为“比较满意”。

$$\begin{pmatrix} \text{非常不满意} & \text{不太满意} & \text{一般} & \text{比较满意} & \text{非常满意} \\ 0.055\,9 & 0.048\,1 & 0.265\,0 & 0.338\,1 & 0.292\,8 \end{pmatrix}$$

3. 河北省居家和社区养老服务综合满意度

按照模糊综合评价运算法则，通过运算，可得出如下结果，如式（5.5）所示。

$$\boldsymbol{B}=(0.0421 \quad \cdots \quad 0.0499)\begin{pmatrix} 0.031 & 0.063 & 0.219 & 0.531 & 0.156 \\ \vdots & \vdots & \vdots & \vdots & \vdots \\ 0.000 & 0.029 & 0.200 & 0.600 & 0.171 \end{pmatrix} \qquad (5.5)$$
$$=(0.0090 \quad 0.0615 \quad 0.3085 \quad 0.3768 \quad 0.2441)$$

再经过归一化处理后，得出如下评价结果，根据最大隶属度原则可知，河北省居家和社区养老服务满意度综合评价为“比较满意”。

$$\begin{pmatrix} \text{非常不满意} & \text{不太满意} & \text{一般} & \text{比较满意} & \text{非常满意} \\ 0.0090 & 0.0615 & 0.3085 & 0.3768 & 0.2441 \end{pmatrix}$$

4. 相关分析

经过上述分析，发现北京市总需求水平低，综合满意度相对较低，天津市总需求水平居中，综合满意度相对较高，河北省总需求水平最高，综合满意度相对较高。说明北京市老年人对生活品质的要求相对于天津市和河北省而言，可能较高。但也可能是由于本次调研对象样本数量较少、评价主体数量较少而导致的结果。

第五节　京津冀老年人居家和社区养老供需适配性调研分析

一、居家和社区服务供需适配性评价指标体系构建

根据英国学者斯蒂芬 · 德沃鲁和沙琳 · 库克提出的公共服务供需适配性 4 项标准，参照相关文献，[①②] 形成居家和社区养老服务供需适配性评价指标（见表 5.18），养老服务的目的在于提升老年人生活质量，提升其老年生活满足感，故将老年人对养老服务及老年生活满足程度作为因变量纳入形成整体评价指标体系。然后根据评价指标体系，形成调研问卷相关题项（详见附录 A 第四部分）。

① 陶成煦，沈超，完颜邓邓 . 供需适配性理论视域下公共数字文化服务满意度研究 [J]. 图书情报工作，2021（17）：57-68.

② 董睿 . 城市居家养老服务供需适配研究 [D]. 西安：西安建筑科技大学，2023.

表 5.18 京津冀居家和社区养老供需适配性指标体系

维度	观测指标	指标含义
相关性	XG1 服务设施布局	服务设施（如餐厅、活动室、健身器材设施等机构、组织、系统）及布局能多大程度满足老年人养老需求
	XG2 服务人员配置	居家和社区养老服务人员配置能多大程度满足老年人养老需求
	XG3 服务设备配置	设备配置（如各种仪器、显示屏、呼叫器等）能多大程度满足老年人养老需求
	XG4 服务项目对应性	提供的服务项目是否都是大家所需要的服务项目
相适性	XS1 服务方式	服务方式（线上或线下、入户或不入户）合理性如何
	XS2 服务流程	服务流程合理性如何
	XS3 服务时间	服务时间合理性如何
	XS4 服务内容个性化	服务内容个性化设计程度如何
质量性	ZL1 专业化水平	服务人员专业性水平如何
	ZL2 态度和责任心	服务人员态度和责任心如何
	ZL3 设施质量	服务设施质量如何
	ZL4 设备质量	设备质量如何
可及性	KJ1 经济可及性	收费水平合理性如何
	KJ2 物理便利性	从家到最近的居家社区养老服务机构的便利性如何
	KJ3 条件可及性	享受居家社区服务或补助的条件与资格合理性如何
满足程度	SA1 对居家社区养老服务满足程度	对居家和社区养老服务的整体满足程度
	SA2 对养老生活满足程度	对养老生活的整体满足程度

其相互关系如图 5.1 所示。

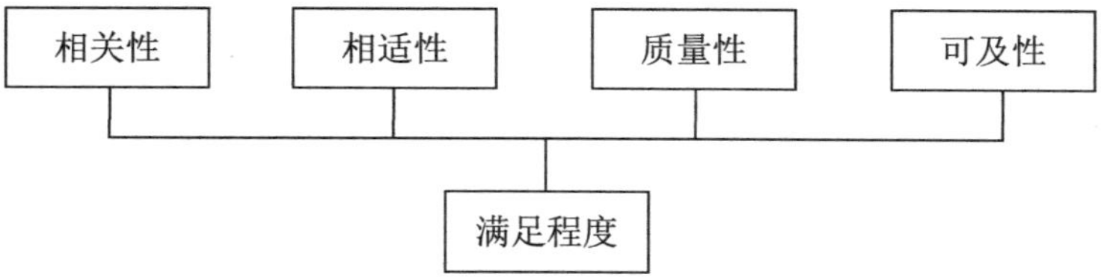

图 5.1 居家和社区养老服务供需适配性模型关系图

二、京津冀居家和养老服务资源供需适配性现状

（一）预测试

首先对问卷进行预调研数据处理，然后进行信效度检验，由于不同类别服务项目

具体情况可能不一样，问卷在各项指标上是分别按照不同类别服务项目来进行评价，这样分别评价能防止过于笼统，但也造成数据过多的问题。故本研究在每个维度上将各类服务评价进行加权平均，这样既能考虑到不同类别服务项目的差别，又能起到简化数据的作用。

$$A_i = \frac{\sum_{j=1}^{n} A_{ij}}{5} \tag{5.6}$$

式中，i 为各维度；j 为各维度下具体观测指标排序；n 为各维度下观测指标的总个数。

根据本章第二节所述，预调研供需适配性模块信度系数为 0.997，各具体维度信度系数如表 5.19 所示。

表 5.19 预测试信度检验

潜变量	观测指标	项已删除的 α 系数	Cronbach's α 系数
相关性	XG1 服务设施布局	0.960	0.962
	XG2 服务人员配置	0.941	
	XG3 服务设备配置	0.945	
	XG4 服务项目对应性	0.951	
相适性	XS1 服务方式	0.973	0.977
	XS2 服务流程	0.963	
	XS3 服务时间	0.966	
	XS4 服务内容个性化	0.977	
质量性	ZL1 专业化水平	0.978	0.983
	ZL2 态度和责任心	0.981	
	ZL3 设施质量	0.975	
	ZL4 设备质量	0.976	
可及性	KJ1 经济可及性	0.957	0.967
	KJ2 物理便利性	0.948	
	KJ3 条件可及性	0.949	
满足程度	SA1 对居家社区养老服务满足程度	—	0.935
	SA2 对养老生活满足程度	—	

由表 5.19 可知，量表 5 个维度的信度介于 0.935 ～ 0.983 之间，问卷信度较好。从 23 个变量的"项已删除的 α 系数"来看，任意题项被删除后，信度系数都有所下降，因此可以对所有题项予以保留。然后进行问卷的正式发放和回收。

（二）正式问卷数据分析

1. 京津冀三地差异性分析

首先，对样本数据进行正态性分布检验，经 Kolmogorov-Smirnov 检验，发现样本数据分布呈非正态分布（$p < 0.05$）。然后对样本数据进行多独立样本方差非参数检验（Kruskal-Wallis 秩和检验），发现京津冀三地之间差异并不显著（$H > 0.05$），具体如表 5.20 所示。由于居家和社区养老供需适配性涉及各地的服务供给，而且三地之间差异不显著，所以，可以主要针对河北省进行具体研究和分析。

表 5.20 京津冀居家和社区养老服务供需适配性样本数据正态性检验及差异比较

题项	样本量	均值	标准差	偏度	峰度	K-S 检验	p 值	H 值
第 23 题项	546	2.80	1.058	0.106	− 0.417	0.103	< 0.001	0.861
第 24 题项	546	2.743	1.102	0.117	− 0.520	0.126	< 0.001	0.812
第 25 题项	546	2.623	1.103	0.237	− 0.476	0.134	< 0.001	0.568
第 26 题项	546	2.797	1.080	0.042	− 0.437	0.150	< 0.001	0.731
第 27 题项	546	2.860	1.054	− 0.069	− 0.313	0.187	< 0.001	0.280
第 28 题项	546	2.878	1.037	− 0.128	− 0.208	0.219	< 0.001	0.139
第 29 题项	546	2.871	1.042	− 0.113	− 0.239	0.217	< 0.001	0.319
第 30 题项	546	2.714	1.0046	0.035	− 0.305	0.198	< 0.001	0.872
第 31 题项	546	2.758	1.037	− 0.016	− 0.276	0.203	< 0.001	0.396
第 32 题项	546	2.886	1.054	− 0.169	− 0.262	0.212	< 0.001	0.686
第 33 题项	546	2.750	1.034	− 0.072	− 0.300	0.205	< 0.001	0.694
第 34 题项	546	2.757	1.041	− 0.065	− 0.296	0.206	< 0.001	0.649
第 35 题项	546	2.851	0.989	− 0.261	− 0.051	0.237	< 0.001	0.094
第 36 题项	546	2.825	1.019	− 0.166	− 0.258	0.199	< 0.001	0.193
第 37 题项	546	2.823	0.994	− 0.206	− 0.092	0.225	< 0.001	0.142
第 38 题项	546	2.770	1.033	− 0.077	− 0.310	0.257	< 0.001	0.543
第 39 题项	546	2.890	1.037	− 0.189	− 0.266	0.260	< 0.001	0.024

2. 信度分析

采用 Cronbach's α 系数对量表进行信度分析，结果如表 5.21 所示。问卷的整体信度为 0.986，各潜变量的 Cronbach's α 系数均大于 0.9，表明问卷的内部一致性良好，问卷信度可靠。

表 5.21 河北省正式调研问卷信度检验

维度 / 潜变量	Cronbach's α 系数	整体 Cronbach's α 系数
相关性	0.959	0.986
相适性	0.969	
质量性	0.978	
可及性	0.956	
满足程度	0.901	

3. 效度分析

（1）模型拟合效度分析

模型拟合指标用于整体模型拟合效度情况分析，其涵盖的指标众多，通常使用卡方自由度比、近似误差均方根（root mean square error of approximation，RMSEA）、标准化均方根残差（standardized root mean square residual，SRMR）、比较拟合指数（comparative fit index，CFI）、非标准拟合指数（normed fit index，NFI），塔克尔 - 勒威斯指数 (Tucker-Lewis index，TLI）等常见指标进行分析。由表 5.22 可以看出，本次调研各指标数据均符合判断标准。因此，问卷的模型拟合度较好。

表 5.22 模型拟合效度分析

常用指标	卡方自由度比 χ^2/df	RMSEA	SRMR	CFI	NFI	TLI
判断标准	＜ 5	＜ 0.1	＜ 0.1	＞ 0.9	＞ 0.9	＞ 0.9
值	4.929	0.135	0.025	0.934	0.919	0.917

（2）模型收敛效度分析

平均方差萃取（average variances extracted，AVE）和组合信度（composite reliability，CR）可用于收敛效度的评价标准。当各因子的 CR 值大于 0.7，AVE 值大于 0.5 时，通常认为模型收敛效度较好。（见表 5.23）

表 5.23 模型收敛效度分析

潜变量	观测指标	Estimate	CR	AVE
相关性	XG1 服务设施布局	0.850	0.966	0.877
	XG2 服务人员配置	0.941		
	XG3 服务设备配置	0.933		
	XG4 服务项目对应性	0.958		
相适性	XS1 服务方式	0.940	0.969	0.888
	XS2 服务流程	0.952		
	XS3 服务时间	0.965		
	XS4 服务内容个性化	0.922		

（续表）

潜变量	观测指标	Estimate	CR	AVE
质量性	ZL1 专业化水平	0.961	0.977	0.916
	ZL2 态度和责任心	0.963		
	ZL3 设施质量	0.961		
	ZL4 设备质量	0.943		
可及性	KJ1 经济可及性	0.934	0.961	0.891
	KJ2 物理便利性	0.927		
	KJ3 条件可及性	0.953		
满足程度	SA1 对居家社区养老服务满足程度	0.938	0.899	0.817
	SA2 对养老生活满足程度	0.875		

（3）模型区分效度分析

使用 AVE 平方根值与因子间相关系数大小对比进行区分效度分析，结果见表 5.24。AVE 平方根值可表示因子的“聚合性”，相关系数表示相关关系，若因子“聚合性”很强（强于与其他因子间的相关系数绝对值），则能说明模型具有区分效度。此外，若各因子 AVE 平方根值大于该因子与其他因子的相关系数绝对值，则说明模型具有良好的区分效度。

由表 5.24 可以看出，各因子 AVE 平方根值均大于与其他因子间的相关系数值。因此，模型区分效度较好。

表 5.24 模型区分效度分析

	相关性	相适性	质量性	可及性	满足程度
相关性	0.944				
相适性	0.914	0.904			
质量性	0.857	0.837	0.937		
可及性	0.921	0.861	0.961	0.942	
满足程度	0.959	0.888	0.891	0.957	0.957
AVE 平方根	0.936	0.942	0.957	0.944	0.904

（4）路径系数及显著性水平

由表 5.25 可看出，各自变量与因变量之间均存在显著相关关系，模型因子影响路径见图 5.2。

表 5.25 系数估计结果

	因子荷载	*T* 值	*P* 值
满足程度 →可及性	0.914***	34.265	0.000
相关性 →可及性	0.857***	19.098	0.000

（续表）

	因子荷载	*T* 值	*P* 值
相关性 →满足程度	0.837 ***	16.653	0.000
相适性 →可及性	0.921 ***	23.997	0.000
相适性 →满足程度	0.861 ***	16.258	0.000
相适 →相关性	0.961 ***	59.793	0.000
质量性 →可及性	0.959 ***	47.639	0.000
质量性 →满足程度	0.888 ***	21.447	0.000
质量性 →相关性	0.891 ***	21.796	0.000
质量性 →相适性	0.957 ***	28.816	0.000

注：“＊＊＊”表示 0.01 水平上显著

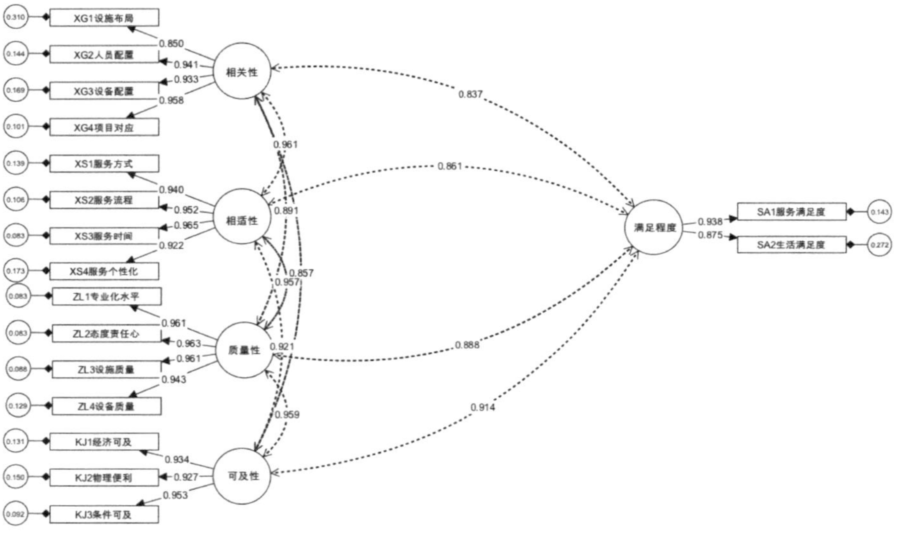

图 5.2 模型因子影响路径

4. 相关结果分析

由 SEM 结构方程模型验证性因子分析，可以得出如下认识：

其一，通过验证性因子分析检验，构建的指标体系是符合要求的，养老生活满足程度与 4 个变量之间存在很强相关性，通过改善相关性、相适性、质量性和可及性，即提升供需适配性，可以提升养老生活满足程度。

其二，整体上看，养老生活满足程度与相关性、相适性、质量性和可及性之间的各相关系数相互差别不太大，说明 4 个维度变量即相关性、相适性、质量性和可及性都比较重要，都可以进行改善。

其三，相较而言，可及性相关系数相对最高，说明可及性对养老生活满足程度影响相对较大，目前先改善可及性，可以显著提升老年人养老生活满足程度。

其四，各维度之间的相关系数较高，说明居家和社区养老服务可以寻求某一个突破点来实现“由此及彼”甚至“以点带面”的效果。

其五，各维度潜变量即相关性、相适性、质量性和可及性与其各自的观测变量之间的路径系数大多在 0.920 以上（除 XG1 设施布局外）而且相差不大，说明各观测变量对相应维度潜变量的重要性即权重大体相等。

基于上述第四点分析，可以对调研数据进行以下分析：

（1）各类服务供需适配性评价分析

各类服务供需适配性评价由于数据量较大，将其置于附录 E 中，具体见附表 E1 ～附表 E3。由附表 E1 ～附表 E3 可知，各类居家和社区养老服务评分值总体居于区间 [2,3]，说明各类服务供需适配性还有较大提升空间。

（2）供需适配性各维度评价分析

由表 5.26 可知，整体上 4 个维度评分值总体居于区间 [2,3]，在 4 个维度中，相关性供需适配性评价得分最低，说明在设施设备、服务人员配置以及了解老年人养老需求方面还需要进行改进。

表 5.26 河北省居家和社区养老服务供需适配性各维度评价分析

	相关性	相适性	质量性	可及性
平均值 ± 标准差（$\bar{x} \pm s$）	2.771±1.046	2.851±1.037	2.804±1.038	2.898±0.974

由于本次调研问卷回收数量有限，可能不太充分，相关研究结果也可能有所偏差。

第六节 相关服务专项调研及分析

本章第一至五节针对京津冀进行了总体性调研分析，本节就居家和养老服务的相关具体方面进行专项调研，以更好地了解和促进京津冀及河北省养老服务事业发展。由于居家和社区养老服务包含的具体服务项目比较多，本节主要针对老年配餐、长期护理保险、时间银行互助养老进行相关调研分析。

一、老年配餐

关于老年配餐，近年我国相关部门给予了很高关注，2021 年在《“十四五”国家老龄事业发展和养老服务体系规划》中提出建立老年人助餐服务网络，打造标准化社区老年食堂（助餐服务点），重点补齐农村、远郊等助餐服务短板，支持高质量多元化供餐。2023 年《积极发展老年助餐服务行动方案》（民发〔2023〕58 号）提出，扩大和优化服务供给，保障服务质量，确保服务可持续。京津冀也出台多项文件支持老年配餐发展，而且都有相关积极报道。但据国家统计局相关调研发现，目前老年助餐“能够收支平衡、略有盈余并可持续发展的助餐点相对较少”①。故本研究就老年助餐如何更好地实现可持续发展进行相关调研，通过定性比较分析（QCA）方法探寻老年助餐可持续发展路径。

（一）QCA 研究思路

QCA 是通过对不同情况的对比和分析，通过布尔运算，找出产生特定结果的可能条件组合的一种研究方法。一般适用于 15 ～ 80 个样本，在中、小型样本研究中具有较大的优势。根据条件变量类型不同，可以分为清晰集定性比较分析（crisp-sets QCA，csQCA）、多值集定性比较分析（multivalue QCA，mvQCA）、模糊集定性比较分析（fuzzy-sets QCA，fsQCA）和时序性定性比较分析（temporal QCA，TQCA）。其中 csQCA 使用二进制逻辑，将变量划分为两个互斥的状态，即 1 和 0，以表示变量的存在或不存在；mvQCA 允许变量具有多个取值，可以更准确地描述变量的状态；fsQCA 则使用模糊逻辑，将变量划分为介于 0 和 1 之间的连续数值，以表示变量的模糊程度；TQCA 考虑了时间因素，可以分析变量在不同时间点的变化对结果的影响。相关软件包括 TOSMANA 和 fsQCA 3.0 软件。具体研究过程包括：（1）确定结果变量和条件变量；（2）根据调研案例形成真值表；（3）检验条件变量；（4）进行组态分析，基于中间解和简约解，根据一致率和覆盖率得出相关路径；（5）稳健性检验。

针对老年助餐，由于各种条件变量缺乏客观权威标准进行多值集或模糊集赋值，故本研究采用清晰集定性比较分析来开展研究。

（二）确定条件变量和结果变量

老年助餐要实现可持续发展，经营主体实现略有盈余是基本要求，故本研究以“是否盈利”为结果变量。

关于条件变量，首先，企业发展三大基本战略分别为低成本战略、差别化战略、专一化战略，老年助餐经营主体从根本上也需考虑采用何种战略来谋求生存和发展，不同经营主体可能采取不同经营战略。低成本战略强调规模采购或自建供应基地等

① 邱海峰，黄金玉 . 老年助餐，推得开还要办得好 [N]. 人民日报（海外版），2023-10-26（4）.

最大限度降低成本；差别化战略强调提供个性化服务，如针对老年人特殊要求而提供个性化改良服务；专一化战略（本书强调深耕老年助餐）与多元化战略相对，多元化战略强调服务对象多元化，即不仅服务老年人也服务其他年龄人群。本书将这三种经营战略分别形成三个条件变量。其次，由于老年助餐需要服务老年人，老年人有老年人的独特口味，而且老年人社会经验较丰富，对服务要求更高，因此服务质量（如菜品是否符合老年人口味等）也是老年助餐能否得到老年人认可的重要条件，故将服务质量也作为一个条件变量。再次，老年助餐作为一项经营活动，资金投入是维护其运转和经营创新的重要物质基础和实力体现，故将是否能持续进行资金投入也作为条件变量之一。最后，由于老年助餐也属于一项公共服务活动，目前各地均出台了相关补贴或扶持政策，然而有一部分经营主体由于经营多年或由于多元化经营而没有享受相关扶持政策，故将是否接受相关补贴或税费减免也作为一个条件变量。

综而述之，针对老年助餐，本书构建了 6 个条件变量和 1 个结果变量。6 个条件标量分别为：X1：服务质量是否高；X2：是否实行个性化服务（差别化战略）；X3：是否能够持续投入资金以创新服务项目发展或优化现有服务；X4：服务对象是否多元化（专一化战略）；X5：是否享受运营补贴或税费减免；X6：是否做到规模采购以整体降低成本（低成本战略）。一个结果变量为 Y1：是否盈利。依此形成调研问卷相关题项（详见附录 B）。

（三）根据调研案例构建真值表

本次调研时间为 2023 年 10—12 月（与附录 A 调研同步进行），问卷主要针对机构负责人及员工知情人，具体情况详见附录 B。由于本次主要研究老年助餐可持续发展问题，京津冀三地老年助餐都面临类似问题，相互之间需要并可以借鉴，故调研对象包括京津冀三地老年助餐经营主体。本次共收集 35 份问卷，剔除回答不完整问卷 4 份，有效问卷 31 份。31 家机构负责人大多持有良好的初心，有的坚持了 10 年之久，有的刚进入此行业，员工规模不大，普遍在 3～10 名，少数连锁，部分可以开展送餐服务，但大多因人手限制不能提供送餐。根据 csQCA 赋值规则，形成真值表 5.27。

表 5.27 老年助餐 csQCA 真值表

调研对象	X1：服务质量	X2：个性化服务	X3：资金投入	X4：多元化	X5：补贴或税费减免	X6：低成本	Y1：盈利
调研对象 1	1	0	1	1	0	0	1
调研对象 2	1	1	1	1	0	1	1
调研对象 3	1	0	0	1	0	1	1
调研对象 4	0	0	0	0	0	0	0

（续表）

调研对象	X1：服务质量	X2：个性化服务	X3：资金投入	X4：多元化	X5：补贴或税费减免	X6：低成本	Y1：盈利
调研对象 5	1	1	1	1	0	1	0
调研对象 6	1	1	1	1	1	1	0
调研对象 7	1	1	1	1	1	1	0
调研对象 8	0	0	0	1	0	0	0
调研对象 9	1	1	1	1	0	1	0
调研对象 10	1	1	1	1	0	1	1
调研对象 11	1	1	1	1	1	1	1
调研对象 12	1	1	1	1	0	0	0
调研对象 13	1	1	1	1	1	1	1
调研对象 14	0	0	0	0	1	0	0
调研对象 15	0	1	1	1	1	1	0
调研对象 16	1	0	0	1	1	0	1
调研对象 17	1	1	1	1	1	1	0
调研对象 18	1	1	1	1	1	0	0
调研对象 19	1	0	1	1	1	1	1
调研对象 20	1	1	1	1	1	1	1
调研对象 21	1	0	1	1	1	1	0
调研对象 22	1	1	1	1	1	1	1
调研对象 23	1	1	1	1	1	1	1
调研对象 24	1	1	1	1	1	1	0
调研对象 25	1	1	1	1	1	1	1
调研对象 26	1	1	1	1	1	1	0
调研对象 27	0	1	1	1	1	1	1
调研对象 28	1	1	1	1	1	1	1
调研对象 29	1	1	0	1	0	1	1
调研对象 30	1	1	1	1	1	0	0
调研对象 31	0	1	1	0	1	1	0

（四）检验条件变量

根据定性比较分析方法的步骤要求，需要对单一变量进行单因素必要性分析，当一致性（consistency ）大于 0.8 时，可以认为该变量是结果的一个充分条件，即满足该条件将导致结果的出现。而当一致性大于 0.9 时，该变量就成为结果的一个必要条件，也就是说，只有当该条件被满足时，结果才会显示出来。除了一致性检验，覆盖度（coverage）也是评估一个或几个不同因素对结果的解释能力的指标。覆盖度的数值越大，表示变量或组合的解释力度越大，即对结果的解释能力更强。[①] 在运用 fsQCA 3.0 软件处理时（见图 5.3），如果某变量一致性高于 0.9、覆盖率大于 0.5，[②] 即认为该变量为必要条件。表 5.28 为针对老年助餐情况开展的单个条件变量必要性分析结果。

```
Analysis of Necessary Conditions

Outcome variable: YI

Conditions tested:
    Consistency     Coverage
X1  0.933333        0.560000
X2  0.733333        0.478261
X3  0.800000        0.480000
X4  1.000000        0.535714
X5  0.666667        0.476190
X6  0.866667        0.565217
```

图 5.3 单个条件变量的必要条件检测结果

表 5.28 单个条件变量必要性分析结果

	一致性（consistency）	覆盖率（coverage）
X1：服务质量	0.933 333	0.560 000
X2：个性化服务	0.733 333	0.478 261
X3：资金投入	0.800 000	0.480 000
X4：多元化	1.000 000	0.535 714
X5：补贴或税费减免	0.666 667	0.476 190
X6：低成本	0.866 667	0.565 217

根据表 5.28，可以看出服务质量、多元化两个条件变量的一致性大于 0.9，覆盖率大于 0.5，因此，这两个条件变量为必要条件。也就是说，根据调研案例，老年助餐要实现可持续发展，必须有高的服务质量和多元化的经营策略。其他条件变量皆为充分条件。

（五）进行组态分析，得出相关路径

根据是否考虑逻辑余项（逻辑上存在但实际未发生的情景），可以将条件组合的结果分为 3 种汇报方案：复杂解、中间解和简约解。复杂解是指不纳入逻辑余项的条件组合，简约解是纳入全部逻辑余项的条件组合，中间解是部分纳入逻辑余项的条件组合。复杂解不考虑现实中未发生的情况，中间解介于复杂解与简单解之间。一般报告中间解和简约解。

一致性和覆盖率是定性比较分析结果的重要评判指标。在具体解释方面，一致性表

① 万筠，王佃利 . 中国邻避冲突结果的影响因素研究：基于 40 个案例的模糊集定性比较分析 [J]. 公共管理学报，2019，16（1）：66-76，172.

② Fiss P C. Building better causal theories : a fuzzy set approach to typologies in organization research[J]. Academy of Management Journal，2011，54（2）：93-420.

示组合的充分性，即条件组合与实践案例具有较高的匹配度。而覆盖率则指现实案例中有多少可以被该条件组合所解释。此外，原始覆盖率和净覆盖率也是重要的结果指标。原始覆盖率是指一项条件组合能解释的案例数量程度，即该组态最终涉及的所有案例。而净覆盖率是在原始覆盖率基础上删去与其他条件组态重复的案例后剩下的案例，具有排他性，不与其他条件组态共享该案例。总覆盖率和总一致性是所有条件组态的总体评价指标。总覆盖率衡量了所有条件组态解释现实案例的程度，而总一致性则衡量了所有结果路径被隶属于被解释结果子集的程度。通常情况下，一致性和覆盖率越大越可靠。

图 5.4、图 5.5 为使用软件得到的检测结果，其中“*”是“且”的意思，用以表示变量之间的连接；“~”表示“非”，即该变量“不存在”。根据图 5.4 和图 5.5，可以制作中间解条件组合分析表 5.29 和简约解条件组合分析表 5.30。

```
--- INTERMEDIATE SOLUTION ---
frequency cutoff: 1
consistency cutoff: 1
Assumptions:
                             raw         unique
                           coverage     coverage    consistency
                          ----------   ----------   ----------
X1*~X3*X4*~X5*X6          0.133333     0.133333     1
X1*~X2*X3*X4*~X5*~X6      0.0666667    0.0666667    1
X1*~X2*~X3*X4*X5*~X6      0.0666667    0.0666667    1
solution coverage: 0.266667
solution consistency: 1
```

图 5.4 中间解条件组合检测结果

```
--- PARSIMONIOUS SOLUTION ---
frequency cutoff: 1
consistency cutoff: 1
                   raw         unique
                 coverage     coverage    consistency
                ----------   ----------   ----------
X1*~X3          0.2          0.0666667    1
X1*~X2*~X6      0.133333     0            1
X1*~X2*~X5      0.133333     0            1
solution coverage: 0.266667
solution consistency: 1
```

图 5.5 简约解条件组合检测结果

表 5.29 中间解条件组合分析表

条件组合	原始覆盖率（raw coverage）	唯一覆盖率（unique coverage）	一致性（consistency）
服务质量 *~ 资金投入 * 多元化 *~ 补贴或税费减免 * 低成本	0.133 333	0.133 333	1
服务质量 *~ 个性化服务 * 资金投入 * 多元化 *~ 补贴或税费减免 *~ 低成本	0.066 666 7	0.066 666 7	1
服务质量 *~ 个性化服务 *~ 资金投入 * 多元化 * 补贴或税费减免 *~ 低成本	0.066 666 7	0.066 666 7	1
总覆盖率（solution coverage）	0.266 667		
总一致性（solution consistency）	1		

表 5.30 简约解条件组合分析表

条件组合	原始覆盖率（raw coverage）	唯一覆盖率（unique coverage）	一致性（consistency）
服务质量 *~ 资金投入	0.2	0.066 666 7	1
服务质量 *~ 个性化服务 *~ 低成本	0.133 333	0	1
服务质量 *~ 个性化服务 *~ 补贴或税费减免	0.133 333	0	1
总覆盖率（solution coverage）	0.266 667		
总一致性（solution consistency）	1		

在表 5.29 和表 5.30 基础上，将中间解和简化解所体现出的信息进行转换，并通过使用相应的标识来表现各个条件的重要性，如表 5.31 所示。其中●或•表示条件的存在，使用□或▫表示条件的不存在。而●和□代表该条件是核心条件，•和▫则代表该条件是边缘条件。空白表示条件可以存在也可以不存在。如果一个前因条件同时出现在简单解和中间解中，则被视为核心条件。如果这个前因条件仅出现在中间解中，未出现在简约解中且不是必要条件，则将其视为补充条件。本研究中 3 条路径一致率为 1，说明结果较理想。

表 5.31 老年助餐可持续发展的 3 种路径

	经营盈利		
	路径 1	路径 2	路径 3
X1：服务质量	●	●	●
X2：个性化服务		□	□
X3：资金投入	□	●	□
X4：多元化	●	●	●
X5：补贴或税费减免	□	□	●
X6：低成本	●	□	□
一致性	1	1	1
原始覆盖率	0.133 333	0.066 666 7	0.066 666 7
唯一覆盖率	0.133 333	0.066 666 7	0.066 666 7
总一致性	1		
总覆盖率	0.266 667		

（六）稳健性检验

为了验证 QCA 结果的稳健性，首先，调整一致性阈值，将其从 0.8 调整至 0.85，并重新进行分析。在此阈值下，所得结果与上述结果相同。其次，对案例样本进行随机剔除，然后进行再一次分析。发现条件组合分析结果仍然没有变化，并且整体覆盖率和一致性变动非常小。可见，研究结果通过了稳健性检验。

（七）相关分析

由以上过程可以看出，首先，在盈利比例上，本次调研案例中实现盈利的有 15 家，占比 48.4%，说明老年助餐要实现盈利并不容易。其次，在发展路径上，京津冀地区老年助餐要实现可持续发展，保证服务质量和进行服务对象多元化是必要条件。在此基础上，如果能有效降低成本，那么资金投入和运营补贴税费减免可以暂缓；如果能保证资金投入，那么个性化服务、运营补贴税费减免、极限降低成本可以暂缓；如果有大量运营补贴税费减免，那么个性化服务、资金投入、极限降低成本可以暂缓。

可见，对于老年助餐，目前在保证服务质量和服务对象多元化必要条件下，要实现经营盈利，降低总成本、加大资金投入、获取运营补贴税费减免三者需要居其一，提供个性化服务目前不是很迫切的要求。运营补贴税费减免对于营利性老年助餐机构来说，降低或逐步取消补贴是趋势方向；加大资金投入对于营利性老年助餐机构来说，也未必能实现；而采取低成本战略应是比较现实可行的策略。对于政府而言，可以与既有服务质量较高的饭店或机构食堂开展合作，开辟老年助餐服务窗口。

二、长期护理保险

据相关统计，2010—2020 年我国失能老人从 523 万人增长至 618 万人，[①] 我国 65 岁及以上老年人约 1.67 亿人，其中失能、半失能老年人口高达 4 000 万人。[②] 护理需求是失能半失能老人的刚需，为此，我国于 2016 年开始试点长期护理保险。长期护理保险是我国第六大险，对于失能人群及其家庭意义重大。河北省承德市作为第一批试点城市，天津市和北京市石景山区作为第二批试点城市（区），在长期护理保险试点实践中都进行了相应探索。本书先对京津冀三地长期护理保险试点政策进行简要对比，然后对河北省承德市长期护理保险试点进行调研分析。

（一）京津冀长期护理保险试点政策对比

关于长期护理保险，京津冀三地分别出台了《北京市医疗保障局 北京市财政局关于印发〈北京市长期护理保险制度扩大试点方案〉的通知》（京医保发〔2020〕30 号）、《天津市人民政府办公厅关于印发〈天津市长期护理保险制度试点实施方案〉的通知》（津政办规〔2020〕24 号）、《天津市人民政府办公厅关于印发〈天津市深

① 杨垚，杨鑫，罗霞 . 居家失能老人社区养老服务供需匹配研究：基于 CLHLS 数据的实证 [J]. 保险职业学院学报，2023（5）：77-86.

② 朱宁宁 . 让 4000 万失能半失能老人有爱有“护”[N]. 法治日报，2023-6-20（5）.

入开展长期护理保险制度试点实施方案〉的通知》（津政办规〔2022〕17 号）、《河北省医疗保障局 河北省财政厅关于进一步规范长期护理保险制度试点工作的通知》（冀医保字〔2021〕10 号）等政策文件，其中河北省承德市先后颁布过《承德市人民政府关于建立城镇职工长期护理保险制度的实施意见（试行）》《承德市人民政府关于印发承德市“十三五”老龄事业发展和养老体系建设规划的通知》《承德市城镇职工长期护理保险居家护理管理办法（试行）》《承德市医疗保险基金管理结算中心关于申报市本级长期护理保险定点服务机构的通知》《承德市城镇职工长期护理保险管理办法》等系列相关政策文件。京津冀在参保对象、筹资标准、支付条件、支付标准等方面具体规定如下。

表 5.32 京津冀长期护理保险试点政策对比

	北京市石景山区	天津市	河北省承德市
参保对象	辖区内参加城镇职工基本医疗保险和城乡居民基本医疗保险的人员（暂不含学生、儿童）	本市职工基本医疗保险参保人员	辖区内城镇职工基本医疗保险参保人员
保障范围	因年老、疾病、伤残等原因，经医疗机构规范诊疗、失能状态持续 6 个月以上，经申请通过评估认定的重度失能参保人员	经医疗机构或康复机构规范诊疗、失能状态持续 6 个月以上，评定结论有效期不超过 2 年	因年老、疾病等因素导致失能并经过医疗后在 6 个月内依然处于失能状态，经过评估符合重度失能参保人员
筹资标准	筹资标准暂定为 180 元 / 人 / 年，城镇职工筹资由单位和个人共同分担，分担比例为 5 ：5。城镇职工单位缴费由职工基本医疗保险统筹基金划转，个人缴费由职工基本医疗保险个人账户代扣代缴。城乡居民筹资由财政和个人共同分担，分担比例为 5 ：5	筹资以单位和个人缴费为主，单位按照职工工资总额的 0.12% 缴费，个人按照本市职工平均工资的 0.12% 缴费。试点期间，统一为单位缴费每人每年 90 元，个人缴费每人每年 90 元。其中，单位缴费从其缴纳的职工基本医疗保险费中按月划出，个人缴费从其缴纳的城镇职工大额医疗救助费中按月划出	筹资标准是上年度工资总额的 0.2%，通过单位和个人缴费进行筹集，单位缴费是上年度工资总额的 0.1%，从职工的基本医疗保险单位缴费中直接进行划转，个人的则在基本医疗保险个人账户扣除上年度工资总额的 0.1%。灵活就业人员则直接按照医疗保险缴费基数的 0.2% 进行缴纳

（续表）

	北京市石景山区	天津市	河北省承德市
保障内容	以保障重度失能人员基本生活照料和与基本生活密切相关的医疗护理为主要内容，提供相应的护理服务	主要包括基本生活护理服务、专业护理服务。逐步将辅助器具服务纳入服务范围。分为机构护理服务和居家护理服务	分为机构护理服务和居家护理服务
支付标准	对符合规定的长期护理费用，待遇保障水平为 3 000 元 / 月，基金支付标准控制在 70% 左右	（1）机构护理服务：最高支付限额每人每天 70 元，由长期护理保险基金支付 70%，个人负担 30% （2）居家护理服务：由定点护理机构专业照护人员提供全部居家护理服务的，最高支付限额每人每月 2 100 元，由长期护理保险基金支付 75%，个人负担 25%。由亲情照护人员提供基本生活护理服务的，基本生活护理服务部分按照每月 750 元标准由长期护理保险基金支付给亲情照护人员；在此基础上还可向定点护理机构申请专业照护人员提供专业护理服务，专业护理服务部分最高支付限额每月 1 100 元，由长期护理保险基金支付 75%，个人负担 25%	（1）机构护理服务：在医疗机构进行长期护理的，分为两种。一级机构每人每日床位费用是 70 元，二级及以上的医疗机构，每人每日床位费是 80 元；在定点护理机构，床位费为每人每日 60 元。如果费用不超过此支付标准，则按照 70% 给付 （2）居家护理服务：每人每月有 1 200 元的居家基础护理服务包补贴，除此之外还有每月 300 元的补充服务包补贴，在此以外还需要其他护理服务则需要自费。整体上护理保险的补偿比为 70% 以上
评定管理	长期护理保险失能评估标准及护理需求认定办法	失能评定人员应具有临床、护理、康复专业中级及以上专业技术职称，评定标准按照《国家医保局办公室 民政部办公厅关于印发〈长期护理失能等级评估标准（试行）〉的通知》（医保办发〔2021〕37 号）执行。现场评估中，由至少 2 名评定人员开展评估，至少 1 名评定对象的近亲属、监护人或代理人在场，并全过程做好问询和影像记录	首先，申请人向有关单位提出申请，进行初审合格之后 3 日内报送经办机构。其次，经办机构对材料进行审核和公示，以确定是否符合要求。最后，进行现场评估

由表 5.32 可知，在参保对象上，北京市相比天津市和河北省，将城乡居民（除学生、儿童）也纳入覆盖范围。在保障范围上，三地基本相同，都是经鉴定评估失能状况持续 6 个月以上。在筹资标准上，试点期间，北京市和天津市筹资标准一致，河北省按总计 0.2% 来筹资，单位缴费都是由医保账户划转。在保障内容方面，北京市以医疗护理为主，天津市和河北省包括基本生活护理服务、专业护理服务。在支付标准上，三地补偿比例都在 70% 以上，具体水平，北京市＞天津市＞河北省。在评定管理上，三地都要经过评估申请、受理审核、现场评估、复核与结论、公示与送达等程序。

（二）河北省承德市长期护理保险试点调研

2022 年 3—5 月，经笔者指导，学生对河北省承德市长期护理保险试点进行了实践调研，[①] 调研对象包括 75 名被保险对象（其中男 27 人，女 48 人；51 ～ 60 岁 2 人，61 ～ 70 岁 15 人，71 ～ 80 岁 23 人，81 岁及以上 35 人），调研问卷详见附录 C。

1. 长期护理保险对家庭情况的改善程度

通过调研可知，86.67% 的调研对象认为长期护理保险对家庭状况有较好改善，可见人们对长护险的推行是认可的。

表 5.33 长期护理保险对家庭状况的改善程度

	高	较高	较低	低
人数	25	40	9	1
所占比例	33.33%	53.33%	12.00%	1.33%

2. 对医疗护理机构和服务人员数量满意程度

认为供给数量可以满足需求的占比 36%，认为不能满足需求的占比 64%，说明在资源配置上，承德市长期护理保险还应增加供给量。

表 5.34 医疗、护理机构和服务人员的供给数量满意度

	可以满足需求	不能满足需求
人数	27	48
所占比例	36.00%	64.00%

3. 对护理人员专业服务水平满意程度

由表 5.35 可知，人们对护理人员专业服务水平评价主要集中在“比较专业，服务可以”，这反映出护理人员专业水平还可以得到进一步提升，还需要更多专业培训。

表 5.35 护理人员服务水平满意度

	十分专业，服务好	比较专业，服务可以	一般，服务凑合
人数	18	40	17
所占比例	24.00%	53.33%	22.67%

4. 对评定流程满意程度

调研中，只有 18.67% 的调研对象认为评定流程不复杂。可见，多数老年人及其家属都认为申请流程有一定的复杂性，相关流程还需要进行合理简化。

表 5.36 评定流程满意度

	非常复杂	比较复杂	不复杂
人数	31	30	14
所占比例	41.33%	40.00%	18.67%

① 张可欣 . 长期护理保险制度试点调查研究：以承德市为例 [D]. 天津：河北工业大学，2022.

5. 护理服务具体项目享受比例

由调研结果可知，清洁护理、进食辅助、排泄护理是享受频率最高的三项护理服务，这三项也都是失能老人生活必需的服务；走路辅助、剃须剃发等美容服务和翻身、按摩关节等服务比例较低。可见，护理服务具体项目比较固定，这为护理人员培训提供了较好条件，在培训中抓住需求比例大的服务项目能切实提高培训的效率与效果。

表 5.37 护理服务具体项目享受比例

具体项目	人数	占比
清洁护理	59	78.67%
进食辅助	59	78.67%
排泄护理	51	68.00%
走路辅助	26	34.67%
理发、剃须等美容护理	20	26.67%
翻身、按摩关节等	18	24.00%

综上可见，河北省承德市长期护理保险赢得了人们的认可，但在资源配置、护理人员专业技能培训、评定流程等方面还可继续提升。

三、时间银行互助养老

基于社会交换理论，互助养老对于我国老龄人口绝对数量多，老龄化程度日益增加的现实挑战是一种能实现正向循环的解决办法。时间银行本身并不完全限于养老服务，本质上是一种志愿服务管理方式。近年来，越来越多的地区将时间银行理念和模式融于养老服务中，故称为时间银行互助养老。2022 年北京市两会首次将时间银行写入政府工作报告之中，《北京市养老服务时间银行实施方案（试行）》于 2022 年 6 月 1 日实施，该方案对于时间银行参与人员范围、时间货币产生标准、通兑通存等核心问题进行了规定，为北京市时间银行实施作出了具体安排。《天津市“十四五”养老服务体系发展规划和二〇三五年远景目标纲要》等均指出要扶持和发展各类养老服务志愿组织，探索建立时间银行制度。2022 年 3 月 10 日，河北省民政厅、省文明办、团省委联合印发了《关于进一步推广“时间银行”互助养老服务模式的意见（试行）》，提出要进一步推广有河北特色的、可复制的时间银行模式，调动更多社会力量参与养老志愿服务和社区治理，不断提高老年人的获得感、安全感、幸福感，营造我为人人、人人为我的良好社会风尚。

为了更好了解河北省时间银行互助养老情况，2023 年 3—5 月，笔者和学生针对石家庄时间银行参与意愿等展开了实践调研，调研结果如下。①

（一）石家庄市时间银行互助养老的运行框架及成效

石家庄市时间银行互助养老按照“13578”的服务模式开展活动：在市级搭建了一个志愿服务平台，依托于微信公众号进行服务；完善了三级服务体系，分别设立了总行、分行和支行；明确了五个清单，即服务清单、志愿清单、需求清单、兑换清单、自愿清单；坚持了七化原则：注册登录简易化、服务流程便捷化、推送智能化、服务信息实时化、评价大众化、市场兑换多样化、平台数据可视化；开展了八项服务，包括情感慰藉、健康科普、文体活动、协助服务、政策宣传、居家探访、出行陪伴、培训讲座。

时间银行支行基于各区的社工站建立，其主要职责包括：第一，服务对象的管理，对社工站进行调研、建立档案、协助服务对象进行发布需求；第二，志愿者的管理，社工站招募、注册、审核志愿者，并对其进行岗前培训；第三，服务管理，社工站进行服务发布、购买保险、星级评定和服务兑换；第四，机构管理，管理本站的日常运行。

关于时间银行互助养老的运行保障主要包括以下内容：首先建立了时间银行管理标准、严格时间银行管理进度，使时间银行运行有据可依。其次强化了风险保障，以保基本、全覆盖为目标，平台和保险机构合作，在所有志愿者参加活动之前，平台会把参加活动的人员数据发给保险机构并购买单位险。

截至 2023 年 4 月，石家庄时间银行互助养老平台共注册了志愿者 1 131 人，服务时间 3 964 小时。同时，打造了示范性阵地——裕东区东苑街道。裕东区东苑街道共注册志愿者 82 人，服务对象 30 人，服务时间 210 小时，围绕“老友伴”开展关爱服务 6 场，服务轮次 432 轮，开展了 3 期培训活动，链接了 9 家爱心企业。

（二）相关调研

本次调研共发放问卷 225 份，回收有效问卷 212 份。（见附录 D）调研对象的基本信息包括：性别、年龄、婚姻状况、文化程度、居住情况、是否有收入来源，详见表 5.38。

① 贾若男 . 河北省时间银行互助养老发展现状及对策研究：以石家庄市为例 [D]. 天津：河北工业大学，2023.

表 5.38 调查对象的基本信息

<table>
<tr><th>名称</th><th>选项</th><th>人数</th><th>百分比</th><th>名称</th><th>选项</th><th>人数</th><th>百分比</th></tr>
<tr><td rowspan="2">性别</td><td>男性</td><td>99</td><td>46.70%</td><td rowspan="5">文化程度</td><td>文盲及半文盲</td><td>83</td><td>39.15%</td></tr>
<tr><td>女性</td><td>113</td><td>53.30%</td><td>小学</td><td>76</td><td>35.85%</td></tr>
<tr><td rowspan="4">年龄</td><td>60 岁至 65 岁</td><td>19</td><td>8.96%</td><td>初中</td><td>40</td><td>18.87%</td></tr>
<tr><td>66 岁至 70 岁</td><td>68</td><td>32.08%</td><td>高中 / 技校 / 中专</td><td>8</td><td>3.77%</td></tr>
<tr><td>71 岁至 75 岁</td><td>85</td><td>40.09%</td><td>大学专科及以上</td><td>5</td><td>2.36%</td></tr>
<tr><td>76 岁及以上</td><td>40</td><td>18.87%</td><td rowspan="2">居住情况</td><td>独居</td><td>57</td><td>26.89%</td></tr>
<tr><td rowspan="4">婚姻状况</td><td>未婚</td><td>2</td><td>0.94%</td><td>非独居</td><td>155</td><td>73.11%</td></tr>
<tr><td>已婚</td><td>155</td><td>73.11%</td><td rowspan="3">是否有收入来源</td><td rowspan="2">是</td><td rowspan="2">161</td><td rowspan="2">75.94%</td></tr>
<tr><td>丧偶</td><td>28</td><td>13.21%</td></tr>
<tr><td>离异</td><td>27</td><td>12.74%</td><td>否</td><td>51</td><td>24.06%</td></tr>
</table>

1. 对时间银行的了解情况

有 105 位老年人从来没有听说过时间银行，占比 49.53%。只有共计 39 名老年人对时间银行比较知晓，占比不到 20%，这说明老年人对于时间银行的了解程度低，也说明有关时间银行的宣传不足。（见表 5.39）

表 5.39 调查对象对时间银行的了解情况

	从来没听过	知道一点但不太清楚	知道	非常了解
人数	105	68	29	10
所占比例	49.53%	32.08%	13.68%	4.72%

2. 希望通过时间银行获得的服务

通过调研发现，老年人最希望获得的服务是精神慰藉服务、医疗卫生服务、文化娱乐服务，分别占比 68.87%、62.74%、60.85%。希望获得生活照料服务的老年人占比 45.28%，有 12.74% 的老年人选择了其他服务内容。（见表 5.40）

表 5.40 调查对象希望获得的服务

	生活照料服务	精神慰藉服务	医疗卫生服务	文化娱乐服务	其他服务内容
人数	96	146	133	129	27
所占比例	45.28%	68.87%	62.74%	60.85%	12.74%

3. 希望的参与者

在志愿者人选方面，102 位老年人选择了老年志愿者，占比 48.11%，他们表示希望有同龄人可以交流。选择社区护士护工、大学生志愿者和其他的分别占比 36.79%、9.43%、5.66%（见表 5.41）。在时间银行互助养老后续发展中可以考虑多招募一些专业护理人员志愿者。

表 5.41 调查对象希望的参与者

	老年志愿者	大学生志愿者	社区护士护工	其他
人数	102	20	78	12
所占比例	48.11%	9.43%	36.79%	5.66%

4. *相关访谈*

本次调研对社工代表、志愿者代表进行了相关访谈。在谈到遇到的困难时，社工代表L表示："虽然民政部门负责推进时间银行试点工作，但是时间银行在运行过程中会涉及很多问题，比如说我们的运营经费、和合作企业的对接、信息管理等。这需要多方面力量的支持。""时间银行互助养老存在网点设置的问题。目前时间银行处于试点阶段，运营的时间银行服务网点覆盖范围是有限的，各区的服务网点的建设也参差不齐。""就目前的情况来看，我们还无法实现时间币通存通兑。在本街道参与活动积累的时间货币，就需要在本街道兑换。如果要兑换物品的话就到我们街道的社工服务站领取。但是我们也在探索如何实现时间货币通存通兑问题，可能之后会有一个具体方案。""时间银行服务网点建设不足也造成了刚才我们提到的不能实现通存通兑的问题。"

志愿者也对时间币的通存通兑问题表示担忧。志愿者Z表示："我们现在的积分主要就是兑换那些日用品了，我们现在存的这些积分不知道等自己需要的那天能不能真的用上，毕竟还有十多年呢。我希望咱们这个平台能一直做下去吧，如果到时候用不上，我们那些积分不就没用了吗？"

综上所述，河北省时间银行互助养老取得了一定成效，但也还存在人们对时间银行互助养老了解不多、网点建设不足、志愿者担心将来无法兑现等问题。

第六章　京津冀协同发展下河北省居家和社区养老服务的问题及原因分析

基于前述几章分析可知，目前河北省在居家和社区养老服务建设方面取得了不少进步和成效，整体发展相对京津并不落后，但为促进河北省养老服务事业更快更好发展，在京津冀养老服务协同发展中发挥出更突出的承接作用，本章对河北省居家和社区养老服务问题进行归纳和原因分析。

第一节　问题分析

一、政策拟定方面

（一）政策创新性前瞻性有待提升

在居家和社区养老服务政策文本中，河北省虽然制定、颁布了系列相对比较完备的政策文件，但总体而言，在城镇居家和社区养老方面，还缺乏突破性和创新性，相当部分是根据国家相关规定和指导结合省情细化落实而成的。这说明河北省对国家政策的贯彻遵循很到位，但存在创新性前瞻性不足的问题，如老年友好型社区建设如何向全龄友好型社区建设推进、长期护理保险筹资与支付等方面还需要创新性思路和前瞻性规划。

（二）财政支持项目有待逐步扩展

对比北京市和天津市，河北省目前在养老人才奖励性激励、社区适老化设施建设方面还需要加大投入。在老年助餐方面，河北省目前规定“符合条件的养老助餐服务场所，按规定享受连锁运营社区居家养老服务设施奖励、县级‘互联网＋智慧养老服务’信息平台建设奖励、农村互助幸福院建设补贴等奖补政策”，缺少对老年人的直接补贴。河北省人口规模巨大，每新增一项财政补贴项目，都需要对于财政支出的承受能力进行具体测算。

（三）相关服务或待遇享受对象有待进一步厘清

在河北省颁布的系列不同政策文件中，相关服务或待遇享受对象先后出现过“特困人员”“特殊困难老人”“经济困难老年人”“困难残疾老年人、重度残疾老年人”“失能老年人”“农村贫困失能半失能人员”等不同称谓，这些称谓对应着不同的养老服务或待遇（具体参见表 4.13），但各种称谓的具体认定标准比较模糊笼统，除了《河北省特困人员认定办法》（冀民规〔2021〕7 号），其他还需在相关政策文本中加以具体明确和区分。

二、政策实施方面

（一）整体发展不平衡不充分

河北省居家和社区养老服务机构设施建设等虽然数量上有较大提升，但也还存在整体发展不平衡不充分的问题。

首先，不同地区之间存在着养老服务资源分布不均衡不充分的现象。崔跃（2021）基于空间特征将河北省不同主要城市养老服务资源配置与老年人口数量进行匹配度计算，发现保定市（含定州）养老服务资源匹配严重滞后，秦皇岛市和廊坊市养老服务资源匹配超前。（见表 6.1）

表 6.1 河北省各城市养老资源和老年人口的匹配度划分类型[①]

城市	匹配度	划分类型
石家庄市（含辛集）	0.791	协调型
唐山市	0.925	协调型
秦皇岛市	1.632	超前型

① 崔跃．基于空间特征的河北省养老资源配置研究 [D]. 秦皇岛：燕山大学，2021：38.

（续表）

城市	匹配度	划分类型
邯郸市	0.915	协调型
邢台市	1.151	协调型
保定市（含定州）	0.474	滞后型
张家口市	1.234	协调型
承德市	1.437	协调型
沧州市	0.788	协调型
廊坊市	1.691	超前型
衡水市	1.401	协调型

由表6.1可看出，保定市（含定州）还需大力加强养老服务资源建设，沧州市、石家庄市（含辛集）的养老服务资源配置建设还可以进一步提升。

其次，城乡之间存在养老服务资源分布不平衡不充分的现象。截至2022年，在城镇地区，河北省日间照料服务设施达到全覆盖①（共4 991个），能够提供助餐服务的社区日间照料机构共2 611个，占比达52.3%；在农村地区，互助幸福院覆盖率70%以上。可见，目前河北省城乡之间在养老服务资源分布上城镇地区整体优于农村地区。农村地区由于劳动年龄人口流入城镇就业，空巢老人比例更高，城乡居民养老金水平也低于城镇职工养老金水平，这就使得农村地区相比城镇地区更需要强大的公共养老服务保障网络，但目前城乡养老服务资源是倒置的。

最后，农村地区之间存在养老服务资源分布不平衡不充分的现象。河北省不同地区农村由于经济发展水平的差异，导致其养老服务建设水平也出现差距。如：河北省滦南县2019年被中国红十字会总会事业发展中心批准成为全国首家养老服务“时间银行”试点县，2022年，滦南县“四个一点”农村居家养老食堂成为51个全国居家和社区养老服务改革试点典型案例之一，是河北省唯一入选的案例。至今以村为单位已建成20多个农村小食堂；邯郸市武安市磁山二街，是全国重点村镇，是美丽乡村的典范，也是全国示范性老年友好型社区；还有沧州青县已建成投入运行的农村孝老食堂达35家，正在规划和建设的27家，受益老年人超过2 000人。同时，还有不少农村地区的互助幸福院、孝老食堂等居家和社区养老服务设施有待建设，居家和社区养老服务项目还有待扩充。

（二）部分项目可持续性有待增强

一是老年助餐项目。老年助餐项目虽然符合老年人的需求，但根据本次调研统计，老年助餐在京津冀各地及总体需求水平还不太高，而且国家统计局北京调查总队曾对

① 赵泽众．河北实现城镇社区日间照料机构全覆盖[N]. 河北日报，2022-08-14（1）.

40家老年餐桌机构开展典型调研，发现“餐费价格很难与成本同步，亏损缺口加大”的机构占比达到55%，“目前老年助餐点虽然遍地开花，但供需矛盾依旧突出，能够收支平衡、略有盈余并可持续发展的助餐点相对较少”[①]。本次对河北省的调研样本中，也是50%的老年配餐项目处于不盈利状态。相关新闻报告也表明老年助餐机构如果去掉政府政策补贴，很难做到盈余，一些老年助餐公司只能用别的项目盈余来补给老年餐项目亏空。[②]没有营业利润，一些老年助餐机构迟早会陷于困境而关闭，所以，如何增强老年助餐项目的可持续发展变得尤为重要。

二是长期护理保险制度。目前正在试点过程中的长期护理保险制度对于解决失能老人护理难题具有不可替代的重要作用，但长期护理保险制度中运营资金筹集、对护理员的需求等方面都还需要从长计议。首先，根据制度规定，长期护理保险筹资“以单位和个人缴费为主，单位和个人缴费原则上按同比例分担，其中单位缴费基数为职工工资总额，起步阶段可从其缴纳的职工基本医疗保险费中划出，不增加单位负担；个人缴费基数为本人工资收入，可由其职工基本医疗保险个人账户代扣代缴”[③]。目前京津冀三地试点也都是这样执行，可见，长期护理保险要想有独立稳定的资金来源还需要更多探寻。另外，由职工基本医疗保险费中划转缴费也会带来参保对象的限制性问题，使得城乡居民被排除在制度外。再次，就是护理员的供需矛盾问题，据中国老龄科学研究中心和新疆兵团养老行业协会联合发布的养老服务人才状况专项调查报告显示，当前养老护理员最为紧缺。[④]截至2022年底，我国约有4 000万的失能、半失能老年人，对养老护理员的需求多达600多万名，然而我国目前仅有50多万名养老护理的服务人员，长期护理服务人员数量仅为33万。[⑤]本书中2022年的实践调研也表明护理人员数量及专业水平均需提升，另外在评定流程方面也还需优化。

三是时间银行互助养老。“小老”帮助“老老”实现互助养老，是充分开发老年人力资源同时解决养老服务人员短缺问题的一种重要思路举措，重点是将养老服务时间进行“储蓄”，等到将来需要别人提供养老服务时，再从时间银行账户中取用兑现。但在现实执行中，谁来记录服务时间？如何保管时间银行账户？如何取得大家的信任？

---

① 邱海峰，黄金玉．老年助餐，推得开还要办得好[N]. 人民日报（海外版），2023-10-26（4）.

② 周聪聪．老年助餐：如何守护“舌尖上的幸福晚年”[EB/OL].（2023-03-25）[2023-12-20].https://hbrb.hebnews.cn/pc/paper/layout/202303/25/node_04.html.

③ 国家医疗保障局财政部．国家医保局财政部关于扩大长期护理保险制度试点的指导意见[EB/OL].（2020-09-10）[2023-12-20].https://www.gov.cn/zhengce/zhengceku/2020-11/05/content_5557630.htm.

④ 王小霞．调查显示：当前养老护理员最为紧缺[EB/OL].（2023-04-25）[2023-12-20].https://www.cet.com.cn/wzsy/ycxw/3365397.shtml.

⑤ 应亚珍，田然．49个城市试点长期护理保险，长护险走向何方？[EB/OL].（2023-12-07）[2023-12-20].https://www.sohu.com/a/742229964_439958.

如何防范服务过程中的各种风险？[①]在这些问题还没有得到系统解决前，时间银行的整体长期良性循环就会受到影响，以至于不少地方将互助养老中提供的服务最后都兑换成短期爱心小商品，使得互助养老的精髓没有得到体现。

（三）城镇养老服务缺乏鲜明特色

河北省在农村养老服务上，推出过具有鲜明特色的“互助幸福院”养老模式，在全国都得到了广泛推广。但在城镇养老服务上，目前河北省还有待推出具有鲜明特色、可复制、可持续的养老服务新模式，以在解决本省老年人养老问题基础上，吸引外省人员来冀留冀养老，或者使河北省养老服务出冀发挥所长。

（四）质量有待进一步提升

根据本研究调研发现，在需求方面，调研对象对河北省居家和社区养老服务总需求水平较高，说明河北省居家和养老服务未被满足的服务项目还比较多，提升空间大。在满意度方面，河北省居家和养老服务综合满意度处于“比较满意”水平，但调研对象对保洁家政、助浴、医疗康复器具租赁、心理咨询、临终关怀、体育健身的满意程度为“一般”，对“家庭病床”的满意程度较低，说明针对以上项目，服务质量还需要进一步提升。养老服务供需适配性不太高，整体处于一般水平，尤其是在相关性方面得分较低，即在居家和社区养老服务设施设备、服务人员配置、服务项目需求针对性等方面还需进一步提升适配性。

第二节　原因分析

一、政府方面

（一）财政经济实力有限

河北省不论人均地区生产总值还是人均一般公共预算收入（见表 5.4），在京津冀中，都是最低的，这一方面决定了河北省在养老服务各项公共支出中需要量入为出，

① 邵聪敏，王小春，袁铎珍，等.“时间银行”：农村互助养老新模式：以河北省唐山市滦南县为例 [J]. 农村经济与科技，2022（7）：182-185.

精打细算，量力而行；另一方面，经济的落后使得年轻劳动力不得不流动到经济发达地区，这就会加剧留守儿童教育和空巢老人养老等问题。所以，河北省在新时代背景下加快经济发展、增强经济实力是十分重要而迫切的。

（二）养老服务省级财政支出比例有待提高

区域发展的滞后使得河北省在养老服务方面的资金投入十分有限。2022 年，河北省养老服务体系建设省级财政预算资金 31 700 万元，[①] 占 2022 年河北省地方一般公共预算支出 9 305.64 亿元[②] 的 0.034%，尚未达到 0.05%，但河北省全部民生支出占一般公共预算支出的比重达到 81%，有力保障了 20 项民生工程和各项民生实事顺利实施。[③] 可见，河北省可以通过调整省级财政支出预算，适当增加养老服务体系建设支出。

（三）定位有待明确细化

在京津冀养老服务协同发展中，河北省的定位影响着河北省养老服务事业的发展方向和特色形成。河北省作为北京非首都功能承接地，作为京津养老服务承接地，需要在养老服务方面作出有益探索，以亮点形成招牌和示范效应，成为养老服务事业发展高地。但具体在哪些方面着力，还有待明确细化，这就导致目前河北省在城镇养老服务方面缺乏鲜明特色。

（四）管理体制有待理顺

在管理体制上，长期护理保险属于医疗保障部门管辖，但养老服务项目中的康复护理，又属于民政部门管辖，二者在具体实践中如何协调，还有待进一步理顺。

二、市场方面

（一）盈利模式不稳定

目前养老产业虽然属于新兴蓝海市场，国家及各地也一再降低和放开准入条件，

---

① 河北省财政厅 . 河北省财政厅关于提前下达 2022 年省级财政养老服务体系建设经费预算的通知[EB/OL].（2021-12-29）[2023-12-20].https://czt.hebei.gov.cn/root17/zfxx/202112/t20211231_1529181.html.

② 数据来源：《中国统计年鉴（2023）》。

③ 贡宪云 . 河北省 2022 年民生支出占比达 81%[EB/OL].（2023-01-23）[2023-12-20].http://m.xinhuanet.com/he/2023-01/23/c_1129308965.htm.

但各项具体产业的稳定盈利模式还在探索之中。除去政府补贴，不少养老机构、老年助餐食堂难以独立盈利，这也造成不少养老机构关门倒闭。

（二）投资决策不理性

有部分市场主体在进行养老产业投资时，没有真正从市场项目投资的角度来理性考虑，没有重视项目现金流以及净现值等核心要素，而是跟风，甚至为了获取政府补贴，为了诈骗卷钱跑路而参与养老产业，结果鱼龙混杂，导致各种案件频出。

三、社会方面

（一）社会公信力有待加强

时间银行互助养老模式对于解决我国老年人巨大的养老压力是一种重要的思路探索，但人们普遍担心怀疑“现在提供了养老服务，将来多少年后能否得到等值等时的养老服务回馈？”“会不会是白干？”所以，除了纯公益性质的志愿服务，互助养老更多的是“横向”同时期的互助，而鲜少能将“纵向”跨期互助形成稳定循环模式。

（二）宣传力度需要提升

在本次调研中，有37.18%的调研对象对居家和社区养老服务“完全不了解”，一方面说明居家和养老服务有待提高覆盖率，另一方面也说明养老服务宣传力度还有待提高，老年人及其家属对相关养老设施设备及服务缺乏及时动态知晓和了解。

（三）老年人权威地位下降

随着经济社会的不断发展，大多数老年人作为家庭或家族长者在经济上的权威主导地位远不如过去，因此，老年人会感到整体性失落无助，面对养老服务中的侵权或虐老现象，缺乏有力反抗或维权途径。

四、家庭方面

（一）收入水平和支出结构限制

目前河北省无论城镇还是农村，人均可支配收入都相对较低（见表6.2），导致家庭可支配总收入较低。而在有限的家庭收入中，除去生活必要开支外，一般会将资金收入的重点用在下一辈的子代培养上，而不是用在上一辈的父代养老上。这就造成很多家庭有养老服务的需要但无法形成养老服务有效需求。而通过第五章统计分析可以得知，收入来源稳定性及水平、消费水平是养老服务需求的显著影响因素。

表 6.2 京津冀年人均可支配收入对比（2022 年）①　　单位：元

	北京市	天津市	河北省
城镇居民人均可支配收入	84 023.1	53 003.2	41 277.7
农村居民人均可支配收入	34 753.8	29 017.8	19 364.2

（二）生育意愿下降

近年来，我国家庭生育意愿不断降低，人口出生率不断下滑，这无疑会不断加重社会人口老龄化，而且根据本次调研统计分析，照顾来源是影响居家和社区养老服务需求的显著性因素。所以，生育意愿下降会使得社会养老压力进一步加大。

五、个人方面

（一）养老金水平限制

根据表 6.3 可以看出，河北省城镇职工养老金水平在覆盖日常消费支出需要后还有所剩余，从而能购买相关养老服务；而在农村地区，农村居民月人均养老金并不能覆盖日常消费支出需要，从而经济上没有余力购买养老服务。

表 6.3 河北省月人均养老金水平及消费支出（2022 年）②③　　单位：元

项目	金额	项目	金额
企业退休人员月人均养老金	3 025	农村居民月人均基础养老金	113
城镇居民月人均消费支出	2 089.3	农村居民月人均消费支出	1 355.9

（二）个体健康状况不理想

老年人个体如果健康状况良好，那么就会有效减少居家和社区养老服务需求和压力，并还可参与互助养老，有效增加养老服务供给。反之，老年人如果健康状态不理想，就会增加养老服务需求和压力。

① 数据来源：《中国统计年鉴（2023）》。

② 31 省农民基础养老金排行榜出炉，你的家乡排在第几位呢？ [EB/OL].（2023-02-18）[2023-12-20]. http://news.sohu.com/a/642386504_121119269.

③ 根据《中国统计年鉴（2023）》计算得出。

（三）养老观念有待更新

很多老年人固守勤俭节约的传统美德，并为子孙后代进行长远着想，所以，对养老服务能省就省。

第七章　京津冀协同发展下河北省居家和社区养老服务对策建议

养老问题既是家庭和个人需要面对的事情，也是国家和社会共同关心的事情，同时还是市场和经济发展的未来机遇，所以，探寻如何完善和发展养老服务，离不开政府、市场、社会、家庭及个人的共同努力。本章以社会福利多元化理论为指导，从政府、市场、社会、家庭及个人5个方面进行阐述。

第一节　政府方面

政府是国家社会公共利益的代表和管理者。在养老服务领域，首先负有政策拟定及监督完善的主要职责。根据前述分析，在居家和社区养老服务政策拟定中，既有国家层面和三地政府需要共同关注的地方，也有河北省需要完善和改进的地方。

一、国家层面

（一）探寻试点“时间银行＋长期照护保险”制度模式

作为养老服务体系建设中重要的一环，目前我国长期护理保险正处于试点阶段，在参保对象、筹集缴费、失能评估、待遇给付等环节都有很多相关研究和建议。[①②③]但在全国统一长期护理保险制度模式确定之前，考虑到我国社会保险整体参保缴费率现实情形，长期护理保险在缴费方式和支付方式方面还具有探索研究空间。在筹资环节，我国长期护理保险筹资难，参保人整体社会保险缴费压力大；在支付环节，我国长期护理保险支付水平不低，护理人员短缺。针对此问题，目前大多是从“资金”思路来探索如何解决“缴”“付”问题。本书认为，长期护理保险有其自身特点，可探寻从“服务”思路解决“缴”“付”问题，即在护理保险制度设计中可纳入时间银行模式，并在护理保险缴费和支付中也将时间银行融入，参保时既可“缴资金”也可“缴服务”，支付时既可“付资金”也可“付服务”，即参保时参保者“缴资金”和“缴服务”兼容，支付时政府“付资金”和“付服务”兼容。

在“时间银行＋长期照护保险”制度模式下，失业人员可通过时间银行“缴服务”的形式来实现再就业和参保双重目标。这一模式也适合低龄老年人，大部分低龄老年人（我国目前城镇企业女工人退休年龄为50周岁，女干部退休年龄为55周岁，男职工为60周岁）大多身体健康，富有责任心，通过时间银行“缴服务”的形式来为自己存下护理时间，可以实现老年人力资源开发利用和长期护理保险双重目标。另外，通过调研，不同失能等级老人的护理服务项目一般比较固定，在培训中进行有的放矢的定向培训，能起到更好的效果。可见，此模式有利于提高我国失业人员就业率及参保率，有利于开发老年人力资源，缓解养老护理员短缺压力、降低社保金支付压力，更易于制度扩面，进而使长期护理保险更具生命力。

另外，笔者建议“长期护理保险”更名为“长期照护保险”，扩大保障范围，这样更能反映出制度的全部内涵，也有利于制度的长远发展。例如为切实提高我国生育率，可将符合相关条件的0～3岁婴幼儿家庭也纳入长期照护保险的保障范围。

（二）理顺养老服务管理体制

养老服务是一项综合性非常强的公共事务，一项政策文件的拟定颁布，很多时候会同时涉及多个部门单位，那么这些不同的部门单位在其中的具体职责权限如何界定，并没有非常明确的阐述，这就会造成权责不清的问题。如果政策文件在实践执行中出现漏洞或其他问题，该由哪个或哪些部门来承担责任就可能会出现相互推诿的情况。故建议在政策文件中明确主要责任单位及其他各部门单位的具体职责权限，以增强政策文件的执行效率和效果。如关于失能老人护理问题，医疗保障部门和民政部门如何

① 曹信邦．中国失能老人长期护理保险制度研究：基于财务均衡的视角[M]. 北京：中国社会科学出版社，2016.

② 米红．青岛市长期护理保险研究[M]. 北京：中国劳动社会保障出版社，2019.

③ 朱铭来，李新平．护理保险在中国的探索[M]. 北京：中国财政经济出版社，2018.

配合共同解决护理资金、人员等系列问题，需要更明晰的规定。

二、京津冀层面

（一）加强政策前瞻性

首先，应加强对居家和社区养老服务政策的重视。京津冀三地中，只有河北省分别于 2016 年和 2021 年出台了关于居家和社区养老服务的专门完整条例，北京市和天津市虽然颁布了很多关于居家和社区养老服务有关的政策文件，但大多局限于其中的某一个方面（如政府补贴等），关于居家和社区养老的专门完整政策或条例近年基本缺乏。

其次，应增强养老服务政策的诊断性和预测性。也就是说，对居家和社区养老服务取得的成效和存在的不足应有所明确诊断，然后对未来的发展前景趋势或面临的挑战机遇有所预测或预警，从而增强政策前瞻性和针对性。

再次，针对不同养老服务需求，基于国家基本养老服务项目，划清政府与市场的职能界限。对于基本养老服务项目，政府需要承担主体责任；对于附加养老服务项目，政府引导市场主体积极供给。

最后，针对时间银行互助养老模式，京津冀三地之间可尝试构建时间银行通存通兑账户，组建网上记账平台，增强公信力，使得时间银行互助养老模式逐渐能形成良性循环。

（二）增强需求型政策工具

目前京津冀居家和社区养老服务政策工具多集中于供给型和环境型，政府购买或服务外包等需求型政策工具较少涉及，这不利于引导社会组织等其他主体参与到养老服务事业中，从而不利于激发养老服务市场活力。

（三）注重政策创新性

首先，京津冀养老服务协同发展不仅体现在机构养老中，也体现于居家和社区养老服务中，三地应将京津冀作为一盘棋来进行统一规划，使相关服务规范标准相互统一，相关的居家养老及护理技术可以共享。

其次，居家和社区养老与机构养老应实现协调发展，机构养老通过“外卖订单式”延展嵌入社区居家是一种可行途径。

最后，充分整合和发挥物业、家政服务在居家和社区养老服务中的作用也是一种重要的探索。如何将物业家政服务与居家养老服务有关服务项目以及时间银行相互整合贯通，可以进行政策试点。

三、河北省层面

京津冀养老服务协同发展要求各方找准定位，各司其职，合作共赢。京津冀养老服务协同发展为河北省提供了新的发展空间和赛道，河北省应在强省基础上，积极进行完善和发展。

（一）立足优势形成特色，明确发展方向

河北省应积极总结经验，基于自身优势，形成鲜明特色，以在业界形成辨识度，能够“引进来，走出去”。河北省人力资源比较丰富，而养老护理人员又很紧缺，那么在京津冀养老服务协同发展中，可以沿着现代家政 + 护理人才培养方向发展，出台行业标准和规范，同时布局 AI 产业，将开发实用型护理机器及设备作为科技创新的一个攻坚方向。

（二）细化完善政策文本，逐步提高资金扶持

在养老服务政策文本完善方面，对“特困人员”“特殊困难老人”“经济困难老年人”“困难残疾老年人”“重度残疾老年人”等不同称谓进行明确界定，减少模糊性。在政策目标上，需注重“农村养老服务”“老年友好型社区”“长期护理保险”的建设目标。在服务项目上，需注重“精神慰藉类服务”“法律援助类服务”等项目的完善。在政策创新方面，需要强化“京津冀协同养老”“机构养老嵌入”等政策试点探索，需要将“老年友好社区”进一步升华为“全龄友好型”社区。在资金支持方面，逐步提高养老服务省级财政预算经费占一般公共预算支出的比例，以用来加强养老服务人才激励、居家和社区适老化改造、老年助餐等服务项目，不断提高养老服务水平和质量。不断增强特殊群体老人对养老服务政策条件的可及性，使得更多老年人能享受到相关养老服务或补助，使老年人的生活满足感不断得到提高。

（三）关注特殊服务项目，实现高质量发展

首先，按照河北省养老服务“十四五”规划，不断提高相关养老服务项目的覆盖面，以真正惠及每一位老人。目前河北省提高覆盖面的重点在农村地区，保定市（含定州市）需要加强养老服务资源配置。根据居家和社区养老服务供需适配性评价调研

可知，完善设施设备和服务人员配置、增强服务项目需求针对性具有较强必要性。

其次，根据本书对于居家和社区养老各项具体项目的调研统计，针对满意度比较低的项目（见表 7.1），应通过努力改善服务质量，实现高质量发展。

表 7.1 京津冀三地居家和社区养老满意度较低的服务项目

地区	满意度较低的服务项目
北京市	辅助出行（陪诊、散步）、老年配餐、保洁家政、助浴、日间托养、辅助出行、家庭病床、临终关怀、休闲养生、老年教育
天津市	康复护理、助浴、医疗康复器具租赁、居家探访、临终关怀、紧急呼叫及救援
河北省	家庭病床、保洁家政、助浴、医疗康复器具租赁、心理咨询、临终关怀、体育健身

最后，针对老年配餐服务，目前在保证服务质量和服务对象多元化必要条件下，要实现经营盈利，应在降低总成本、加大资金投入、获取运营补贴税费减免三者中居其一。长远来看，采取低成本战略应是比较现实可行的策略。从服务对象多元化条件出发，可以与既有服务质量较高的饭店或机构食堂开展合作，开辟老年助餐服务窗口；针对长期护理保险，逐步扩大覆盖范围，逐步将覆盖范围扩展到城镇居民或城乡居民，确定标准化护理服务具体项目，完善优化评估流程，缩短等待时间。另外，需大力推动养老服务产教融合发展，舒缓护理人员短缺及技能水平欠缺压力。

（四）千方百计发展经济，提升硬实力

经济实力是养老服务等公共事业发展的物质基础，河北省通过调整产业结构，提高人力资源受教育水平，鼓励返乡创业，做到人尽其才，充分发挥雄安新区的辐射示范效应，加强与周边省份的地域性经贸合作与交流，以科技治理环境污染，实现产业转型升级，注重新质生产力，提升居民收入，实现良性循环。

对于养老产业，在《国务院办公厅关于发展银发经济增进老年人福祉的意见》（国办发〔2024〕1 号）指引下，积极发展银发经济，运用经济调节机制，引导鼓励社会资本如私营企业、民间组织等进入养老服务行业，将养老服务领域部分内容以承包、转租、股份投资等方式向市场开放，转变运行机制，实现经营权与管理权的合理市场化。

第二节　市场方面

在福利多元主义理论中，市场作为福利的主要提供者之一，也应承担起相应义务责任。居家和社区养老服务建设要充分发挥市场机制的作用，养老服务不能完全依靠

财政出资。因此，养老产业作为资本蓝海市场，在我国市场准入门槛不断降低的条件下，市场主体将起到越来越重要的作用。

一、对接需求，发掘机会，实现盈利

养老服务企业要想实现生存和发展，需要精准对接居民养老服务需求，针对需求水平高的服务项目，做好成本预算，提供高质量服务，努力达到盈亏平衡点，直至实现真正盈利，使养老服务企业健康发展下去。根据本次调研，京津冀三地目前需求水平较高（需求水平≥ 3）的服务项目如表 7.2 所示。同时，满意度不高的服务项目（见表 7.1）也可以成为河北省居家和社区养老企业发展和盈利的机遇。

表 7.2 京津冀三地居家和社区养老需求水平较高的服务项目

地域	需求水平较高的服务项目
北京市	健康体检、休闲养生、体育健身、文化娱乐、紧急呼叫及救援、老年教育、用水用电智能监测、安全宣传、法律咨询
天津市	健康体检、休闲养生、体育健身、文化娱乐、紧急呼叫及救援、用水用电智能监测、老年教育、安全宣传、法律咨询
河北省	健康体检、休闲养生、紧急呼叫及救援、体育健身、用水用电智能监测、文化娱乐、安全宣传、老年教育、法律咨询、节日慰问

二、规范经营，打造品牌形象，提高市场占有率

针对目前养老产业不同性质机构主体林立的状况，养老服务企业自身要做到守法经营，不得对老年人及其家庭进行坑蒙拐骗，应以高质量服务作为立身之本，加强宣传，创新营业方式，提高居家和社区养老服务覆盖率，打造品牌形象，逐步提高市场占有率。

根据养老服务供需适配性调研可知，与老年人生活满足程度相关性最高的是养老服务可及性。对于养老服务机构而言，就是要在物理可及性和经济可及性方面下大功夫，使得服务更加便民、便捷，更加经济实惠，那么老年人对养老生活的满足程度就会更高，养老服务机构市场占有率也就会更高。

三、重视战略规划，扩展视野，实现跨越式发展

养老服务企业与其他企业一样，也需要重视战略规划，不断调整和明确发展方向，实现跨越式发展，加强养老产业与市场其他行业的深度融合，如“养老 + 旅游”“养老

+医疗”“养老+金融”等一系列“养老+”产业联合模式，延伸养老服务业的产业链，增强养老服务业生命力，实现养老产业多元化发展。

第三节 社会方面

老年人要想安度晚年，离不开尊老爱幼、平安祥和、互帮互助的社会生活氛围，社会力量不可忽视。

一、加强社会组织建设，推动养老服务事业发展

在养老服务建设过程中，社会组织由于其非营利性的特征，契合目前养老产业盈利水平低的特点，在养老服务中发挥重要作用。如时间银行互助养老的推行推广离不开志愿服务相关机构组织的运营和支持，贫困老年人的养老服务离不开相关老年基金会等机构组织的积极支持。加强社会组织建设，能推动养老服务事业更好发展。

二、加强宣传，营造良好社会氛围

在养老服务发展中，有很多老年人由于久居家中，对外界感知很少，这就需要加强各种宣传，帮助老年人嵌入社会，及时知晓相关养老服务项目。

另外，如果各种负面甚至不实信息不断占据人们的头脑，那么就会影响人们对社会的认知。近年来，我国人口出生率持续走低，京津冀地区总人口不断外流，这无疑会加重整体养老压力。需要通过多方面努力来改变这种局面。其中，立足现实，通过各种媒体途径，加强正面宣传，营造良好的社会氛围，增强人们的信心是很重要的。

三、发挥媒体力量，加强社会监督力量

养老服务事业的发展离不开有力的监督管理，充分发挥新闻媒体力量，加强社会第三方舆论监督力量，对于养老服务事业的健康发展是不可或缺的。

第四节 家庭方面

家庭是老年人生活的微环境，直接决定着老年人的健康和生命安全。

一、营造良好家风

孝老敬老是中华民族的优良传统，作为家庭成员，要抱着“家有一老，如有一宝”的态度和认知，尊重老年人的饮食生活作息习惯，把尊老爱幼的家风传承下去。

二、增加家庭收入

良好的家庭经济基础是实现家庭正常运转、抵御各种风险的前提，也是保障老年人能购买养老服务、颐养天年的重要基础。所以，努力增加家庭收入是家庭成员的重要责任。

三、重视社区联系

居家和社区养老服务离不开社区的承托，现代生活中，社区日益成为连接家庭与社会的枢纽。因此，重视加强与社区的联系互动，从而及时掌握相关信息，并在应急紧急事件发生时，能被及时发现和救助。

第五节 个人方面

养老不仅仅是国家社会的事情，更是自己的事情，个人更应主动担起自己应承担的责任。

一、注重身心健康

老年人不能倚老卖老或悲观迷茫，应该积极锻炼身体，主动嵌入社会，屏蔽不良信息，注重身心健康，在力所能及的条件下，发挥余热，保持生活乐趣。

二、改变传统养老观念

逐步改变养儿防老、要求子女愚孝等传统养老观念，做好自身财务规划和生活规划，减轻自己和子女的养老压力。

参 考 文 献

[1] 童玉芬 . 中国人口的最新动态与趋势：结合第七次全国人口普查数据的分析 [J]. 中国劳动关系学院学报，2021（4）：15-25.

[2] 翟振武，陈佳鞠，李龙 .2015—2100 年中国人口与老龄化变动趋势 [J]. 人口研究，2017（4）：60-71.

[3] 王爱峰，董尧 . 基于灰色理论的京津冀老龄化趋势对比及老龄产业发展对策研究 [J]. 河北工程大学学报（社会科学版），2022（1）：14-20.

[4] 陈文静，王妍，杨佳琪，等 . 京津冀城市老年人养老方式及其影响因素 [J]. 中国老年学杂志，2021（15）：3366-3369.

[5] 支梦佳，季佳林，胡琳琳 . 1389 名老年人对社区居家医养结合养老服务模式的选择意愿及影响因素分析 [J]. 护理学报，2021（4）：50-56.

[6] 孙伊凡，陈丽莎 . 河北省承接北京养老服务现状及对策 [J]. 中国老年学杂志，2022（11）：2851-2855.

[7] 刘晓静，张向军，谢秋实 . 京津冀协同发展视域下河北省养老服务面临挑战及发展建议 [J]. 河北大学学报（哲学社会科学版），2019（1）：139-145.

[8] 吕楠 . 京津冀协同发展视域中的河北省社区养老策略研究 [J]. 科技视界，2018（3）：195-196.

[9] 白雨龙，何文娟，张新宇，等 . 河北省独生子女家庭老年父母养老现状和幸福感的调查分析 [J]. 产业与科技论坛，2023（1）：56-57.

[10] 何苏娇，卜从哲 . 京津冀一体化下养老产业协同发展面临的问题及对策 [J]. 河北企业，2018（6）：72-73.

[11] 胡宏伟，王静茹 . 京津冀养老服务协同中的政府驱动治理研究：基于组织多重制度逻辑的视角 [J]. 北京联合大学学报（人文社会科学版），2022（1）：60-69.

[12] 陈友华 . 居家养老及其相关的几个问题 [J]. 人口学刊，2012（4）：51-59.
[13] 罗亚萍，茹斯羽 . 我国发展城市居家和社区养老服务的问题与对策：以西安市社区老年餐桌为例 [J]. 西安交通大学学报，2014（5）：84-92.
[14] 杜鹏，王永梅 . 中国老年人社会养老服务利用的影响因素 [J]. 人口研究，2017（3）：26-37.
[15] 梁海艳 . 人口老龄化背景下的居家和社区养老 [J]. 中国老年学杂志，2019（13）：3320-3325.
[16] 封铁英，马朵朵．社区居家养老服务如何包容性发展？一个理论分析视角 [J]．社会保障评论，2020（3）：77-89.
[17] 崔树义，杨素雯，田杨．供需视角下社区居家养老服务提质增效研究：基于山东省 1200 名老年人的调查 [J]．山东社会科学，2020（9）：127-133.
[18] 吕宣如，章晓懿 . 居家和社区养老服务对老年人健康水平的影响 [J]. 中国人口科学，2022（3）：111-125，128.
[19] 贾凯冬，夏一鸣，赵国昌 . 居家和社区养老服务与老年人精神健康 [J]. 世界经济，2023（8）：163-185.
[20] 祁峰 . 我国城市居家养老研究与展望 [J]. 经济问题探索，2010（11）：119-123.
[21] 童星 . 发展居家和社区养老服务以应对老龄化 [J]. 探索与争鸣，2015（8）：69-72.
[22] 刘焕明，蒋艳 . 居家和社区养老为老服务模式探析 [J]. 贵州社会科学，2015（11）：103-107.
[23] 王琼 . 城市社区居家养老服务需求及其影响因素：基于全国性的城市老年人口调查数据 [J]. 人口研究，2016（1）：98-112.
[24] 崔香芬，李放，赵光 . 农村社区居家养老服务需求影响因素实证研究：基于江苏省的调研分析 [J]. 江苏大学学报（社会科学版），2019（3）：86-92.
[25] 陆杰华，周婧仪．基于需求侧视角的城市社区居家养老服务满意度及其对策思考 [J]．河北学刊，2019，39（4）：166-171，184.
[26] 丁志宏，曲嘉瑶．中国社区居家养老服务均等化研究：基于有照料需求老年人的分析 [J]．人口学刊，2019，41（2）：87-99.
[27] 董睿 . 城市居家养老服务供需适配研究 [D]. 西安：西安建筑科技大学，2023.
[28] 姚兆余，陈日胜，蒋浩君 . 家庭类型、代际关系与农村老年人居家养老服务需求 [J]. 南京大学学报（哲学 · 人文科学 · 社会科学），2018（6）：34-42.
[29] 郑吉友 . 农村居家养老服务需求水平的影响因素分析：基于 WLS 模型的视角 [J]. 当代经济管理，2019（1）：54-61.

[30] 张卫红，袁慧琳，靳岩鹏，等 . 社区老年人居家养老服务需求及影响因素 [J]. 中国老年学杂志，2016（12）：3032-3033.
[31] 姚俊，张丽 . 嵌入性促进、个体性感知与农村居家养老服务需求：基于三省 868 名农村老人的问卷调查 [J]. 贵州社会科学，2018（8）：135-141.
[32] 陶涛，袁典琪，刘雯莉 . 子女支持对城乡老年人养老服务购买意愿的影响：基于 2018 年中国老年社会追踪调查的分析 [J]. 人口学刊，2021（1）：78-95.
[33] 郭丽娜，郝勇 . 个体健康、家庭照护和社会供给：谁更影响老人的居家养老服务需求 [J]. 西北人口，2019（5）：36-49.
[34] 张红凤，罗微 . 养老服务资源对老年人社会养老服务需求的影响研究 [J]. 中国人口 · 资源与环境，2019（4）：168-176.
[35] 曾起艳，何志鹏，曾寅初 . 社区养老服务设施对城乡老年人主观福利的影响 [J]. 人口与发展，2022（6）：148-160.
[36] 宋璐，李树茁 . 农村老年人家庭代际关系及其影响因素：基于性别视角的潜在类别分析 [J]. 人口与经济，2017（6）：1-12.
[37] 曾起艳，何志鹏，曾寅初 . 老年人居家养老服务的偏好模式与归因分析 [J]. 西北人口，2023（5）：58-69.
[38] 马朵朵 . 社区居家养老服务可及性及其影响因素：基于两省五市调研数据的实证分析 [J]. 社会保障研究，2023（2）：33-46
[39] 李淼 . 城市社区居家养老服务“可及性”评价与提升路径 [J]. 中国市场，2023（19）：73-76.
[40] 甘录，周绿林，许兴龙 . 社区居家养老服务高质量发展评价指标体系的构建研究 [J]. 中国卫生政策研究，2023（7）：40-47.
[41] 张晓霞 . 居家和社区养老问题调查：以江西省南昌市为例 [J]. 江西社会科学，2008（11）：193-197.
[42] 张先平 . 当前我国居家和社区养老政策问题及对策研究 [J]. 法制与社会，2020（34）：110-111.
[43] 高倩 . 居家和社区养老服务模式问题探究 [J]. 就业与保障，2020（22）：21-22.
[44] 张程川 . 居家和社区养老服务存在的问题及对策 [J]. 西部学刊，2021（21）：151-153.
[45] 王灿友，苏秦 . 基于 TISM 模型下居家和社区养老模式实施障碍的影响因素分析 [J]. 现代城市研究，2022（8）：24-29.
[46] 曾起艳，何志鹏，曾寅初 . 老年人居家养老服务需求意愿与行为悖离的原因分析 [J].

人口与经济，2022（2）：87-103.
[47] 耿永志，魏云娜，周瑾．“互联网＋养老服务”发展问题探究 [J]. 宏观经济管理，2019（1）：71-77.
[48] 邓大松．医养结合养老模式：制度理性、供需困境与模式创新 [J]. 新疆师范大学学报，2018（1）：108-109.
[49] 张玖英，鲍莉．老得其所：城市既有社区适老化更新实验设计：以南京为例 [M]. 南京：东南大学出版社，2020.
[50] 陈功．以时间银行开发利用我国老年人力资本 [J]. 人民论坛（学术前沿），2021（24）：61-67，135.
[51] 王玲，刘常兰，张帅一．嵌入式合作：党建引领居家和社区养老服务的逻辑与路径研究：“社区＋国企”治理模式的启示 [J]. 人口与发展，2022（5）：84-94.
[52] 王欢明，钟峥云．多重嵌入：基层党建何以引领居家和社区养老服务：以大连市 L 社区为例 [J]. 中共天津市委党校学报，2022（6）：23-33.
[53] 任杨，朱宇，关博文．居家和社区养老服务中的政府作用 [J]. 学习与探索，2022（9）：16-26.
[54] 王春彧，周燕珉．发达国家住宅适老化改造的资金支持政策与实践概要 [J]. 国际城市规划，2023（5）：83-94.
[55] 杨晶晶，姜旭，黄卫东．疫情常态化背景下“互联网＋社区＋医疗”居家智慧养老新模式的构建及策略 [J]. 中国老年学杂志，2022（10）：2554-2557.
[56] 阳义南，袁涛．优化社区居家医养结合的社会保障支持衔接 [J]. 人口与健康，2023（5）：17-19.
[57] 钟仁耀，王怀月．城市社区智能居家养老服务模式探讨 [J]. 理论探讨，2023（3）：90-97.
[58] 张娜．J 市居家养老服务优化研究：基于网格化管理视角 [D]. 长春：长春工业大学，2023.
[59] 江河，李立清．社区居家养老服务、家庭代际交换与老人健康 [J]. 中国卫生事业管理，2023（7）：508-515.
[60] 韦兵．治理理论视域下社区居家养老服务中的政社关系模式转换：基于 X 省的研究 [D]. 长春：吉林大学，2023.
[61] 潘峰．乡村居家养老服务实践：分治与协同 [J]. 华南农业大学学报（社会科学版），2023（5）：128-140.
[62] 马菊花．促进我国养老服务体系发展的税制检视及补正 [J]. 地方财政研究，2023（6）：

15-39.
[63] 刘文成，张佳惠，杨松，等 . 京津冀地区养老地产项目调研和养老地产发展建议 [J]. 商业经济，2018（1）：32-34.
[64] 罗梦婷，周尚意，江攀 . 京津冀养老院区域协同发展空间范围分析 [J]. 地域研究与开发，2018，37（2）：58-62，68.
[65] 王雯，张菲 . 京津冀协同发展背景下北京老年人异地养老服务研究 [J]. 经济与管理，2018（6）：13-17.
[66] 程艳彬 . 京津老年人赴冀养老社会适应研究：以 YJ 协同养老示范基地为例 [J]. 社会福利，2018（2）：41-45.
[67] 孙伊凡，陈丽莎 . 京津冀异地养老的认知困境与探索 [J]. 河北大学学报（哲学社会科学版），2019（3）：103-108.
[68] 曹海青，姚翠友，杨艳红 . 京籍老人异地养老意愿影响因素及对策研究 [J]. 中国人力资源社会保障，2019（9）：42-43.
[69] 吴国英，赵蕾霞 . 我国养老服务业的非均衡性测度及发展对策：以京津冀三地为例 [J]. 山西大学学报（哲学社会科学版），2018（4）：87-93.
[70] 曹海青，姚翠友，杨艳红 . 养老服务质量评价云服务平台设计关键技术研究 [J]. 信息技术与信息化，2019（6）：208-211.
[71] 郑涛，宋晓，张潘伟 . 京津冀养老支付能力区域差异的空间分析 [J]. 中国市场，2019（14）：32-33.
[72] 杨正兰 . 京津冀养老服务协同发展研究 [D]. 北京：北京交通大学，2021.
[73] 高子宁 . 京津冀养老服务协同政策：量化分析与路径优化 [M]// 中国老年学和老年医学学会 . 新时代积极应对人口老龄化研究文集 · 2022. 北京：华龄出版社，2022.
[74] 孙健夫，戴璐玮 . 京津冀养老服务业协同发展的环境、目标与原则 [J]. 经济研究参考，2015（63）：41-46.
[75] 刘莉，耿军会 . 养老基地怎样对接 PPP 模式：以京津冀区域为例 [J]. 人民论坛，2016（33）：62-63.
[76] 严晓萍 . 京津冀区域养老服务发展问题研究 [J]. 河北科技大学学报（社会科学版），2017（1）：1-6.
[77] 辜胜阻，王建润，吴华君 . 京津冀协同发展中的人口问题研究 [J]. 经济与管理，2017（1）：10-13.
[78] 蔡玲 . 以改革创新推动京津冀养老服务协同发展 [J]. 经济与管理，2017（1）：14-16.

[79] 朱丽娇 . 新时代下推动京津冀旅居养老协同发展探索与研究 [J]. 纳税，2018（16）：178-179
[80] 许亚萍，王莉莉，李彦茹，等 . 京津冀协同发展框架下养老服务业供给研究 [J]. 时代金融，2018（1）：106-109.
[81] 刘经纬，冯康岷，常翔宇 . 京津冀协同养老的现状及对策研究 [J]. 中国人力资源社会保障，2018（11）：37-38.
[82] 王小春 . 京津冀养老服务体系建设协同发展 [J]. 中国老年学杂志，2018（23）：5874-5878.
[83] 王艳霞 . 环京津康养产业人才供需矛盾及破解之策 [J]. 经济论坛，2019（9）：36-43.
[84] 杨茹侠，谢红 . 京津冀社区嵌入式小规模多功能养老机构专业技术人员配置情况调查 [J]. 中国公共卫生，2019（12）：1-6.
[85] 谷军，商卉 . 发展京津冀协同养老模式的思考 [J]. 人民论坛，2019（10）：66-67.
[86] 李玉玲，胡宏伟 . 京津冀养老服务协同发展研究：基于 SWOT 框架的分析 [J]. 人口与发展，2019（5）：123-128.
[87] 张幸，董银霞，吴琼，等 . 数据金融与京津冀地区养老融资体系的发展研究 [J]. 经济管理研究，2019（10）：53-54.
[88] 刘经纬，张亦安，陈佳明 . 国际 ISO 视野下的京津冀协同养老及“互联网 +”实现 [J]. 中国人力资源社会保障，2019（6）：31-33.
[89] 韩兆柱，邢蕊 . 基于整体性治理的京津冀养老服务协同发展路径研究 [J]. 中共天津市委党校学报，2019（1）：71-78.
[90] 姚翠友，罗宗，杨艳红，等 . 京津冀地区农村养老机制的演化博弈分析 [J]. 系统科学学报，2020（5）：100-104.
[91] 莫凡 . 京津冀地区山地旅居养老基地规划设计研究 [D]. 保定：河北农业大学，2021.
[92] 董微微，崔丽红，曹馨洁 . 京津冀健康产业协同发展现状与对策研究 [J]. 城市，2021（12）：45-56.
[93] 田学斌，刘蕊，武星 . 推动京津冀协同发展向更高水平迈进：京津冀协同发展九周年座谈会观点综述 [J]. 衡水学院学报，2023（4）：53-57.
[94] 魏民，邢凤梅，李颖，等 . 社区老年人居家养老选择现状及影响因素分析 [J]. 中国公共卫生，2016（9）：1153-1155.
[95] 陈玉娟，李立，张立立，等 . 河北省不同社会阶层老年人居家养老服务需求及影响

因素 [J]. 中国老年学杂志，2017（6）：1526-1528.
[96] 宋佳芮 . 乡村振兴背景下河北省农村养老服务体系建设研究 [D]. 保定：河北大学，2022.
[97] 黄晓曼，姜雨馨，刘千钰，等 . 河北省城市社区嵌入式养老模式研究 [J]. 中国市场，2022（11）：38-40.
[98] 权兴苗，单伟超，单伟颖，等 . 基于结构方程模型的河北省空巢老年人养老需求及影响因素研究 [J]. 承德医学院学报，2023（2）：175-179.
[99] 王康，魏俊英，兰翔英，等 . 智慧养老模式影响因素及相关产业研究：以河北省为例 [J]. 金融理论与教学，2023（1）：91-97.
[100] 刘宇婷 . 城市社区居家养老服务发展问题研究：以河北省为例 [J]. 商业观察，2022（8）：52-54，65.
[101] 吕天元 . 石家庄市社区居家养老服务医养融合发展研究 [D]. 石家庄：河北师范大学，2022.
[102] 章嘉琪 . 河北省三河市社区居家养老模式研究 [D]. 秦皇岛：燕山大学，2022.
[103] 王思洁 . 健康老龄化背景下河北省医养结合养老服务探究 [J]. 中国市场，2022（17）：34-36，133.
[104] 田晓景，于虹，闫凤霞，等 . 河北省“嵌入式”智慧养老模式发展路径研究 [J]. 投资与创业，2022（6）：192-194.
[105] 孙钰静 . 河北省智慧康养服务发展对策研究 [D]. 保定：河北大学，2022.
[106] 王艳霞 . 京津冀协同发展背景下河北省养老服务人才培养问题研究 [J]. 河北科技大学学报（社会科学版），2017（1）：92-98.
[107] 吴海彦 . 河北省 Z 县农村老人家庭养老问题研究 [D]. 石家庄：河北师范大学，2022.
[108] 张俊桥，梁丹 . 河北省农村养老服务体系政策完善研究 [J]. 法制博览，2022（1）：12-15.
[109] 苏明山，康鑫 . 积极老龄化视角下河北省乡村互助养老模式的探索：“初老”服务“老老”[J]. 农村经济与科技，2022（6）：154-156.
[110] 尹恩阳，史小建 . 贫困山区农村失能老人养老现状与对策：以河北省 M 县 L 镇为例 [J]. 河北农业科学，2022，26（1）：23-25，65.
[111] 王彦华，刘鑫，魏满堂，等 . 社会支持视角下家庭养老困境与对策：以河北省 W 县为例 [J]. 河北工程大学学报（社会科学版），2022（4）：27-32.
[112] 冯艳铭，董春栎 . 新时期农村老年人养老服务供需分析及对策：以河北省为例 [J].

当代农村财经，2022（6）：41-44.
[113] 秦立建，李金花 . 合作社探索打造新型农村养老模式：河北省肃宁县益源种植专业合作社积极探索养老服务 [J]. 中国合作经济，2023（5）：64-68.
[114] 李娜 . 河北省创新养老服务体系的构建策略思考 [J]. 经济论坛，2022（9）：20-24.
[115] 李兵，张航空，陈谊 . 基本养老服务制度建设的理论阐释和政策框梁 [J]. 人口研究，2015（2）：91-99.
[116] 吴宾，刘雯雯 . 中国养老服务业政策文本量化研究（1994—2016 年）[J]. 经济体制改革，2017（4）：20-26.
[117] 汪波，李坤 . 国家养老政策计量分析：主题、态势与发展 [J]. 中国行政管理，2018（4）：105-110.
[118] 方永恒，刘佳敏 . 国务院养老服务政策挖掘与量化评价：基于 PMC 指数模型分析 [J]. 云南行政学院学报，2020（5）：167-176.
[119] 张丽，姚俊 . 中国养老服务政策的量化评价 [J]. 现代经济探讨，2020（12）：33-38.
[120] 邹钰莹，娄峥嵘 . 中央层面养老服务政策内容量化评价：基于 PMC 指数模型的分析 [J]. 电子科技大学学报（社科版），2020（3）：68-76.
[121] 谷明静，赖佳燕 . 基于 PMC 指数模型的我国省级养老服务政策设计的评价 [J]. 闽江学院学报，2023（3）：68-79.
[122] 刘亚娜，董琦圆，谭晓婷 . 京津冀养老政策差异与协同：基于“十三五”老龄事业发展和养老体系建设规划的政策文本分析 [J]. 社会发展研究，2019（3）：189-202，245-246.
[123] 陈晶 . 国家卫生健康委：我国养老呈“9073”格局 [EB/OL].（2021-04-16）[2023-12-20].http://www.rmzxb.com.cn/c/2021-04-16/2831140.shtml.
[124] 邵聪敏，王小春，袁铎珍，等 .“时间银行”：农村互助养老新模式：以河北省唐山市滦南县为例 [J]. 农村经济与科技，2022（7）：182-185.
[125] 陶成煦，沈超，完颜邓邓 . 供需适配性理论视域下公共数字文化服务满意度研究 [J]. 图书情报工作，2021（17）：57-68.
[126] 王剑波 . 我国老年教育资源协同发展研究 [M]. 北京：经济科学出版社，2021.
[127] 赵素巧 . 基于协同理论的物流产业发展研究 [D]. 长春：吉林大学，2013.
[128] 陈元刚 . 我国城镇社区养老服务体系构建研究 [M]. 北京：光明日报出版社，2016.
[129] 卢子敏 . 社会嵌入理论视角下物业养老模式问题研究 [J]. 经济论坛，2014（10）：144-148.

[130] 蒋若静．北京鼓励养老项目向环京周边地区延伸布局 [EB/OL].（2023-09-06）[2023-12-17]. https://new.qq.com/rain/a/20230609A09E3N00.html.
[131] 高俊莲，李悦享．河北省养老服务体系存在的问题及解决对策 [J]. 黑龙江科学，2022（23）：82-84.
[132] 张永安，郄海拓．“大众创业、万众创新”政策量化评价研究：以 2017 的 10 项双创政策情报为例 [J]. 情报杂志，2018（3）：158-164，186.
[133] 薛惠元，张永高．共同富裕视域下我国长期护理保险政策评价与优化路劲研究：基于 PMC 指数模型 [J]. 中国卫生政策研究，2023（6）：10-19.
[134] 祝西冰．托幼公共服务政策量化评价与优化建议：基于 PMC 指数模型分析 [J]. 浙江工商大学学报，2020（3）：124-136.
[135] 崔跃．基于空间特征的河北省养老资源配置研究 [D]. 秦皇岛：燕山大学，2021.
[136] 赵泽众．河北实现城镇社区日间照料机构全覆盖 [N]. 河北日报，2022-08-14（1）.
[137] 邱海峰，黄金玉．老年助餐，推得开还要办得好 [N]. 人民日报（海外版），2023-10-26（4）.
[138] 米红．青岛市长期护理保险研究 [M]. 北京：中国劳动社会保障出版社，2019.
[139] 朱铭来，李新平．护理保险在中国的探索 [M]. 北京：中国财政经济出版社，2018.
[140] 戴卫东，余洋．中国长期护理保险试点政策“碎片化”与整合路径 [J]. 江西财经大学学报，2021（2）：55-65.
[141] 陈功，吴振东．人口老龄化背景下“时间银行”演变及其对我国经济社会发展的启示 [J]. 北京工商大学学报（社会科学版），2021（2）：117-126.
[142] 张幸．京津冀养老服务需求的影响因素分析：以河北省为例 [J]. 唐山师范学院学报，2022（6）：100-102.
[143] 李雪．如何实现“从有到好”：河北省民政厅养老处处长李松谈社区日间照料服务发展 [J]. 中国民政，2022（11）：56-57.
[144] 张兰．河北省农村互助养老问题及对策研究 [D]. 石家庄：河北师范大学，2022.
[145] 贾夕婕．河北省养老服务供给体系问题及对策研究 [J]. 石家庄学院学报，2022（1）：27-30，83.
[146] 徐静，白焕利，田建丽，等．河北省老年人生产性养老现状及影响因素分析 [J]. 护理学杂志，2021（17）：93-96.
[147] 张倩．河北省“居家—社区—互助式”分级、分类养老服务体系创新研究 [J]. 绥化学院学报，2021（6）：43-45.
[148] 彭明亮．河北省城镇养老资源配置研究 [D]. 秦皇岛：燕山大学，2021.

[149] 贾康蓉 . 河北省城镇老年人口养老脆弱性研究 [D]. 保定：河北大学，2021.
[150] 高秀春 . 河北省社区养老服务人力资源供给现状研究 [J]. 工业技术与职业教育，2021（1）：102-104.
[151] 邱路 . 河北省农村社会养老服务供需失衡研究 [D]. 石家庄：河北师范大学，2020.
[152] 王静，马晓东 . 新时代农村互助养老模式路径优化研究：以河北省邯郸市肥乡区幸福院为例 [J]. 山东行政学院学报，2020（5）：78-83.
[153] 冯宏杰，郝志梅 . 农村老年人医养结合机构认知状况及养老意愿调查：以河北省乐亭县为例 [J]. 卫生软科学，2021（2）：77-80.
[154] 李娟，孙启 . 京津冀协同发展背景下河北省养老服务的现状、困境及对策 [J]. 许昌学院学报，2021（1）：116-119.
[155] 安鑫，吴占永 . 基于灰色关联法的河北省互联网产业与养老产业融合水平测度研究 [J]. 邯郸学院学报，2020（2）：119-124.
[156] 李素红，方洁，尹志军，等 . 基于改进突变级数法的河北省养老地产开发适宜性评价与障碍因子诊断 [J]. 世界地理研究，2020（2）：378-387.
[157] 王兴中，孙瑞娜 .“居家 + 社区 + 机构”三位一体让养老变享老 [J]. 中国民政，2023（12）：50.
[158] 李保霞，侯雨潇，毛宁波，等 . 城市老年人居家社区养老意愿影响因素分析：基于随机森林和 Logistic 回归 [J]. 卫生软科学，2023（9）：41-48.
[159] 马丽萍 . 持续推动居家和社区养老服务高质量发展：对话安徽省安庆市民政局局长蔡婷婷 [J]. 中国社会工作，2023（26）：38-39.
[160] 袁鹏，唐瑞 . 高质量家政进社区“虚拟养老院”送服务到家 [N]. 中国妇女报，2023-07-24（5）.
[161] 万筠，王佃利 . 中国邻避冲突结果的影响因素研究：基于 40 个案例的模糊集定性比较分析 [J]. 公共管理学报，2019（1）：66-76，172.
[162] 麦嘉淇，陈杍航，袁樱 . 社会支持视角下社区居家养老服务中心运行逻辑与路径 [J]. 国际公关，2023（9）：107-109.
[163] 温少政，宗占红 . 社区居家养老服务对失能老年人心理健康的影响 [J]. 中国健康心理学杂志，2023（11）：1617-1623.
[164] 陶成煦，沈超，完颜邓邓 . 供需适配性理论视域下公共数字文化服务满意度研究 [J]. 图书情报工作，2021（17）：57-68.
[165] HENDERSON E J，CAPLAN G A． Home sweet home? Community care for older people in Australia[J]. Journal of the American medical directors association，2008（2）：

88-94.

[166] WHILE CHRISTINE，WINBOLT MARGARET，NAY RHONDA. Consumer expectations a nd experiences of quality in Australian home-based community services[J]. Health & social care in the community，2020（5）: 1459-1467.

[167] JILL-MARIT MOHOLT，ODDGEIR FRIBORG，BODIL H BLIX，et al. Factors affecting the use of home-based services and out-of-home respite care services : a survey of family caregivers for older persons with dementia in nrthern norway[J]. Dementia，2020（5）: 1712-1731.

[168] TONG CATHERINE E，SIMS GOULD JOANIE，LUSINA FURST SARAH，et al. More than a meeting : identifying the needs of the community-based seniors' services sector as providers of health promotion services[J]. BMC research notes，2021（1）: 339-339.

[169] ABRAMS P. Community care : some research problems and priorities[J]. Policy and Politics，1977（2）: 125-151.

[170] VICTOR C R. Community care and older people [M]. London : Stanley Thornes，1997.

[171] BULMER MARTIN. The social basis of community care [M].London : Allen and Unwin，1987.

[172] SCHOPFLIN P. Dependence et solidarite : report on commission[M]. Paris : Documentation Francaise，1991 : 68-69.

[173] MEREDITH B. The new system explained London : age concern England[M].The Community Care Handbook，1993.

[174] CHERLIN A J. Public and private families[M].New York : McGraw-Hill，1998.

[175] LIU K，MANTON K G，ARAGON C. Changes in home care use by disabled elderly persons : 1982—1994[J].Journal of gerontology : social science，2000，55B（4）: 245-253.

[176] RADERMACHER H，KARUNARATHNA Y，GRACE N，et al. Parter or perish? Exploring inter-organizational partnerships in the multicultural community aged care sector[J]. Health and social in the community，2011（5）: 550-560.

[177] TANG F，LEE Y. Home-and community-based services Utilization and Aging in Place[J]. Home health care services quarterly，2010（3）: 138-154.

[178] RHEE J C，DONE N，ANDERSON G F. Considering long-term care insurance for

middle-income countries：comparing South Korea with Japan and Germany[J]. Health policy，2015（10）：319-329.

[179] SICONOLFI D，SHIH R A，FRIEDMAN E M，et al. Rural-urban disparities in access to home-and community-based services and supports：stakeholder perspectives from 14 states [J]. Journal of the American medical directors association，2019（4）：503-508.

[180] PARK S，KIM B，KWON E，et al. Trajectories of community-based service use：the importance of poverty and living arrangements [J]. Journal of gerontological social work，2017（5）：355-376.

[181] FISS P C. Building better causal theories：a fuzzy set approach to typologies in organization research[J]. Academy of management journal，2011，54（2）：93-420.

附　　录

附录 A

关于京津冀地区居家和社区养老服务调查问卷

亲爱的老年朋友：

爱老敬老孝老惠老是我国的优良传统，为解决老年人养老问题，国家出台了居家和社区养老相关规定，各地也出台了相关支持政策，现想就您的养老服务需求及可能关注的问题进行调研，以更好完善京津冀地区养老服务供给，更好促进京津冀地区养老服务事业发展，提高老年人晚年生活质量。此调研全部匿名，所得信息全部只用于此次研究之用，请您放心作答。谢谢您的配合和支持！

河北工业大学养老服务课题组

第一部分　个人基本情况

1. 您的居住地属于？

①北京市　②天津市　③河北省

2. 您的年龄？

①50～59周岁　②60～69周岁　③70～79周岁　④80周岁以上

3. 您的性别？

①男　②女

4. 您居住在？

①城区　②城郊区　③农村

5. 您是否单独居住？

①是　②否

6. 您主要由谁照顾自己的日常生活？

①子女　②配偶　③自己　④其他人

7. 您的文化程度？

①初中及以下　②高中　③大学　④硕士及以上

8. 您身体状况？

①能自理　②半自理　③不能自理

9. 您的收入主要渠道是？

①退休金，养老金　②工作收入　③子女提供　④其他

10. 您平均每月总的收入（包括养老金及子女赡养费等）？

①500元以下　②501～1 500元　③1 501～3 000元

④3 001～5 000元　⑤5 001元以上

11. 您对居家和社区养老的了解程度？

①完全不了解　②了解一点　③非常了解

12.如果您在社区享受一些养老服务项目，哪个消费水准您能接受？

①500元以下/月　②500～1 000元/月　③1 000～1 500元/月

④1 500～2 000元/月　⑤2 000元以上/月

第二部分 需求状况调查

13. 下列生活照料类服务，您的需求程度如何？（1 表示“完全不需要”,5 表示“非常需要”，请在对应选项上打“ √”)［矩阵单选题］

需求项目	完全不需要	不太需要	一般	比较需要	非常需要
配餐助餐	1	2	3	4	5
保洁家政	1	2	3	4	5
助浴	1	2	3	4	5
日间托养	1	2	3	4	5
辅助出行（陪诊、散步）	1	2	3	4	5
适老化改造	1	2	3	4	5

14. 下列医疗卫生类服务，您的需求程度如何？（1 表示“完全不需要”,5 表示“非常需要”，请在对应选项上打“ √ ”）[矩阵单选题]

需求项目	完全不需要	不太需要	一般	比较需要	非常需要
健康体检	1	2	3	4	5
家庭病床	1	2	3	4	5
医疗康复器具租赁	1	2	3	4	5
康复护理	1	2	3	4	5

15. 下列情感慰藉类服务，您的需求程度如何？（1 表示“完全不需要”,5 表示“非常需要”，请在对应选项上打“ √ ”）[矩阵单选题]

需求项目	完全不需要	不太需要	一般	比较需要	非常需要
居家探访	1	2	3	4	5
节日慰问	1	2	3	4	5
心理咨询	1	2	3	4	5
临终关怀	1	2	3	4	5

16. 下列紧急救援类服务，您的需求程度如何？（1 表示“完全不需要”,5 表示“非常需要”，请在对应选项上打“ √ ”）[矩阵单选题]

需求项目	完全不需要	不太需要	一般	比较需要	非常需要
安全宣传	1	2	3	4	5
法律咨询	1	2	3	4	5
紧急呼叫及救援	1	2	3	4	5
用水用电智能监测	1	2	3	4	5

17. 下列文娱休闲类服务，您的需求程度如何？（1 表示“完全不需要”,5 表示“非常需要”，请在对应选项上打“ √ ”）[矩阵单选题]

需求项目	完全不需要	不太需要	一般	比较需要	非常需要
文化娱乐	1	2	3	4	5
体育健身	1	2	3	4	5
休闲养生	1	2	3	4	5
老年教育	1	2	3	4	5

第三部分 满意度调查

18. 下列生活照料类服务，请在您或家人在了解或接受过相关的养老服务项目后面选择满意程度（1 表示“非常不满意”，5 表示“非常满意”，请在对应选项上打“ √ ”）[条件单选题]

服务项目	了解或接受过服务	非常不满意	不太满意	一般	比较满意	非常满意
配餐助餐	是	1	2	3	4	5
	否					
保洁家政	是	1	2	3	4	5
	否					
助浴	是	1	2	3	4	5
	否					
日间托养	是	1	2	3	4	5
	否					
辅助出行	是	1	2	3	4	5
	否					
适老化改造	是	1	2	3	4	5
	否					

19. 下列医疗卫生类服务，请在您或家人在了解或接受过的相关养老服务项目后面选择满意程度（1 表示“非常不满意”，5 表示“非常满意”，请在对应选项上打“ √ ”）[条件单选题]

服务项目	了解或接受过服务	非常不满意	不太满意	一般	比较满意	非常满意
健康体检	是	1	2	3	4	5
	否					
家庭病床	是	1	2	3	4	5
	否					
医疗康复器具租赁	是	1	2	3	4	5
	否					
康复护理	是	1	2	3	4	5
	否					

20. 下列精神慰藉类服务，请在您或家人在了解或接受过的相关养老服务项目后面选择满意程度（1 表示“非常不满意”，5 表示“非常满意”，请在对应选项上打“ √ ”）[条件单选题]

服务项目	了解或接受过服务	非常不满意	不太满意	一般	比较满意	非常满意
居家探访	是	1	2	3	4	5
	否					
节日慰问	是	1	2	3	4	5
	否					
心理咨询	是	1	2	3	4	5
	否					
临终关怀	是	1	2	3	4	5
	否					

21. 下列紧急救助类服务，请在您或家人在了解或接受过的相关养老服务项目后面选择满意程度（1 表示“非常不满意”，5 表示“非常满意”，请在对应选项上打“ √ ”）［条件单选题］

服务项目	了解或接受过服务	非常不满意	不太满意	一般	比较满意	非常满意
安全宣传	是	1	2	3	4	5
	否					
法律咨询	是	1	2	3	4	5
	否					
紧急呼叫及救援	是	1	2	3	4	5
	否					
用水用电智能监测	是	1	2	3	4	5
	否					

22. 下列文娱休闲类服务，请在您或家人在了解或接受过的相关养老服务项目后面选择满意程度（1 表示“非常不满意”，5 表示“非常满意”，请在对应选项上打“ √ ”）［条件单选题］

服务项目	了解或接受过服务	非常不满意	不太满意	一般	比较满意	非常满意
文化娱乐	是	1	2	3	4	5
	否					
体育健身	是	1	2	3	4	5
	否					
休闲养生	是	1	2	3	4	5
	否					
老年教育	是	1	2	3	4	5
	否					

第四部分 供需适配调查

23. 您所在社区或街道，居家和社区养老服务设施（如餐厅、活动室、健身器材设施等机构、组织、系统）及布局完全能满足您的养老需求？（1 表示“完全不同意”，5 表示“完全同意”，请在对应选项上打“ √ ”）

服务内容	完全不同意	不太同意	一般	比较同意	完全同意
生活照料类	1	2	3	4	5
医疗卫生类	1	2	3	4	5
精神慰藉类	1	2	3	4	5
紧急救助类	1	2	3	4	5
文娱休闲类	1	2	3	4	5

24. 您所在社区或街道，居家和社区养老服务人员配置完全能满足您的养老需求？（1 表示“完全不同意”，5 表示“完全同意”，请在对应选项上打“ √ ”）

服务内容	完全不同意	不太同意	一般	比较同意	完全同意
生活照料类	1	2	3	4	5
医疗卫生类	1	2	3	4	5
精神慰藉类	1	2	3	4	5
紧急救助类	1	2	3	4	5
文娱休闲类	1	2	3	4	5

25. 您所在社区或街道，居家和社区养老服务设备配置（如各种仪器、显示屏、呼叫器等）完全能满足您的养老需求？（1 表示“完全不同意”，5 表示“完全同意”，请在对应选项上打“ √ ”）

服务内容	完全不同意	不太同意	一般	比较同意	完全同意
生活照料类	1	2	3	4	5
医疗卫生类	1	2	3	4	5
精神慰藉类	1	2	3	4	5
紧急救助类	1	2	3	4	5
文娱休闲类	1	2	3	4	5

26. 您所在社区或街道，居家和社区养老提供的服务项目都是大家所需要的服务项目？（1 表示“完全不同意”，5 表示“完全同意”，请在对应选项上打“ √ ”）

服务内容	完全不同意	不太同意	一般	比较同意	完全同意
生活照料类	1	2	3	4	5
医疗卫生类	1	2	3	4	5
精神慰藉类	1	2	3	4	5
紧急救助类	1	2	3	4	5
文娱休闲类	1	2	3	4	5

27. 您所在社区或街道，居家和社区养老服务机构的服务方式（线上或线下、入户或不入户）完全合理？（1 表示“完全不同意”，5 表示“完全同意”，请在对应选项上打“ √ ”）

服务内容	完全不同意	不太同意	一般	比较同意	完全同意
生活照料类	1	2	3	4	5
医疗卫生类	1	2	3	4	5
精神慰藉类	1	2	3	4	5
紧急救助类	1	2	3	4	5
文娱休闲类	1	2	3	4	5

28. 您所在社区或街道，居家和社区养老服务机构的服务流程完全合理？（1 表示“完全不同意”，5 表示“完全同意”，请在对应选项上打“ √ ”）

服务内容	完全不同意	不太同意	一般	比较同意	完全同意
生活照料类	1	2	3	4	5
医疗卫生类	1	2	3	4	5
精神慰藉类	1	2	3	4	5
紧急救助类	1	2	3	4	5
文娱休闲类	1	2	3	4	5

29. 您所在社区或街道，居家和社区养老服务机构的服务时间完全合理？（1 表示“完全不同意”，5 表示“完全同意”，请在对应选项上打“ √ ”）

服务内容	完全不同意	不太同意	一般	比较同意	完全同意
生活照料类	1	2	3	4	5
医疗卫生类	1	2	3	4	5
精神慰藉类	1	2	3	4	5
紧急救助类	1	2	3	4	5
文娱休闲类	1	2	3	4	5

30. 您所在社区或街道，居家和社区养老服务机构的服务内容个性化设计程度非常高？（1 表示“完全不同意”，5 表示“完全同意”，请在对应选项上打“ √ ”）

服务内容	完全不同意	不太同意	一般	比较同意	完全同意
生活照料类	1	2	3	4	5
医疗卫生类	1	2	3	4	5
精神慰藉类	1	2	3	4	5
紧急救助类	1	2	3	4	5
文娱休闲类	1	2	3	4	5

31. 您所在社区或街道，居家和社区养老服务机构的服务人员专业性水平非常高？（1 表示“完全不同意”，5 表示“完全同意”，请在对应选项上打“ √ ”）

服务内容	完全不同意	不太同意	一般	比较同意	完全同意
生活照料类	1	2	3	4	5
医疗卫生类	1	2	3	4	5
精神慰藉类	1	2	3	4	5
紧急救助类	1	2	3	4	5
文娱休闲类	1	2	3	4	5

32. 您所在社区或街道，居家和社区养老服务机构的服务人员态度和责任心非常好？（1 表示“完全不同意”，5 表示“完全同意”，请在对应选项上打“ √ ”）

服务内容	完全不同意	不太同意	一般	比较同意	完全同意
生活照料类	1	2	3	4	5
医疗卫生类	1	2	3	4	5
精神慰藉类	1	2	3	4	5
紧急救助类	1	2	3	4	5
文娱休闲类	1	2	3	4	5

33. 您所在社区或街道，居家和社区养老服务机构的设施质量非常好？（1 表示“完全不同意”，5 表示“完全同意”，请在对应选项上打“ √ ”）

服务内容	完全不同意	不太同意	一般	比较同意	完全同意
生活照料类	1	2	3	4	5
医疗卫生类	1	2	3	4	5
精神慰藉类	1	2	3	4	5
紧急救助类	1	2	3	4	5
文娱休闲类	1	2	3	4	5

34. 您所在社区或街道，居家和社区养老服务机构的设备质量非常好？（1 表示“完全不同意”，5 表示“完全同意”，请在对应选项上打“ √ ”）

服务内容	完全不同意	不太同意	一般	比较同意	完全同意
生活照料类	1	2	3	4	5
医疗卫生类	1	2	3	4	5
精神慰藉类	1	2	3	4	5
紧急救助类	1	2	3	4	5
文娱休闲类	1	2	3	4	5

35. 您所在社区或街道，居家和社区养老服务项目的收费水平非常合理？（1 表示“完全不同意”，5 表示“完全同意”，请在对应选项上打“ √ ”）

服务内容	完全不同意	不太同意	一般	比较同意	完全同意
生活照料类	1	2	3	4	5
医疗卫生类	1	2	3	4	5
精神慰藉类	1	2	3	4	5
紧急救助类	1	2	3	4	5
文娱休闲类	1	2	3	4	5

36. 您所在社区或街道，从家到最近的居家社区养老服务机构的便利性非常好？（1表示“完全不同意”，5表示“完全同意”，请在对应选项上打“√”）

服务内容	完全不同意	不太同意	一般	比较同意	完全同意
生活照料类	1	2	3	4	5
医疗卫生类	1	2	3	4	5
精神慰藉类	1	2	3	4	5
紧急救助类	1	2	3	4	5
文娱休闲类	1	2	3	4	5

37. 您所在社区或街道，享受居家社区服务或补助的条件与资格非常合理？（1表示“完全不同意”，5表示“完全同意”，请在对应选项上打“√”）

服务内容	完全不同意	不太同意	一般	比较同意	完全同意
生活照料类	1	2	3	4	5
医疗卫生类	1	2	3	4	5
精神慰藉类	1	2	3	4	5
紧急救助类	1	2	3	4	5
文娱休闲类	1	2	3	4	5

38. 您对居家社区养老服务的整体满足程度如何？（1表示“非常低”，5表示“非常高”，请在对应选项上打“√”）

	非常低	比较低	一般	比较高	非常高
整体印象	1	2	3	4	5

39. 您对目前养老生活的整体满足程度如何？（1表示“非常低”,5表示“非常高”，请在对应选项上打“√”）

	非常低	比较低	一般	比较高	非常高
整体印象	1	2	3	4	5

40. 您对如何完善居家和社区养老服务有何建议？

问卷到此结束，再次感谢您的配合和支持！

附录 B

关于京津冀老年助餐的调查——针对负责人和工作人员

尊敬的社区老年餐厅负责人及工作人员：

爱老敬老孝老惠老是我国的优良传统，为解决老年人就餐问题，国家出台了老年助餐的相关规定，京津冀三地也出台了老年助餐的支持政策，并兴建了一些老年（孝老）食堂，现想就老年食堂相关问题进行调研，发掘问题，提出完善对策，以更好促进京津冀养老服务事业发展，提高老年人晚年生活质量。此调研全部匿名，并且只用于研究之用，请您放心作答。

河北工业大学养老服务课题组

助餐服务机构负责人部分的访谈内容

1. 您从事养老助餐这行多久了？您的经营初心是什么吗？经营中遇到的最大困难是什么？

2. 你所管理的助餐点有几名工作人员？他们的平均年龄如何？福利待遇如何？您认为他们的服务质量好吗？

3. 您负责管理的助餐点经营模式是什么？是否可以送餐上门？如果没有提供送餐上门，原因是什么？

4. 您负责管理的助餐点有过比较创新的尝试吗？如果没有，您是否接下来有尝试创新的意愿？

5. 您负责管理的助餐点一般菜品价格是多少？针对不同年龄段的顾客或是特殊情况的顾客，菜品价格是否有区分？

6. 您会定时收集用餐老人的意见与建议吗？对于老人反映服务不佳的员工或是味道不佳的菜品，是如何处理的？

7. 您负责管理的助餐点资金投入具体是多少？目前经营状况如何？是盈利还是亏损？

8. 您收到过政府的补贴或是社会捐款吗？您认为政府对助餐点的补贴政策合理吗？

9. 您认为影响您负责管理的助餐点经营效益最大因素是什么？是资金投入、创新的经营模式、专业的设备还是专业的服务人员或是附近居民的评价呢？

10. 您对老年助餐服务的发展有什么建议吗？

助餐点服务人员部分的访谈内容

11. 您在助餐点的主要工作是什么？您认为自己是否具有专业水平可以胜任这份工作？

12. 您的工资是多少呢？您对薪酬是否满意？

13. 您服务过程中是否主动询问老年人的用餐需求和用餐建议？

14. 你对现在的工作还满意吗？不满意的话请问原因是什么？

15. 您认为您所工作的这家助餐点是否有需要改进的地方？如果有，请提出具体建议。

根据访谈，填写下列问卷题目：

针对该老年食堂：

1. 服务专业性（如菜品质量）是否较高？

①是　②否

2. 是否能根据老人需求提供个性化服务（如送餐、定制药食等）？

①是　②否

3. 是否能够持续投入资金以创新服务项目发展或优化现有服务？

①是　②否

4. 服务对象是否多元化？

①是　②否

5. 是否享受运营补贴或税费减免？

①是　②否

6. 是否能做到规模采购以整体降低成本？

①是　②否

7. 是否盈利？

①是　②否

附录 C

关于承德市城镇职工长期护理保险有关情况调查问卷

尊敬的朋友：您好，我们是河北工业大学劳动与社会保障专业的学生，为了了解承德市长期护理保险制度试点情况，我们在承德市内开展调查。我们想要了解您的真实想法和意见。本次调查采取匿名形式，我们承诺对您的个人信息予以保密，所得数据仅用于论文研究，谢谢您的合作！

基本信息

1. 性别［单选题］

○男

○女

2. 年龄［单选题］

○ 50 岁到 60 岁

○ 60 岁到 70 岁

○ 70 岁到 80 岁

○ 80 岁以上

3. 婚姻状况［单选题］

○未婚

○已婚

○离异

○丧偶

4. 居住情况［单选题］

○独居

○与配偶一同居住

○与亲属一同居住

○养老机构

5. 商业保险购买情况［多选题］

○人身意外险

○健康险

○人寿险

○重疾险

○其他

6. 您能接受的长期护理保险每月费用［单选题］

○ 500 元以下

○ 501 ～ 1 000 元

○ 1 001 ～ 2 000 元

○ 2 001 ～ 3 500 元

○ 3 501 ～ 6 000 元

○ 6 000 元以上

长期护理保险实施情况与满意度调查

7. 您是通过什么方式了解到长期护理保险试点的［单选题］

○网络资讯

○电视新闻

○亲人朋友告知

○工作人员宣传

○其他

8. 您所享受的长期护理服务方式［单选题］

○入住护理服务（机构）

○居家护理服务（家护服务）

9. 您认为现阶段的长期护理保险支付标准可以能满足你的护理服务费用需求吗［单选题］

○非常满足

○略满足

○部分满足

○不满足

10. 您认为以目前的医疗、护理机构和服务人员的供给数量可以满足护理需求吗［单选题］

○可以满足

○资源紧缺

11. 您认为申请和评估长期护理的流程复杂吗［单选题］

○非常复杂

〇比较复杂

〇不复杂

12. 您认为护理人员的服务专业度怎样［单选题］

〇十分专业，服务好

〇比较专业，服务可以

〇一般，服务凑合

13. 在享受长期护理服务后对家庭情况的改善程度［单选题］

〇高

〇较高

〇较低

〇低

14. 您最希望获得谁的长期护理服务［单选题］

〇配偶

〇子女

〇其他亲属

〇专业护理人员

〇其他 ________________

15. 护理服务中频次最高的三项是什么［多选题］

〇清洁护理

〇进食辅助

〇走路辅助

〇排泄护理

〇理发、剃须等美容类护理

〇帮助活动（翻身、按摩关节等）

16. 您对承德市长期护理保险的反馈及建议［填空题］ ________________

附录 D

关于石家庄市时间银行互助养老的调查问卷

亲爱的老年朋友：

爱老敬老孝老惠老是我国的优良传统，为解决老年人养老问题，国家出台了互助养老相关规定，河北省也出台了相关支持政策，现想就互助养老相关问题进行调研，以更好地促进河北省养老服务事业发展，提高老年人晚年生活质量。此调研全部匿名，并且只用于研究，请您放心作答。

1. 您的性别？

A. 男 B. 女

2. 您的年龄？

A.61 岁～ 65 岁 B.66 岁～ 70 岁 C.71 岁～ 75 岁 D.76 岁及以上

3. 您的婚烟状况？

A. 未婚 B. 已婚 C. 丧偶 D. 离异

4. 您的文化程度？

A. 文盲及半文盲 B. 小学 C. 初中 D. 高中 / 技校 / 中专 E. 大学专科及以上

5. 您的居住情况？

A. 独居 B. 非独居

6. 您是否有收入来源？

A. 是 B. 否

7. 您的健康状况？

A. 非常不健康 B. 不健康 C. 一般 D. 健康 E. 非常健康

8. 您是否患有慢性病？有几种慢性病种？

A. 无 B. 有 1 种慢性病 C. 有 2 种慢性病 D. 有 3 种及以上慢性病

9. 在日常生活中您的自理能力如何？

A. 很弱 B. 弱 C. 一般 D. 强 E. 很强

10. 您的目前起居主要由谁照顾？

A. 自己 B. 配偶 C. 儿子、女儿、孙子女等 D. 保姆 / 护工 E. 其他

11. 您是否参加过社区开展的活动？

A. 参加过

B. 个人原因，未参加（如：身体状况、时间、居住状况等）

C. 不了解，未参加（如：不知道社区活动、不了解活动情况或其他因素）

D. 其他原因，未参加

12. 您知道“时间银行”吗？

A. 从来没听过 B. 知道一点但不太清楚 C. 知道 D. 非常了解

13. 您是否愿意参加“时间银行”社区互助养老服务？

A. 愿意 B. 不愿意

14. 您认为“时间银行”互助养老在什么地方开展您更愿意参加？

A. 社区 B. 医疗机构 C. 养老机构 D. 其他

15. 如果您参加，您最希望获得哪种“时间银行”互助养老服务内容？（多选）

A. 生活照料服务（日常采买、打扫卫生、洗衣做饭等）

B. 精神慰藉服务（定期联系、陪同聊天、心理疏导等）

C. 医疗卫生服务（陪同就医、健康护理、取药拿药等）

D. 文化娱乐服务（读书看报、下棋打牌、养花鸟鱼等）

E. 其他服务内容

16. 如果您参加，您最希望以下哪些人群参与到“时间银行”互助养老中？

A. 老年志愿者 B. 大学生志愿者 C. 社区护士护工 D. 其他

访谈提纲

时间银行互助养老工作人员访谈提纲

1. 您可以介绍一下东苑街道的具体情况吗？

2. 时间银行互助养老的服务对象是？

3. 时间银行互助养老的服务内容有哪些？

4. 时间银行互助养老的志愿者队伍包括哪些人？志愿者培训如何开展？

5. 目前时间银行互助养老的宣传方式是怎么样的？有什么成果吗？

6. 时间货币如何兑换呢？

7. 目前时间货币可以实现通存通兑吗？

8. 您认为目前时间银行互助养老实施过程中面临哪些问题呢？

时间银行互助养老志愿者访谈提纲

1. 请问您的姓名和年龄是？
2. 您已经退休了吗？
3. 您是通过什么渠道了解到了时间银行互助养老活动的？
4. 您参与过哪些时间银行互助养老的活动？
5. 如果组织培训活动，您希望有什么样的培训呢？
6. 有关时间银行互助养老您有什么建议吗？

附表 E

附表 E1 北京市居家和社区养老服务供需适配调研统计（人数及占比）

题项 23：居家和社区养老服务设施及布局完全能满足您的养老需求？						
	完全不同意	不太同意	一般	比较同意	完全同意	$\bar{x} \pm s$
生活照料类	27（17.1%）	32（20.3%）	68（43.0%）	22（13.9%）	2（5.7%）	2.71±1.084
医疗卫生类	15（9.5%）	30（19.0%）	66（41.8%）	35（22.2%）	12（7.6%）	2.99±1.050
精神慰藉类	31（19.6%）	37（23.4%）	65（41.1%）	18（11.4%）	7（4.4%）	2.58±1.067
紧急救助类	22（13.9%）	41（25.9%）	63（39.9%）	21（13.3%）	11（7.0%）	2.73±1.079
文娱休闲类	23（14.6%）	31（19.6%）	73（46.2%）	22（13.9%）	9（5.7%）	2.77±1.048
题项 24：居家和社区养老服务人员配置完全能满足您的养老需求？						
	完全不同意	不太同意	一般	比较同意	完全同意	$\bar{x} \pm s$
生活照料类	32（20.3%）	29（18.4%）	67（42.4%）	20（12.7%）	10（6.3%）	2.66±1.126
医疗卫生类	23（14.6%）	33（20.9%）	63（39.9%）	26（16.5%）	13（8.2%）	2.83±1.124
精神慰藉类	31（19.6%）	36（22.8%）	67（42.4%）	16（10.1%）	8（5.1%）	2.70±1.097
紧急救助类	26（16.5%）	36（22.8%）	66（41.8%）	19（12.0%）	11（7.0%）	2.70±1.081
文娱休闲类	29（18.4%）	27（17.1%）	74（46.8%）	19（12.0%）	9（5.7%）	2.52±1.087
题项 25：居家和社区养老服务设备配置完全能满足您的养老需求？						
	完全不同意	不太同意	一般	比较同意	完全同意	$\bar{x} \pm s$
生活照料类	34（21.5%）	39（24.7%）	62（39.2%）	15（9.5%）	8（5.1%）	2.52±1.087
医疗卫生类	31（19.6%）	37（23.4%）	66（41.8%）	16（10.1%）	8（5.1%）	2.58±1.072
精神慰藉类	35（22.2%）	39（24.7%）	62（39.2%）	14（8.9%）	8（5.1%）	2.50±1.087
紧急救助类	31（19.6%）	41（25.9%）	60（38.0%）	17（10.8%）	9（5.7%）	2.57±1.096
文娱休闲类	29（18.4%）	38（24.1%）	69（43.7%）	15（9.5%）	7（4.4%）	2.58±1.036
题项 26：居家和社区养老提供的服务项目都是大家所需要的服务项目？						
	完全不同意	不太同意	一般	比较同意	完全同意	$\bar{x} \pm s$
生活照料类	25（15.8%）	30（19.0%）	68（43.0%）	26（16.5%）	9（5.7%）	2.77±1.082
医疗卫生类	22（13.9%）	29（18.4%）	70（44.3%）	28（17.7%）	9（5.7%）	2.83±1.060
精神慰藉类	30（19.0%）	35（22.2%）	64（40.5%）	20（12.7%）	9（5.7%）	2.64±1.101
紧急救助类	26（16.5%）	33（20.9%）	70（44.3%）	19（12.0%）	10（6.3%）	2.71±1.078
文娱休闲类	26（16.5%）	25（15.8%）	77（48.7%）	21（13.3%）	9（5.7%）	2.76±1.061
题项 27：居家和社区养老服务机构的服务方式（线上或线下、入户或不入户）完全合理？						
	完全不同意	不太同意	一般	比较同意	完全同意	$\bar{x} \pm s$
生活照料类	21（13.3%）	31（19.6%）	78（49.4%）	21（13.3%）	7（4.4%）	2.76±0.993
医疗卫生类	18（11.4%）	32（20.3%）	76（48.1%）	25（15.8%）	7（4.4%）	2.82±0.983
精神慰藉类	26（16.5%）	27（17.1%）	81（51.3%）	18（11.4%）	6（3.8%）	2.69±1.003
紧急救助类	22（13.9%）	31（19.6%）	78（49.4%）	20（12.7%）	7（4.4%）	2.74±0.998
文娱休闲类	21（13.3%）	24（15.2%）	84（53.2%）	23（14.6%）	6（3.8%）	2.80±0.974

（续表）

题项 28：居家和社区养老服务机构的服务流程完全合理？						
	完全不同意	不太同意	一般	比较同意	完全同意	$\bar{x}\pm s$
生活照料类	20（12.7%）	30（19.0%）	78（49.4%）	24（15.2%）	6（3.8%）	2.78±0.980
医疗卫生类	18（11.4%）	28（17.7%）	81（51.3%）	25（15.8%）	6（3.8%）	2.83±0.959
精神慰藉类	23（14.6%）	30（19.0%）	76（48.1%）	23（14.6%）	6（3.8%）	2.74±1.004
紧急救助类	22（13.9%）	31（19.6%）	77（48.7%）	21（13.3%）	7（4.4%）	2.75±1.003
文娱休闲类	23（14.6%）	22（13.9%）	85（53.8%）	22（13.9%）	6（3.8%）	2.78±0.986
题项 29：居家和社区养老服务机构的服务时间完全合理？						
	完全不同意	不太同意	一般	比较同意	完全同意	$\bar{x}\pm s$
生活照料类	21（13.3%）	26（16.5%）	82（51.9%）	23（14.6%）	6（3.8%）	2.79±0.978
医疗卫生类	19（12.0%）	21（13.3%）	88（55.7%）	22（13.9%）	8（5.1%）	2.87±0.972
精神慰藉类	23（14.6%）	26（16.5%）	84（53.2%）	18（11.4%）	7（4.4%）	2.75±0.990
紧急救助类	22（13.9%）	27（17.1%）	82（51.9%）	21（13.3%）	6（3.8%）	2.76±0.980
文娱休闲类	22（13.9%）	26（16.5%）	83（52.5%）	20（12.7%）	7（4.4%）	2.77±0.990
题项 30：居家和社区养老服务机构的服务内容个性化设计程度非常高？						
	完全不同意	不太同意	一般	比较同意	完全同意	$\bar{x}\pm s$
生活照料类	29（18.4%）	22（13.9%）	85（53.8%）	17（10.8%）	5（3.2%）	2.66±1.001
医疗卫生类	27（17.1%）	21（13.3%）	83（52.5%）	21（13.3%）	6（3.8%）	2.73±1.018
精神慰藉类	32（20.3%）	27（17.1%）	76（48.1%）	18（11.4%）	5（3.2%）	2.60±1.034
紧急救助类	28（17.7%）	26（16.5%）	84（53.2%）	14（8.9%）	6（3.8%）	2.65±1.034
文娱休闲类	27（17.1%）	22（13.9%）	86（54.4%）	18（11.4%）	5（3.2%）	2.70±0.989
题项 31：居家和社区养老服务机构的服务人员专业性水平非常高？						
	完全不同意	不太同意	一般	比较同意	完全同意	$\bar{x}\pm s$
生活照料类	26（16.5%）	25（15.8%）	86（54.4%）	16（10.1%）	5（3.2%）	2.68±0.973
医疗卫生类	23（14.6%）	23（14.6%）	86（54.4%）	20（12.7%）	6（3.8%）	2.77±0.979
精神慰藉类	29（18.4%）	30（19.0%）	82（51.9%）	12（3.2%）	5（3.2%）	2.58±0.979
紧急救助类	25（15.8%）	28（17.7%）	83（52.5%）	17（10.8%）	5（3.2%）	2.68±0.973
文娱休闲类	25（15.8%）	27（17.1%）	82（51.9%）	18（11.4%）	6（3.8%）	2.70±0.994
题项 32：居家和社区养老服务机构的服务人员态度和责任心非常好？						
	完全不同意	不太同意	一般	比较同意	完全同意	$\bar{x}\pm s$
生活照料类	21（13.3%）	19（12.0%）	85（53.8%）	27（17.1%）	6（3.8%）	2.86±0.981
医疗卫生类	20（12.7%）	17（10.8%）	87（55.1%）	28（17.7%）	6（3.8%）	2.89±0.968
精神慰藉类	23（14.6%）	22（13.9%）	81（51.3%）	27（17.1%）	5（3.2%）	2.80±0.993
紧急救助类	22（13.9%）	27（17.1%）	76（48.1%）	27（17.1%）	6（3.8%）	2.80±1.008
文娱休闲类	22（13.9%）	16（10.1%）	86（54.4%）	29（18.4%）	5（3.2%）	2.87±0.978
题项 33：居家和社区养老服务机构的设施质量非常好？						
	完全不同意	不太同意	一般	比较同意	完全同意	$\bar{x}\pm s$
生活照料类	24（15.2%）	22（13.9%）	89（56.3%）	17（10.8%）	6（3.8%）	2.74±0.972
医疗卫生类	21（13.3%）	22（13.9%）	89（56.3%）	21（13.3%）	5（3.2%）	2.79±0.945
精神慰藉类	26（16.5%）	28（17.7%）	83（52.5%）	16（10.1%）	5（3.2%）	2.66±0.976
紧急救助类	22（13.9%）	34（21.5%）	83（52.5%）	14（8.9%）	5（3.2%）	2.66±0.936
文娱休闲类	23（14.6%）	22（13.9%）	92（58.2%）	16（10.1%）	5（3.2%）	2.73±0.940

（续表）

题项 34：居家和社区养老服务机构的设备质量非常好？						
	完全不同意	不太同意	一般	比较同意	完全同意	$\bar{x}\pm s$
生活照料类	24（15.2%）	2415.2（%）	86（54.4%）	19（12.0%）	5（3.2%）	2.73±0.969
医疗卫生类	21（13.3%）	28（17.7%）	85（53.8%）	19（12.0%）	5（3.2%）	2.74±0.946
精神慰藉类	26（16.5%）	28（17.7%）	85（53.8%）	14（8.9%）	5（3.2%）	2.65±0.965
紧急救助类	23（14.6%）	28（17.7%）	84（53.2%）	18（11.4%）	5（3.2%）	2.71±0.960
文娱休闲类	24（15.2%）	19（12.0%）	94（59.5%）	16（10.1%）	5（3.2%）	2.74±0.960
题项 35：居家和社区养老服务项目的收费水平非常合理？						
	完全不同意	不太同意	一般	比较同意	完全同意	$\bar{x}\pm s$
生活照料类	23（14.6%）	22（13.9%）	90（57.0%）	18（11.4%）	5（3.2%）	2.75±0.951
医疗卫生类	22（13.9%）	20（12.7%）	92（58.2%）	20（12.7%）	4（2.5%）	2.77±0.930
精神慰藉类	23（14.6%）	25（15.8%）	89（56.3%）	16（10.1%）	5（3.2%）	2.72±0.945
紧急救助类	22（13.9%）	28（17.7%）	85（53.8%）	19（12.0%）	4（2.5%）	2.72±0.938
文娱休闲类	23（14.6%）	21（13.3%）	92（58.2%）	17（10.8%）	5（3.2%）	2.75±0.944
题项 36：从家到最近的居家社区养老服务机构的便利性非常好？						
	完全不同意	不太同意	一般	比较同意	完全同意	$\bar{x}\pm s$
生活照料类	21（13.3%）	31（19.6%）	78（49.4%）	24（15.2%）	4（2.5%）	2.74±0.959
医疗卫生类	19（12.0%）	29（18.4%）	79（50.0%）	24（15.2%）	7（4.4%）	2.82±0.983
精神慰藉类	25（15.8%）	30（19.0%）	76（48.1%）	23（14.6%）	4（2.5%）	2.69±0.990
紧急救助类	23（14.6%）	34（21.5%）	76（48.1%）	20（12.7%）	5（3.2%）	2.68±0.978
文娱休闲类	22（13.9%）	27（17.1%）	80（50.6%）	24（15.2%）	5（3.2%）	2.77±0.979
题项 37：享受居家社区服务或补助的条件与资格非常合理？						
	完全不同意	不太同意	一般	比较同意	完全同意	$\bar{x}\pm s$
生活照料类	21（13.3%）	27（17.1%）	86（54.4%）	18（11.4%）	6（3.8%）	2.75±0.956
医疗卫生类	19（12.0%）	24（15.2%）	89（56.3%）	20（12.7%）	6（3.8%）	2.81±0.939
精神慰藉类	24（15.2%）	30（19.0%）	81（51.3%）	20（12.7%）	3（1.9%）	2.67±0.947
紧急救助类	22（13.9%）	32（20.3%）	83（52.5%）	16（10.1%）	5（3.2%）	2.68±0.945
文娱休闲类	20（12.7%）	26（16.5%）	91（57.6%）	16（10.1%）	5（3.2%）	2.75±0.916

附表 E2 天津市居家和社区养老服务供需适配调研统计（人数及占比）

题项 23：居家和社区养老服务设施及布局完全能满足您的养老需求？						
	完全不同意	不太同意	一般	比较同意	完全同意	$\bar{x}\pm s$
生活照料类	37（21.5%）	26（15.1%）	60（34.9%）	29（16.9%）	20（11.6%）	2.82±1.274
医疗卫生类	31（18.0%）	18（10.5%）	65（37.8%）	38（22.1%）	20（11.6%）	2.99±1.233
精神慰藉类	46（26.7%）	29（16.9%）	62（36.0%）	21（12.2%）	14（8.1%）	2.58±1.233
紧急救助类	39（22.7%）	32（18.6%）	54（31.4%）	26（15.1%）	21（12.2%）	2.76±1.297
文娱休闲类	34（19.8%）	21（12.2%）	63（36.6%）	31（18.0%）	23（13.4%）	2.93±1.287
题项 24：居家和社区养老服务人员配置完全能满足您的养老需求？						
	完全不同意	不太同意	一般	比较同意	完全同意	$\bar{x}\pm s$
生活照料类	41（23.8%）	30（17.4%）	59（34.3%）	25（14.5%）	17（9.9%）	2.69±1.258
医疗卫生类	31（18.0%）	26（15.1%）	67（39.0%）	30（17.4%）	18（10.5%）	2.87±1.207
精神慰藉类	44（25.6%）	27（15.7%）	67（39.0%）	20（11.6%）	14（8.1%）	2.61±1.216
紧急救助类	37（21.5%）	30（17.4%）	56（32.6%）	31（18.0%）	18（10.5%）	2.78±1.264
文娱休闲类	32（18.6%）	29（16.9%）	70（40.7%）	26（15.1%）	15（8.7%）	2.78±1.172

（续表）

题项 25：居家和社区养老服务设备配置完全能满足您的养老需求？						
	完全不同意	不太同意	一般	比较同意	完全同意	$\bar{x}\pm s$
生活照料类	46（26.7%）	31（18.0%）	64（37.2%）	19（11.0%）	12（7.0%）	2.53±1.196
医疗卫生类	34（19.8%）	32（18.6%）	68（39.5%）	23（13.4%）	15（8.7%）	2.73±1.180
精神慰藉类	43（25.0%）	29（16.9%）	65（37.8%）	21（12.2%）	14（8.1%）	2.62±1.216
紧急救助类	40（23.3%）	31（18.0%）	63（36.6%）	22（12.8%）	16（9.3%）	2.67±1.229
文娱休闲类	35（20.3%）	31（18.0%）	66（38.4%）	26（15.1%）	14（8.1%）	2.73±1.185
题项 26：居家和社区养老提供的服务项目都是大家所需要的服务项目？						
	完全不同意	不太同意	一般	比较同意	完全同意	$\bar{x}\pm s$
生活照料类	30（17.4%）	32（18.6%）	65（37.8%）	31（18.0%）	14（8.1%）	2.81±1.166
医疗卫生类	27（15.7%）	28（16.3%）	63（36.6%）	39（22.7%）	15（8.7%）	2.92±1.170
精神慰藉类	37（21.5%）	36（20.9%）	62（36.0%）	24（14.0%）	13（7.6%）	2.65±1.182
紧急救助类	32（18.6%）	35（20.3%）	62（36.0%）	28（16.3%）	15（8.7%）	2.76±1.188
文娱休闲类	28（16.3%）	31（18.0%）	64（37.2%）	35（20.3%）	14（8.1%）	2.86±1.161
题项 27：居家和社区养老服务机构的服务方式（线上或线下、入户或不入户）完全合理？						
	完全不同意	不太同意	一般	比较同意	完全同意	$\bar{x}\pm s$
生活照料类	29（16.9%）	24（14.0%）	68（39.5%）	35（20.3%）	16（9.3%）	2.91±1.179
医疗卫生类	26（15.1%）	19（11.0%）	77（44.8%）	30（17.4%）	20（11.6%）	2.99±1.167
精神慰藉类	32（18.6%）	25（14.5%）	74（43.0%）	25（14.5%）	16（9.3%）	2.81±1.175
紧急救助类	28（16.3%）	26（15.1%）	71（41.3%）	31（18.0%）	16（9.3%）	2.89±1.162
文娱休闲类	29（16.9%）	19（11.0%）	75（43.6%）	32（18.6%）	17（9.9%）	2.94±1.171
题项 28：居家和社区养老服务机构的服务流程完全合理？						
	完全不同意	不太同意	一般	比较同意	完全同意	$\bar{x}\pm s$
生活照料类	26（15.1%）	21（12.2%）	73（42.4%）	35（20.3%）	17（9.9%）	2.98±1.154
医疗卫生类	23（13.4%）	18（10.5%）	82（47.7%）	32（18.6%）	17（9.9%）	3.01±1.108
精神慰藉类	30（17.4%）	23（13.4%）	80（46.5%）	24（14.0%）	15（8.7%）	2.83±1.140
紧急救助类	27（15.7%）	21（12.2%）	79（45.9%）	29（16.9%）	16（9.3%）	2.92±1.136
文娱休闲类	26（15.1%）	19（11.0%）	78（45.3%）	31（18.0%）	18（10.5%）	2.98±1.149
题项 29：居家和社区养老服务机构的服务时间完全合理？						
	完全不同意	不太同意	一般	比较同意	完全同意	$\bar{x}\pm s$
生活照料类	26（15.1%）	21（12.2%）	76（44.2%）	35（20.3%）	14（8.1%）	2.94±1.122
医疗卫生类	22（12.8%）	17（9.9%）	83（48.3%）	33（19.2%）	17（9.9%）	3.03±1.097
精神慰藉类	29（16.9%）	25（14.5%）	77（44.8%）	27（15.7%）	14（8.1%）	2.84±1.133
紧急救助类	28（16.3%）	23（13.4%）	72（41.9%）	33（19.2%）	16（9.3%）	2.92±1.162
文娱休闲类	28（16.3%）	23（13.4%）	78（45.3%）	28（16.3%）	15（8.7%）	2.88±1.135
题项 30：居家和社区养老服务机构的服务内容个性化设计程度非常高？						
	完全不同意	不太同意	一般	比较同意	完全同意	$\bar{x}\pm s$
生活照料类	33（19.2%）	27（15.7%）	76（44.2%）	23（13.4%）	13（7.6%）	2.74±1.141
医疗卫生类	27（15.7%）	25（14.5%）	81（47.1%）	23（13.4%）	16（9.3%）	2.86±1.126
精神慰藉类	37（21.5%）	30（17.4%）	73（42.4%）	20（11.6%）	12（7.0%）	2.65±1.147
紧急救助类	35（20.3%）	24（14.0%）	79（45.9%）	20（11.6%）	14（8.1%）	2.73±1.154
文娱休闲类	33（19.2%）	29（16.9%）	77（44.8%）	19（11.0%）	14（8.1%）	2.72±1.141

（续表）

题项 31：居家和社区养老服务机构的服务人员专业性水平非常高？						
	完全不同意	不太同意	一般	比较同意	完全同意	$\bar{x}\pm s$
生活照料类	33（19.2%）	29（16.9%）	66（38.4%）	26（15.1%）	18（10.5%）	2.81±1.216
医疗卫生类	25（14.5%）	27（15.7%）	77（44.8%）	27（15.7%）	16（9.3%）	2.90±1.124
精神慰藉类	39（22.7%）	26（15.1%）	69（40.1%）	23（13.4%）	15（8.7%）	2.70±1.209
紧急救助类	33（19.2%）	25（14.5%）	68（39.5%）	30（17.4%）	16（9.3%）	2.83±1.200
文娱休闲类	31（18.0%）	25（14.5%）	76（44.2%）	26（15.1%）	14（8.1%）	2.81±1.146
题项 32：居家和社区养老服务机构的服务人员态度和责任心非常好？						
	完全不同意	不太同意	一般	比较同意	完全同意	$\bar{x}\pm s$
生活照料类	28（16.3%）	20（11.6%）	74（43.0%）	33（19.2%）	17（9.9%）	2.95±1.166
医疗卫生类	25（14.5%）	17（9.9%）	78（45.3%）	35（20.3%）	17（9.9%）	3.01±1.134
精神慰藉类	31（18.0%）	21（12.2%）	78（45.3%）	26（15.1%）	16（9.3%）	2.85±1.163
紧急救助类	30（17.4%）	21（12.2%）	72（41.9%）	33（19.2%）	16（9.3%）	2.91±1.176
文娱休闲类	31（18.0%）	21（12.2%）	74（43.0%）	29（16.9%）	17（9.9%）	2.88±1.184
题项 33：居家和社区养老服务机构的设施质量非常好？						
	完全不同意	不太同意	一般	比较同意	完全同意	$\bar{x}\pm s$
生活照料类	34（19.8%）	22（12.8%）	77（44.8%）	24（14.0%）	15（8.7%）	2.79±1.171
医疗卫生类	30（17.4%）	19（11.0%）	85（49.4%）	25（14.5%）	13（7.6%）	2.84±1.112
精神慰藉类	35（20.3%）	28（16.3%）	70（40.7%）	28（16.3%）	11（6.4%）	2.72±1.151
紧急救助类	33（19.2%）	28（16.3%）	77（44.8%）	21（12.2%）	13（7.6%）	2.73±1.135
文娱休闲类	33（19.2%）	26（15.1%）	75（43.6%）	26（15.1%）	12（7.0%）	2.76±1.139
题项 34：居家和社区养老服务机构的设备质量非常好？						
	完全不同意	不太同意	一般	比较同意	完全同意	$\bar{x}\pm s$
生活照料类	35（20.3%）	24（14.0%）	76（44.2%）	24（14.0%）	13（7.6%）	2.74±1.157
医疗卫生类	30（17.4%）	19（11.0%）	84（48.8%）	27（15.7%）	12（7.0%）	2.84±1.107
精神慰藉类	37（21.5%）	31（18.0%）	69（40.1%）	24（14.0%）	11（6.4%）	2.66±1.152
紧急救助类	36（20.9%）	27（15.7%）	68（39.5%）	29（16.9%）	12（7.0%）	2.73±1.174
文娱休闲类	31（18.0%）	25（14.5%）	79（45.9%）	25（14.5%）	12（7.0%）	2.78±1.118
题项 35：居家和社区养老服务项目的收费水平非常合理？						
	完全不同意	不太同意	一般	比较同意	完全同意	$\bar{x}\pm s$
生活照料类	26（15.1%）	23（13.4%）	76（44.2%）	37（21.5%）	10（5.8%）	2.90±1.087
医疗卫生类	24（14.0%）	19（11.0%）	87（50.6%）	33（19.2%）	9（5.2%）	2.91±1.033
精神慰藉类	29（16.9%）	23（13.4%）	82（47.7%）	28（16.3%）	10（5.8%）	2.81±1.083
紧急救助类	28（16.3%）	21（12.2%）	79（45.9%）	35（20.3%）	9（5.2%）	2.86±1.083
文娱休闲类	27（15.7%）	24（14.0%）	77（44.8%）	35（20.3%）	9（5.2%）	2.85±1.080
题项 36：从家到最近的居家社区养老服务机构的便利性非常好？						
	完全不同意	不太同意	一般	比较同意	完全同意	$\bar{x}\pm s$
生活照料类	31（18.0%）	23（13.4%）	67（39.0%）	40（23.3%）	11（6.4%）	2.87±1.155
医疗卫生类	26（15.1%）	22（12.8%）	80（46.5%）	32（18.6%）	12（7.0%）	2.90±1.093
精神慰藉类	34（19.8%）	28（16.3%）	70（40.7%）	29（16.9%）	11（6.4%）	2.74±1.148
紧急救助类	32（18.6%）	25（14.5%）	71（41.3%）	33（19.2%）	11（6.4%）	2.80±1.143
文娱休闲类	33（19.2%）	24（14.0%）	72（41.9%）	32（18.6%）	11（6.4%）	2.79±1.146

（续表）

题项 37：享受居家社区服务或补助的条件与资格非常合理？						
	完全不同意	不太同意	一般	比较同意	完全同意	$\bar{x}\pm s$
生活照料类	29（16.9%）	25（14.5%）	75（43.6%）	32（18.6%）	11（6.4%）	2.83±1.114
医疗卫生类	27（15.7%）	18（10.5%）	79（45.9%）	37（21.5%）	11（6.4%）	2.92±1.098
精神慰藉类	31（18.0%）	26（15.1%）	73（42.4%）	31（18.0%）	11（6.4%）	2.80±1.129
紧急救助类	31（18.0%）	27（15.7%）	73（42.4%）	30（17.4%）	11（6.4%）	2.78±1.127
文娱休闲类	28（16.3%）	23（13.4%）	85（49.4%）	24（14.0%）	12（7.0%）	2.82±1.085

附表 E3 河北省居家和社区养老服务供需适配调研统计（人数及占比）

题项 23：居家和社区养老服务设施及布局完全能满足您的养老需求？						
	完全不同意	不太同意	一般	比较同意	完全同意	$\bar{x}\pm s$
生活照料类	40（18.5%）	54（25.0%）	66（30.6%）	32（14.8%）	24（11.1%）	2.75±1.236
医疗卫生类	22（10.2%）	39（18.1%）	86（39.8%）	46（21.3%）	23（10.6%）	3.04±1.109
精神慰藉类	44（20.4%）	53（24.5%）	76（35.2%）	25（11.6%）	18（8.3%）	2.63±1.174
紧急救助类	36（16.7%）	46（21.3%）	79（36.6%）	36（16.7%）	19（8.8%）	2.80±1.167
文娱休闲类	30（13.9%）	40（18.5%）	83（38.4%）	44（20.4%）	19（8.8%）	2.92±1.138
题项 24：居家和社区养老服务人员配置完全能满足您的养老需求？						
	完全不同意	不太同意	一般	比较同意	完全同意	$\bar{x}\pm s$
生活照料类	47（21.8%）	47（21.8%）	65（30.1%）	37（17.1%）	20（9.3%）	2.70±1.245
医疗卫生类	37（17.1%）	40（18.5%）	75（34.7%）	46（21.3%）	18（8.3%）	2.85±1.184
精神慰藉类	43（19.9%）	52（24.1%）	72（33.3%）	30（13.9%）	19（8.8%）	2.68±1.196
紧急救助类	37（17.1%）	48（22.2%）	73（33.8%）	38（17.8%）	20（9.3%）	2.80±1.191
文娱休闲类	34（15.7%）	46（21.3%）	79（36.6%）	37（17.1%）	20（9.3%）	2.83±1.167
题项 25：居家和社区养老服务设备配置完全能满足您的养老需求？						
	完全不同意	不太同意	一般	比较同意	完全同意	$\bar{x}\pm s$
生活照料类	47（21.8%）	52（24.1%）	69（31.9%）	27（12.5%）	21（9.7%）	2.64±1.227
医疗卫生类	42（19.4%）	51（23.6%）	70（32.4%）	34（15.7%）	19（8.8%）	2.71±1.202
精神慰藉类	47（21.8%）	56（25.9%）	75（34.7%）	20（9.3%）	18（8.3%）	2.56±1.172
紧急救助类	44（20.4%）	52（24.1%）	71（32.9%）	31（14.4%）	18（8.3%）	2.66±1.194
文娱休闲类	43（19.9%）	47（21.8%）	81（37.5%）	27（12.5%）	18（8.3%）	2.68±1.172
题项 26：居家和社区养老提供的服务项目都是大家所需要的服务项目？						
	完全不同意	不太同意	一般	比较同意	完全同意	$\bar{x}\pm s$
生活照料类	37（17.1%）	46（21.3%）	79（36.6%）	36（16.7%）	18（8.3%）	2.78±1.164
医疗卫生类	31（14.4%）	38（17.6%）	84（38.9%）	42（19.4%）	21（9.7%）	2.93±1.155
精神慰藉类	37（17.1%）	51（23.6%）	75（34.7%）	36（16.7%）	17（7.9%）	2.75±1.159
紧急救助类	36（16.7%）	40（18.5%）	81（37.5%）	39（18.1%）	20（9.3%）	2.85±1.177
文娱休闲类	32（14.8%）	42（19.4%）	83（38.4%）	40（18.5%）	19（8.8%）	2.87±1.146
题项 27：居家和社区养老服务机构的服务方式（线上或线下、入户或不入户）完全合理？						
	完全不同意	不太同意	一般	比较同意	完全同意	$\bar{x}\pm s$
生活照料类	38（17.6%）	37（17.1%）	82（38.0%）	39（18.1%）	20（9.3%）	2.84±1.186
医疗卫生类	31（14.4%）	30（13.9%）	89（41.2%）	50（23.1%）	16（7.4%）	2.95±1.116
精神慰藉类	36（16.7%）	43（19.9%）	81（37.5%）	39（18.1%）	17（7.9%）	2.81±1.153
紧急救助类	33（15.3%）	38（17.6%）	82（38.0%）	47（21.8%）	16（7.4%）	2.88±1.137
文娱休闲类	30（13.9%）	27（12.5%）	95（44.0%）	46（21.3%）	18（8.3%）	2.98±1.110

（续表）

题项 28：居家和社区养老服务机构的服务流程完全合理？						
	完全不同意	不太同意	一般	比较同意	完全同意	$\bar{x}\pm s$
生活照料类	35（16.2%）	28（13.0%）	98（45.4%）	38（17.6%）	17（7.9%）	2.88±1.122
医疗卫生类	29（13.4%）	28（13.0%）	100（46.3%）	43（19.9%）	16（7.4%）	2.95±1.079
精神慰藉类	35（16.2%）	34（15.7%）	98（45.4%）	33（15.3%）	16（7.4%）	2.82±1.108
紧急救助类	36（16.7%）	23（10.6%）	98（45.4%）	41（19.0%）	18（8.3%）	2.92±1.138
文娱休闲类	33（15.3%）	25（11.6%）	100（46.3%）	39（8.8%）	19（8.8%）	2.94±1.123
题项 29：居家和社区养老服务机构的服务时间完全合理？						
	完全不同意	不太同意	一般	比较同意	完全同意	$\bar{x}\pm s$
生活照料类	36（16.7%）	33（15.3%）	89（41.2%）	39（18.1%）	19（8.8%）	2.87±1.158
医疗卫生类	31（14.4%）	31（14.4%）	94（43.5%）	40（18.5%）	20（9.3%）	2.94±1.129
精神慰藉类	34（15.7%）	34（15.7%）	94（43.5%）	39（18.1%）	15（6.9%）	2.85±1.108
紧急救助类	34（15.7%）	34（15.7%）	90（41.7%）	40（18.5%）	18（8.3%）	2.88±1.139
文娱休闲类	32（14.8%）	29（13.4%）	98（45.4%）	40（18.5%）	17（7.9%）	2.91±1.107
题项 30：居家和社区养老服务机构的服务内容个性化设计程度非常高？						
	完全不同意	不太同意	一般	比较同意	完全同意	$\bar{x}\pm s$
生活照料类	40（18.5%）	49（22.7%）	83（38.4%）	28（13.0%）	16（7.4%）	2.68±1.139
医疗卫生类	34（15.7%）	46（21.3%）	89（41.2%）	30（13.9%）	17（7.9%）	2.77±1.117
精神慰藉类	40（18.5%）	55（25.5%）	80（37.0%）	25（11.6%）	16（7.4%）	2.64±1.133
紧急救助类	36（16.7%）	48（22.2%）	84（38.9%）	34（15.7%）	14（6.5%）	2.73±1.113
文娱休闲类	34（15.7%）	44（20.4%）	89（41.2%）	30（13.9%）	19（8.8%）	2.80±1.135
题项 31：居家和社区养老服务机构的服务人员专业性水平非常高？						
	完全不同意	不太同意	一般	比较同意	完全同意	$\bar{x}\pm s$
生活照料类	36（16.7%）	38（17.6%）	95（44.0%）	32（14.8%）	15（6.9%）	2.78±1.107
医疗卫生类	33（15.3%）	37（17.1%）	98（45.4%）	36（16.7%）	12（5.6%）	2.80±1.066
精神慰藉类	37（17.1%）	46（21.3%）	93（43.1%）	27（12.5%）	13（6.0%）	2.69±1.083
紧急救助类	37（17.1%）	37（17.1%）	91（42.1%）	39（18.1%）	12（5.6%）	2.78±1.102
文娱休闲类	32（14.8%）	41（19.0%）	94（43.5%）	34（15.7%）	15（6.9%）	2.81±1.090
题项 32：居家和社区养老服务机构的服务人员态度和责任心非常好？						
	完全不同意	不太同意	一般	比较同意	完全同意	$\bar{x}\pm s$
生活照料类	35（16.2%）	24（11.1%）	100（46.3%）	39（18.1%）	18（8.3%）	2.91±1.128
医疗卫生类	33（15.3%）	25（11.6%）	98（45.4%）	45（20.8%）	15（6.9%）	2.93±1.101
精神慰藉类	36（16.7%）	32（14.8%）	96（44.4%）	35（16.2%）	17（7.9%）	2.84±1.126
紧急救助类	37（17.1%）	31（14.4%）	91（42.1%）	43（19.9%）	14（6.5%）	2.84±1.126
文娱休闲类	34（15.7%）	26（12.0%）	95（44.0%）	44（20.4%）	17（7.9%）	2.93±1.126
题项 33：居家和社区养老服务机构的设施质量非常好？						
	完全不同意	不太同意	一般	比较同意	完全同意	$\bar{x}\pm s$
生活照料类	40（18.5%）	44（20.4%）	80（37.0%）	37（17.1%）	15（6.9%）	2.74±1.153
医疗卫生类	37（17.1%）	39（18.1%）	83（38.4%）	46（21.3%）	11（5.1%）	2.79±1.116
精神慰藉类	40（18.5%）	47（21.8%）	85（39.4%）	31（14.4%）	13（6.0%）	2.68±1.115
紧急救助类	37（17.1%）	41（19.0%）	87（40.3%）	39（18.1%）	12（5.6%）	2.76±1.107
文娱休闲类	34（15.7%）	37（17.1%）	92（42.6%）	37（17.1%）	16（7.4%）	2.83±1.116

（续表）

题项34：居家和社区养老服务机构的设备质量非常好？						
	完全不同意	不太同意	一般	比较同意	完全同意	$\bar{x}\pm s$
生活照料类	37（17.1%）	40（18.5%）	84（38.9%）	42（19.4%）	13（6.0%）	2.79±1.125
医疗卫生类	35（16.2%）	36（16.7%）	91（42.1%）	41（19.0%）	13（6.0%）	2.82±1.104
精神慰藉类	39（18.1%）	46（21.3%）	84（38.9%）	33（15.3%）	14（6.5%）	2.71±1.126
紧急救助类	37（17.1%）	36（16.7%）	83（38.4%）	45（20.8%）	15（6.9%）	2.84±1.148
文娱休闲类	33（15.3%）	37（17.1%）	97（44.9%）	34（15.7%）	15（6.9%）	2.82±1.091
题项35：居家和社区养老服务项目的收费水平非常合理？						
	完全不同意	不太同意	一般	比较同意	完全同意	$\bar{x}\pm s$
生活照料类	30（13.9%）	25（11.6%）	102（47.2%）	45（20.8%）	14（6.5%）	2.94±1.068
医疗卫生类	30（13.9%）	27（12.5%）	103（47.7%）	44（20.7%）	12（5.6%）	2.91±1.051
精神慰藉类	32（14.8%）	31（14.4%）	102（47.2%）	36（16.7%）	15（6.9%）	2.87±1.081
紧急救助类	29（13.4%）	25（11.6%）	109（50.5%）	43（19.9%）	10（4.6%）	2.91±1.016
文娱休闲类	29（13.4%）	22（10.2%）	106（49.1%）	45（20.8%）	14（6.5%）	2.97±1.054
题项36：从家到最近的居家社区养老服务机构的便利性非常好？						
	完全不同意	不太同意	一般	比较同意	完全同意	$\bar{x}\pm s$
生活照料类	32（14.8%）	32（14.8%）	96（44.4%）	40（18.5%）	16（7.4%）	2.89±1.102
医疗卫生类	30（13.9%）	25（11.6%）	97（44.9%）	49（22.7%）	15（6.9%）	2.97±1.087
精神慰藉类	40（18.5%）	26（12.0%）	100（46.3%）	34（15.7%）	16（7.4%）	2.81±1.134
紧急救助类	32（14.8%）	29（13.4%）	102（47.2%）	39（18.1%）	14（6.5%）	2.88±1.076
文娱休闲类	33（15.3%）	28（13.0%）	97（44.9%）	44（20.4%）	14（6.5%）	2.90±1.095
题项37：享受居家社区服务或补助的条件与资格非常合理？						
	完全不同意	不太同意	一般	比较同意	完全同意	$\bar{x}\pm s$
生活照料类	32（14.8%）	29（13.4%）	100（46.3%）	42（19.4%）	13（6.0%）	2.88±1.074
医疗卫生类	30（13.9%）	33（15.3%）	100（46.3%）	41（19.0%）	12（5.6%）	2.87±1.053
精神慰藉类	31（14.4%）	29（13.4%）	109（50.5%）	35（16.2%）	12（5.6%）	2.85±1.037
紧急救助类	29（13.4%）	30（13.9%）	106（49.1%）	39（18.1%）	12（5.6%）	2.88±1.035
文娱休闲类	31（14.4%）	24（11.1%）	108（50.0%）	37（17.1%）	16（7.4%）	2.92±1.073